吉林省旅游管理类专业教学指导委员会推荐教材

21世纪经济管理新形态教材·旅游管理系列

旅游目的地管理

主　编◎李国柱　甘　静

副主编◎孟祥君　田　婧　卢艳丽

参　编◎高战武　王　绮　肖　妮

　　　　王夫雪　张玉鸿　曲婷婷

　　　　张　囡

清华大学出版社

北　京

内 容 简 介

本书是吉林省旅游管理专业教学指导委员会推荐教材，依据教育部颁布的《旅游管理类教学质量国家标准》编写。旅游目的地的建设与管理是我国旅游学研究和旅游业发展实践中的重要课题之一。本书以旅游目的地吸引力为核心，构建旅游目的地管理的知识体系。本书从社区管理到服务管理，从形象塑造到营销策略，再到节事活动、信息化与智慧旅游、危机应对、竞争力提升、环境与可持续发展，以及趋势与挑战等，引导读者系统认识旅游目的地管理的内容。

本书可作为高等院校旅游管理、人文地理与城乡规划、地理科学等专业的教学用书，也可作为旅游企业及相关从业人员的参考书。

图书在版编目（CIP）数据

旅游目的地管理 / 李国柱，甘静主编 . —— 北京：清华大学出版社，2025.6.
（21世纪经济管理新形态教材）. —— ISBN 978-7-302-69539-4

Ⅰ . F590.3

中国国家版本馆 CIP 数据核字第 2025P5X218 号

责任编辑：徐永杰
封面设计：汉风唐韵
责任校对：宋玉莲
责任印制：刘　菲

出版发行：清华大学出版社
　　　　网　　　址：https://www.tup.com.cn，https://www.wqxuetang.com
　　　　地　　　址：北京清华大学学研大厦 A 座　　邮　　编：100084
　　　　社 总 机：010-83470000　　　　　　邮　　购：010-62786544
　　　　投稿与读者服务：010-62776969，c-service@tup.tsinghua.edu.cn
　　　　质量反馈：010-62772015，zhiliang@tup.tsinghua.edu.cn
印　装　者：大厂回族自治县彩虹印刷有限公司
经　　销：全国新华书店
开　　本：185mm×260mm　　印　张：20　　　字　数：330千字
版　　次：2025 年 6 月第 1 版　　印　次：2025 年 6 月第 1 次印刷
定　　价：66.00 元

产品编号：100434-01

序

我们所呈现的这套教材，是伴随新时代旅游教育的需求应运而生的，具体来说，是植根于党的二十大报告中的两个"首次"！

第一个"首次"，是党的二十大报告首次写入"旅游"的内容。党的二十大报告中，两次提到了"旅游"——在第八部分"推进文化自信自强，铸就社会主义文化新辉煌"中，提出"建好用好国家文化公园。坚持以文塑旅、以旅彰文，推进文化和旅游深度融合发展"；在第十三部分"坚持和完善'一国两制'，推进祖国统一"中，提出"巩固提升香港、澳门在国际金融、贸易、航运航空、创新科技、文化旅游等领域的地位"。这是旅游业内容首次被列入党的二十大报告中，充分体现了党和国家对旅游业的高度重视。

第二个"首次"，是党的二十大报告首次提出"加强教材建设和管理"，彰显了教材工作在党和国家教育事业发展全局中的重要地位，体现了以习近平同志为核心的党中央对教材工作的高度重视和对"尺寸课本，国之大者"的殷切期望。

响应党中央的号召，遵从时代的高要求，建设高质量旅游系列教材，是高等教育工作者责无旁贷的天职，也是我们编写该系列教材的初心！

自1979年上海旅游高等专科学校成立至今，我国的旅游高等教育已经走过了40多年的历程。经过前辈们的不懈努力，旅游高等教育取得了丰硕成果，编写出一大批高质量的旅游专业教材，为旅游专业高等教育事业发展作出巨大的贡献。然而，与新时代对旅游教育的要求相比，特别是对照应用型旅游人才培养目标，旅游教材建设仍然存在一定的差距。

一方面，旅游发展已经进入一个崭新的时代，新技术、新文化、新休闲、新媒体、新游客等旅游发展新常态赋予旅游教育新的时代要求；另一方面，自2015年提出地方本科高校向应用型转变策略至今，全国500余所开设旅游相关专业的地方本科高校积极行动实现了向应用型教育的转型。与这一形势变化相比，现有部分旅游管理类专业教材则略显陈旧，没有跟上时代的步伐，表现为应用型本科教材数量少、精品少、应用性不足等问题，特别是集课程思政、实战应用以及数字化于一体的教材更是一个空白，教材编写和建设的压力仍然存在。

正是在这样的背景下，清华大学出版社委托吉林省旅游管理类专业教学指导委员会组织省内 14 所高校 76 名教师围绕旅游管理专业的教材体系构成、教材内容设计、课程思政等问题进行多次研讨，形成了全新的教材编写理念——为新时代应用型旅游高等教育教学提供既有实际应用价值，又充分融入数字化技术并具有较强思政性的教材。该系列教材前期主要包括《旅游接待业》《旅游消费者行为》《旅游目的地管理》《旅游经济学》《旅游规划与开发》《旅游法规》《旅游财务管理》《旅游市场营销》《导游业务》《中国传统茶文化》《酒店管理概论》《旅游专业英语》等。该系列教材编写宗旨是培养具备高尚的职业道德、较强的数字化思维能力以及专业素养的应用型、复合型旅游管理类人才，以促进旅游业可持续发展和国家软实力的提升。

该系列教材凸显以下三个特点。

1.思政性

旅游管理不仅是一门应用科学，也是一门服务和领导的艺术，更涉及伦理、社会责任等众多道德和思想层面的问题。该系列教材以习近平新时代中国特色社会主义思想和党的二十大精神为指导，涵盖新质生产力、伦理决策、文化尊重以及可持续旅游等议题，致力于培养道德水准高、社会责任感强的旅游管理人才。

2.应用性

满足应用型旅游专业高等教育需求，是我们编写该系列教材的另一重要目的。旅游管理是一个实践性极强的领域，只有灵活应用所学知识，解决实际问题，才能满足行业需求。因此，该系列教材重点突出实际案例、业界最佳实践以及实际操作指南等内容，以帮助学生在毕业后能够顺利适应和成功应对旅游企业各种挑战，在职业发展中脱颖而出。

3.数字化

数字化技术是当前旅游管理类专业学生必备的技能之一，也是该系列教材不可或缺的部分。从在线预订到数据分析，从社交媒体营销到智能化旅游体验，数字化正在全面改变旅游产业，旅游高等教育必须适应这一变化。该系列教材积极引导学生了解和掌握数字化工具与技术，胜任不断变化的职业发展要求，更好地适应并推动行业发展。

在该系列教材中，我们致力于将思政性、应用性和数字化相结合，以帮助学生在旅游管理领域取得成功。学生将在教材中学到有关旅游行业的基本知识，了解行业最新趋势，并获得实际操作经验。每本教材的每个章节都包含案例研究、练习和讨论问题，以促进学生的学习和思考，培养他们解决问题的能力，为他们提供实际工作所需的技能和知识，帮助他们取得成功，并积极承担社会责任。

我们希望该系列教材能被广大学生和教师使用，能为旅游从业者提供借鉴，帮助他们更好地理解相关知识，从容应对旅游行业发展中的挑战，促进行业的可持续发展。愿该系列教材能成为学生的良师益友，引领学生踏上成功之路！

最后，我们要感谢所有为该系列教材付出努力的人，特别是我们的编辑团队、同行评审专家和众多行业专家，他们的专业知识和热情参与使该系列教材得以顺利出版。

愿我们共同努力，一起开创旅游管理类专业领域的美好未来！

吉林省旅游管理类专业教学指导委员会

2024 年 4 月 20 日

前　言

进入 21 世纪以来，旅游目的地日渐成为国内旅游行业的流行语，但总体来说，旅游目的地管理理论还很不成熟。2022 年，党的二十大报告提出"坚持以文塑旅、以旅彰文，推进文化和旅游深度融合发展"。中国式现代化发展给旅游智慧化与科技化发展带来新的机遇，也深刻改变了旅游业发展格局。无论是旅游目的地信息获取，还是旅游供应商选择、消费场景营造、支付与分享，乃至全部旅游产业创新和旅游经济增长都深受信息化影响。

教育部颁布的《旅游管理类教学质量国家标准》，将旅游管理类专业核心课程规范为"4+3"模式，即由大类 4 门核心课程（旅游学概论、旅游消费者行为、旅游目的地管理、旅游接待业）和旅游管理、酒店管理、会展经济与管理、旅游管理与服务教育专业各 3 门核心课程构成，以规范全国旅游管理类专业的核心课程设置。旅游目的地是旅游活动的集中发生地，是旅游接待与服务设施的集中建设地，是旅游资源所在地，是当地社区居民生产、生活的地方，如何对旅游目的地进行科学有效的管理直接关系到游客体验、社区居民生活质量、地方旅游企业效益和资源可持续利用。作为旅游管理本科专业的核心课程，"旅游目的地管理"具有较强的基础性、专业性和实用性。

本书重点对旅游目的地的功能管理进行详细分解，对规划、营销、竞争力、影响、事件与安全等方面做了详细的讲解，主要从流程与要素角度介绍旅游目的地管理的主要内容。本书内容共分 12 章，包括旅游目的地导论、旅游目的地社区管理、旅游目的地开发与规划、旅游目的地服务管理、旅游目的地形象管理、旅游目的地营销、旅游目的地节事活动管理、旅游目的地信息管理与智慧旅游、旅游目的地危机管理、旅游目的地竞争力、旅游目的地环境管理与可持续发展、旅游目的地发展的趋势与挑战。

　　本书由李国柱（吉林师范大学、湖州职业技术学院）和甘静（吉林师范大学）作为主编。全书具体编写分工是：第一章，卢艳丽；第二章，甘静；第三章，高战武；第四章，肖妮；第五章，张因；第六章，王绮；第七章，李国柱；第八章，田婧；第九章，曲婷婷；第十章，张玉鸿；第十一章，王夫雪；第十二章，孟祥君。李国柱设计了全书框架，李国柱、甘静负责统稿。

　　竭诚希望广大读者对本书提出宝贵意见，以促使我们不断改进。由于时间和编者水平有限，书中的疏漏和不足之处在所难免，敬请广大读者批评指正。

编者

2025 年 2 月

目　　录

第一章　旅游目的地导论

学习目标

1. 了解旅游目的地的基本内涵。

2. 熟悉旅游目的地的分类、旅游目的地的核心利益相关者。

3. 掌握旅游目的地的基本特征、旅游目的地的基本构成要素。

能力目标

1. 了解旅游目的地的内涵及发展的背景。

2. 熟悉旅游目的地的分类和核心利益相关者，可以根据实际工作需要对典型研究区域进行分类和对利益相关者进行识别，并分析其对旅游目的地的影响。

3. 掌握旅游目的地的基本特征和基本构成要素，并结合具体案例区的问题进行分析和思考，提出有益于旅游目的地发展的方案。

思政目标

1. 了解旅游精准扶贫、"绿水青山就是金山银山"、美丽乡村建设、乡村振兴战略等国家战略方针，让学生感受到在新时代背景下，旅游给目的地发展带来的积极效应。

2. 学生通过对本门课程的学习，加深对行业特性的认知，提升对本专业学习的兴趣与积极性，同时通过团队协作任务作业、案例分析研讨、课堂辩论等教学方式，培养学生团队合作、组织协调沟通、独立思考及语言表达等综合素质和能力。

🔍 思维导图

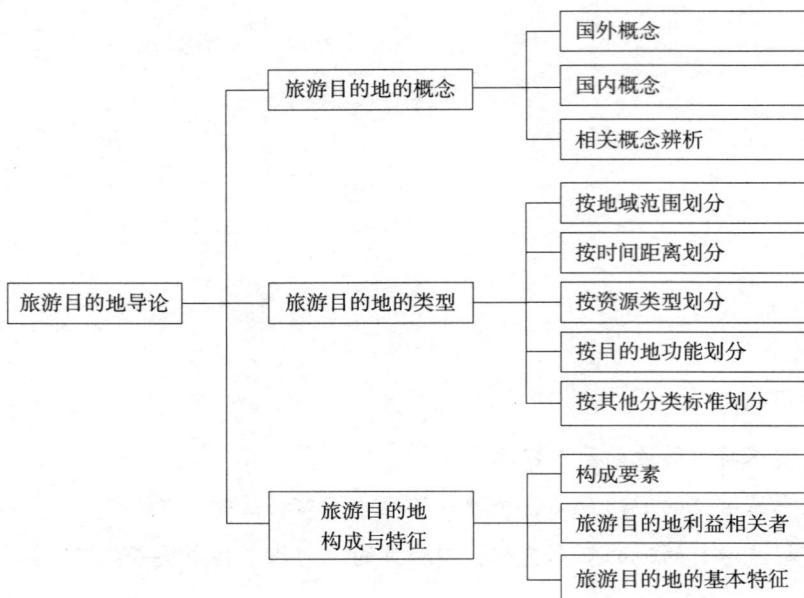

🔍 导入案例

张家界的开发历程

1982年9月，张家界成为中国第一个国家森林公园；1988年8月，武陵源被列入国家第二批40处重点风景名胜区之内；1992年，由张家界国家森林公园、索溪峪风景区、天子山风景区三大景区构成的武陵源自然风景区被联合国教科文组织列入《世界自然遗产名录》。1994年4月4日，国务院批准（国函〔1994〕25号）将大庸市更名为张家界市，其因境内有张家界自然保护区而得名。张家界于2007年被授予中国首批5A级旅游区称号。

但在1998年前因为张家界森林公园的火爆及管理不完善，景区内出现不少酒店，并且将污水排放至金鞭溪，一度导致金鞭溪鱼群不见踪影，水质浑浊不堪甚至散发恶臭。1998年，张家界森林公园被联合国教科文组织处以"黄牌"警告，当地政府狠下决心进行景区楼堂馆所和居民房屋大拆迁，计划拆迁面积19万平方米，3年内拆迁安置完毕，2001年底完成15万平方米的拆迁任务。这一拆，据说要耗费财力 2 亿多元，而重新安置建设估计还要花掉几倍的资金。

2001 年 5 月，武陵源风景名胜区在全国范围内对拆迁整治后的武陵源总体规划进行了公开招标。中标的北京大学景观规划中心与武陵源区政府签下了规划合同书。按照新的规划，武陵源将在离开遗产保护地的地方，开辟新的旅游村镇，将遗产保护地和旅游服务区分割开来。

直至 2005 年，张家界才摘去联合国教科文组织的这块"黄牌"，自此，张家界森林公园才重新焕发出新的生机。

资料来源：新浪网，2004-07-03；新浪湖南网站，2013-01-21.

思考题：

1. 本案例反映出哪些旅游目的地的利益相关者及其在目的地发展中的作用？

2. 旅游目的地实现可持续发展有哪些基本规律？

第一节　旅游目的地的概念

"目的地"即"想要达到的地方"，"旅游目的地"从字面意思理解，即"想要达到的进行旅游活动的地方"。由此可见，"旅游目的地"是一个从旅游者视角出发而来的概念，是一个相对于旅游客源地的概念，与旅游客源地共同构成旅游的供给侧和需求侧。在学术研究中，目前国内外学者对"旅游目的地"的概念见仁见智，尚未形成统一，但达成了一个共识，即旅游目的地一定是附着在一定地理空间上的。

一、国外概念

旅游目的地源于 1972 年美国学者冈恩（Gunn）提出的目的地区域概念，他认为目的地区域包括吸引物组团、服务社区、中转通道和区内通道等。

旅游目的地可大可小，大到一个国家，甚至整个大洲，小到一个地区、一个城市。国外对旅游目的地的研究始于 20 世纪 70 年代，早期的学者多从地理学的角度定义旅游目的地，如一座城市、一座岛屿等（Davidson et al.，1997）。

英国学者霍洛韦在 1997 年的《论旅游业》一书中虽然没有明确地对"旅游目的地"进行定义，但其指出一个目的地可以是一个具体的风景名胜地、一个城镇或整个国家或地球上一片更大的地方。

　　以美国学者菲利普·科特勒和英国学者弗朗索瓦·韦洛尔为代表的研究者从区域范围界定旅游目的地。如将旅游目的地定义为：旅游目的地是那些有实际或可识别边界——例如海岛的自然边界、政治边界，甚至是由于市场划分而形成的边界（如旅行社把澳大利亚和新西兰当作一个南太平洋旅游目的地）等的地方。

　　此外，还有学者认为目的地也可以是一种知觉性概念，可以是从旅游消费者的角度主观界定的，如根据旅行路线的安排、根据文化背景的不同等，这样伦敦对于德国的游客来说是一个目的地，而对于日本游客来说，可能整个欧洲就是其心中的目的地。

　　Webster 辞典把旅游目的地定义为：旅途的终点旅游。旅游目的地是一个为消费者提供完整体验的旅游产品的综合体。

　　布哈里斯（Buhalis，2000）也认为，旅游目的地是旅游产品的集合体，并且为旅游者提供完整的旅游经历。从营销的角度出发，布哈里斯（2000）把旅游目的地定义为："一个被游客作为独特实体所感知的确定地理区域，并且可以为旅游营销和旅游规划提供政治和法律上的保障。"目的地是众多旅游产品和服务的融合体，它有着自己的品牌。

　　布哈里斯（2000）把旅游目的地的范围设定为一个特定的已知地理区域，在这个区域当中，旅游消费者被看作一个政府框架，这个政府框架是独立的、完整的，且有统一旅游业管理和规划，即由统一的目的地管理机构来对这个区域进行管理。这个概念提出了旅游目的地的统一管理机构问题。

　　雷珀（1995）把旅游目的地解释为一个可以让旅行者待上一段时间，并体验有当地特色吸引物的地方。库珀（1998）等则认为旅游目的地是那些能够满足游客需要的设施和服务的集中营。鲁宾斯（2007）认为旅游目的地包含旅游者需要消费的一系列产品和服务。

　　世界旅游环境中心于 1992 年对旅游目的地作出定义：乡村、度假中心、海滨或山岳休假地、小镇、城市或乡村公园；人们在其特定的区域内实施特别的管理政策和运作规则，以影响游客的活动及其对环境造成的冲击。

　　2004 年，世界旅游组织确切地将旅游目的地定义为物理空间，在这个空间内，平均每个游客起码待一个晚上，这个空间包括旅游产品和服务，是具有地理区域和行政界线的，可以通过影响市场竞争力等方面的要素来体现管理活动、形象和旅游者满意度。世界旅游组织对旅游目的地做了较为全面的定义和概括，这个定义明确规定了旅游目的地及旅游目的地利益相关者概念。

二、国内概念

国内学者对旅游目的地的研究比国外晚了 20 多年，比较有代表性的是从地理学和经济学的角度来定义旅游目的地。

保继刚（1996）指出旅游目的地是旅游者停留活动的地方，是指附着在一定地理空间上的旅游资源，并且将旅游目的地基础设施及相关设施统一联系在一起。

崔凤军（2002）提出旅游目的地是一个拥有统一整体形象的旅游吸引物的开放系统；以空间尺度作为衡量标准，旅游目的地可以划分为不同类型，其中，一个国家、一个地区、一座城市，或一个具体的旅游景区（景点）都可以是旅游目的地；从一定意义上来看，旅游目的地是旅游产品和旅游服务与游客体验相结合的整体。国内学者对"旅游目的地"的定义更加侧重其提供综合旅游服务的特性。

张辉（2002）把旅游目的地定义为拥有特定性质的旅游资源，具备了一定旅游吸引力，能够吸引一定规模数量的旅游者进行旅游活动的特定区域。旅游目的地必须具备三个条件：一是要拥有一定数量的、可以满足旅游者某些旅游活动需要的旅游资源；二是要拥有各种相适应的旅游设施；三是该地区具有一定的旅游需求流量。

林峰（2005）认为旅游目的地是一个非常有用的区域经济概念，但从旅游作为一个游憩及游憩接待的系统而言，目的地概念包含一个系统结构与系统工程的理念思路。

杨振之（2007）在区分旅游目的地与旅游过境地的基础上，认为旅游目的地除了是一种地理空间集合，还形成了旅游产业发展的格局。

魏小安（2002）采用引申定义的方式，将旅游目的地定义为能够使旅游者产生动机，并追求旅游动机实现的各类空间要素的总和，包括旅游者、追求、实现、各类空间和要素五个层次。

张立明、赵黎明（2005）认为：旅游目的地是对应于旅游客源地、旅游过境地而言的，它不同于一般的旅游地或旅游景区，是具有独特的旅游地形象、具有完善的区域管理与协调机构，能够使潜在旅游者产生出游动机，并作出出游决策实现其旅游目标的区域。旅游目的地是相对于旅游客源地、旅游过境地而言的，其存在应该满足以下四个条件：独特的市场形象；具备促使人们产生旅游动机、作出旅游决策的吸引物系统；能满足旅游者的个性化需求和旅游生活基本需求，由健全的服务设施体系和高质量的服务业管理及环境质量做支撑；具有完善的区域管理与协调机构。

邹统钎（2006）认为：旅游目的地是一个感性概念，它为游客提供一个旅游产品和服务的合成品，一个组合的体验经历。

唐瑷琼（2008）认为：旅游目的地就是指在一定的地理范围内，具备旅游消费者感兴趣的旅游吸引物，集合旅游产品和旅游接待设施等服务体系，为了满足消费者食、住、行、游、购、娱等需求而构建的综合性区域。

综上所述，旅游目的地就是旅游者到达并逗留进行一系列旅游活动的地域空间，是旅游者进行旅游活动的空间载体。这个空间汇集了能够激发旅游者旅游动机的旅游资源和以旅游者为经营对象的产业部门，是一种兼具旅游功能的特殊社区，又是整个旅游系统的关键组成部分。

三、相关概念辨析

（一）相似概念

1. 旅游景点

旅游景点一般是指旅游目的地中某一具体旅游吸引物及其旅游游览活动发生地。

2. 旅游景区

旅游景区一般是指旅游目的地中某一类型旅游吸引物的集合，并供旅游者开展游览活动的一个有明确地理边界的区域，通常包括一系列组合的旅游景点。

3. 旅游区

旅游区一般是指有统一管理机构，具有参观、游览、度假、康乐、求知等功能，并提供相应旅游服务设施，以发展旅游为主要目的，有范围明确的地理空间，它包括一个或多个旅游景区。

4. 旅游圈

旅游圈一般是指根据游客的空间行为规律，围绕某一条或多条旅游线路，以相互关联的系列旅游吸引物为纽带而形成的地理空间，空间内各种旅游要素相互联系、相互作用。旅游圈可能包括一个或多个旅游区。

5. 旅游地

受地理学学科的描述性传统的影响，人们着重对旅游地空间的组成进行描述，往往不强调其地理边界，更多强调其功能和要素的组合；旅游目的地还强调旅游发展过程中的地域经营管理色彩（旅游业）。而从空间范围上讲，人们潜意识里认为"旅游目的地"的空间尺度大于"旅游地"。

（二）相关概念

1. 客源地

旅游客源地是指具有一定人口规模和社会经济能力，能够向旅游目的地提供一定数量旅游者的地区或国家。旅游客源地首先是一个地域概念，即由一定规模的人口在特定的社会经济环境下所构筑的地域。地域范围按行政区划分为县、市、省（州）和国家。虽然它们在地域面积、人口规模和经济发展水平上存在差异，然而其共同之处是能够产生一定数量的旅游者。其次，它又是一个空间概念，即相对旅游目的地而言存在一定的空间距离。距离的远近对客源地的旅游者选择旅游目的地产生影响。

2. 常住地

常住地即分散的旅游者长期居住的地域。从营销学的观念来看，旅游者的常住地只能被视为潜在的客源市场。

3. 出发地

出发地既包括常住地，也包括旅游者的主要出发地点。一般而言出发地指的是交通枢纽地点，形成旅游者集中汇聚的地点，也是现实的客源地。

4. 过境地

由于交通位置形成了一个旅游的过境地。在旅游过境地，旅游者或单纯过境，或做短暂停留并参与消费，或顺访某些景点并参与消费。旅游目的地与旅游过境地，在线路上分别处于"主角"与"配角"的地位，它们之间存在着相互博弈的利益关系。

5. 集散地

集散地与过境地有相同一面，也有不同的一面。过境地更多地集中在主要的口岸和交通枢纽处，而很多集散地除了这方面，还体现在中心城市上。

第二节　旅游目的地的类型

国内外学者对旅游目的地类型的研究一直不是主体研究方向，大多数是根据自己研究的需要，根据不同的标准，从不同的视角出发将其划分为不同的类型。所以尽管国内外众多学者关注这一主题的研究，却没有在"旅游目的地类型"和"旅游目的地类型选择"的概念界定上达成共识。更多的学者对旅游目的地类型选择的研究也都是在各类实证中将其作为基本信息而已。

一、按地域范围划分

（一）国家级旅游目的地

从世界旅游的角度看，一个独立的国家或地区都可以成为一个单独的旅游目的地。比如对于中国公民的出境旅游，国家层面的旅游目的地是一个常用的概念。对于国家级旅游目的地，尤其是范围较大的国家来说，目的地建设和营销往往伴随着国际合作，也容易出现主题不清和重复性建设等问题。

（二）省级旅游目的地

省级旅游目的地是一个相对中尺度的概念。目前国内出现了很多以省份为单位进行旅游体系建设和营销的区域，如"好客山东""老家河南""七彩云南"等。同时一些地方也成立了越来越多的省级旅游集团，在多元化业态、重资产投入、平台化转向、全产业链布局的道路上不断探索。

（三）城市型旅游目的地

城市型旅游目的地是最常见的旅游目的地类型之一，如国外的英国伦敦、法国巴黎、意大利威尼斯等，国内的北京、上海、杭州、丽江、青岛等。城市往往是旅游目的地建设中最重要的空间区域，从行政区划上既可能以市级为单位，也可能以区县级为单位。2016 年，原国家旅游局公布了两批国家全域旅游示范区创建名录，共计 500 个，均为城市型全域旅游目的地。

（四）功能型旅游目的地

功能型旅游目的地是一个偏小尺度的概念，一般由一个或多个旅游景点以及周边功能区域构成。

二、按时间距离划分

高铁时代，旅行的时间距离比空间距离更具有现实意义。按照旅游目的地距离客源地的时间距离，可以将其分为近程目的地、中程目的地和远程目的地。一般来说，除了特殊吸引要素，旅游目的地的吸引力会随着时间距离的增大而削减。

（一）近程旅游目的地

近程旅游目的地一般被旅游者选择进行 1 日游或 2~3 日游。近程旅游目的地的产品呈现出常态化、反复消费、注重慢生活、深度体验、沉浸式的特点，迎合了都市人休闲迭代升级的消费需求。

（二）中远程旅游目的地

中远程旅游目的地通常游览时间在 3 日以上。中远程旅游目的地的产品开发相对于近程旅游目的地具有较多的不确定性，目的地开发状况、旅游者自身情况以及政治、经济、社会等都会对其产生影响。

旅游目的地往往将近程客源地作为基础市场，将中程客源地作为拓展市场，将远程客源地作为潜力市场。其中，近中程市场为主要市场，远程市场存在制约因素，往往被作为远期开发市场。

三、按资源类型划分

按吸引物主体资源类型对旅游目的地进行分类，国内外专家、学者从不同的角度对其进行划分形成多种分类方式。

日本旅游地理学家山村顺次将旅游目的地划分为温泉旅游区、山岳高原旅游区、海岸旅游区和都市旅游区四种基本类型。

保继刚等将旅游目的地按照旅游资源分类方法进行划分，有两分法（自然旅游目的地、人文旅游目的地）和三分法（自然旅游目的地、人文和综合旅游目的地、人造型旅游目的地）。

张朝枝、陈刚华认为按照资源类型不同，可以将旅游目的地划分为自然山水型旅游目的地、都市商务型旅游目的地、乡野田园型旅游目的地、宗教历史型旅游目的地、民族民俗型旅游目的地和古城古镇型旅游目的地。

程金龙认为按照旅游目的地的主要吸引物的资源类型，可以将旅游目的地分为自然风光型旅游目的地、城市风光型旅游目的地、人文历史型旅游目的地等。

黄安民认为按照旅游目的地吸引物资源类型，可以将旅游目的地划分为山地型旅游目的地、水域型旅游目的地、森林生态型旅游目的地、都市商务型旅游目的地、乡野田园型旅游目的地、宗教历史型旅游目的地、民族民俗型旅游目的地、古镇古村型旅游目的地、主题公园型旅游目的地等九种类型。

很多旅游目的地的吸引物类型可能不止一种，因此在建设和营销过程中需要综合设计，但同时要注意突出重点和主题。如大多数自然风光型、城市风光型旅游目的地同时拥有丰富的人文历史资源。

四、按目的地功能划分

按旅游目的地能够满足旅游者的何种旅游需求，旅游目的地可分为观光型旅游目的地、休闲度假型旅游目的地、商务型旅游目的地、专题型旅游目的地等。

（一）观光型旅游目的地

观光型旅游目的地是传统的目的地模式，它构成了旅游目的地的主体部分，而随着旅游业的发展和人们需求层次的提高，单纯的观光型旅游目的地已不能满足旅游者的需求，在观光的基础上叠加其他类型的旅游功能成为旅游目的地可持续发展的趋势。

（二）休闲度假型旅游目的地

休闲度假型旅游目的地是指那些旅游资源性质和特点能够满足旅游者度假、休闲和修养需要的旅游地，主要有海滨度假地、山地温泉度假地、乡村旅游度假地三种类型。

（三）商务型旅游目的地

商务型旅游目的地是指以商务会议、展览、科技文化交流活动等为主要活动的旅游目的地，有适当的会展设施，同时又能提供一定的旅游休闲机会的地方，一般是基础设施完善、经济发达和市场活跃的地方。

（四）专题型旅游目的地

专题型旅游目的地是指以满足某些特殊兴趣和爱好，以迎合旅游者求知、求新、求奇的心理要求，提供康养、摄影、观鸟等旅游者特殊需求为目的的旅游目的地。如红色旅游、养生旅游、研学旅游、风筝旅游、烹饪旅游、武术旅游等。

五、按其他分类标准划分

旅游目的地的分类方法和分类标准很多，除了以上几种分类标准，在旅游活动和旅游研究中还有很多分类标准。

按开发时间和发展方式，旅游目的地可分为传统旅游目的地和新兴旅游目的地。如将北京、上海、广州、苏州、杭州、西安、桂林等旅游发展历史较长的城市划分为传统旅游目的地；将三亚、珠海、海口、北海、延边、威海、丽江等旅游发展历史较短的城市划分为新兴旅游目的地。

按结构形态，旅游目的地可分为板块型旅游目的地和点线型旅游目的地。板块型旅游目的地中的旅游吸引物紧密地集中在某一特定区域内，所有的旅游活动在空间上都围绕这个特定区域开展，都是以这个旅游目的地服务设施以及旅游体系为依托的。点线型旅游目的地中的旅游吸引物分散于一个较广泛的地理区域内，在不同的空间点上各个旅游吸引物之间的吸引力相对均衡，没有明显的中心吸引点。它通过一定的旅行方式和组织将这些不同的空间点上的旅游吸引物以旅游线路的形式结合在一起，旅游者在某一空间点上只停留一段时间。

按旅游目的地构成特征，旅游目的地可分为旅游城市和旅游景区（点）。

按国内和国外，旅游目的地可分为国内旅游目的地和国际旅游目的地。

按旅游主题，旅游目的地可分为摄影旅游目的地、疗养旅游目的地、购物旅游目的地、会议旅游目的地等。

总之，国内外学者对于旅游目的地类型的研究都是按照自己的需求，依据不同标准、从不同视角出发将其划分为不同的类型。

第三节　旅游目的地构成与特征

一、构成要素

（一）冈恩五要素观点

冈恩（Gunn，1972）和墨菲（Murphy，1985）将旅游市场分为需求方和供给方，需求方是产生旅游者的国家或地区，供给方是接待旅游者的国家或地区，也就是旅游目的地国家或地区。他们认为，旅游目的地构成的四大要素为交通、吸引力、服务及旅游信息推广。冈恩（Gunn，1988）曾提出旅游运作系统，其以简明扼要的方式指出旅游运作系统的构成及各组成要素间的互动关系，如图 1-1 所示。由此可知旅游目的地是一种综合体，各个组成要素密切配合，才能成为一个具有吸引力、旅游者愿意选择的目的地。

（二）库珀的 4A 观点

库珀（Cooper）认为一个旅游目的地应具备"4A"要素：吸引物（attractions）；康乐设施（amenities），如住宿设施、餐饮设施、娱乐设施等；进入设施（access），如交通网络或基础设施；附属设施（ancillary services），如地方旅游组织等。

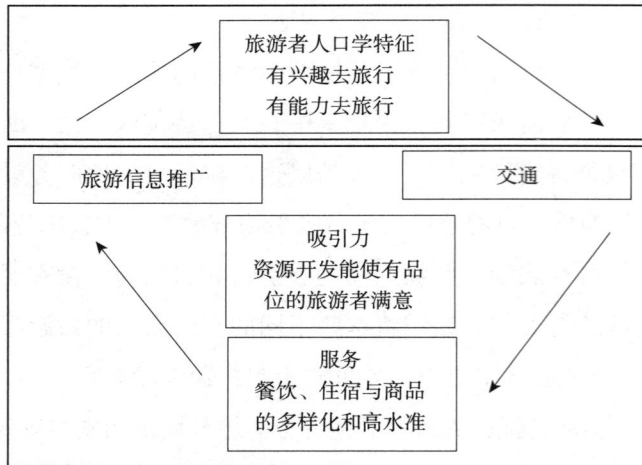

图 1-1　旅游运作系统

（三）布哈里斯的旅游目的地"6A"模型

布哈里斯（Buhalis，2000）在库珀"4A"的基础上增加了包价服务（available package）和活动（activities），认为旅游目的地由六大要素构成，如表 1-1 所示。

表 1-1　布哈里斯的旅游目的地"6A"模型

构成要素	具体内容
旅游吸引物	自然风景、人造景观、人工物品、主题公园、遗产、特殊事件等
康乐设施	住宿设施、餐饮设施、娱乐设施、零售业、其他服务设施
进入通道	有形的硬件设施，如道路网、站点、交通工具等
包价服务	旅游中间商和主管机构预先安排好的旅游服务
活动	所有在旅游目的地的活动，以及旅游消费者在旅游目的地所进行的各种消费活动
辅助性服务	各种游客相关服务，如银行、医院、通信等

（四）魏小安和厉新建的三要素说

国内学者魏小安和厉新建认为旅游目的地主要包括吸引要素、服务要素和环境要素三大要素，如表 1-2 所示。

表 1-2　魏小安和厉新建的旅游目的地构成三大要素

构成要素	要素内容
吸引要素	包括各类旅游吸引物，是吸引旅游者从客源地到目的地的直接的基本吸引力，以此为基础形成的旅游景区（点），是第一产品

续表

构成要素	要素内容
服务要素	包括各类旅游服务的综合，旅游目的地的其他设施和服务作为"第二产品"，将会影响旅游者的整个旅游经历，与旅游吸引物共同构成旅游的整体吸引力来源
环境要素	既是吸引要素的组成部分，又是服务要素的组成部分，形成了一个旅游目的地的发展条件，其中供水系统、供电系统、排污系统、道路系统等公用设施，医院、银行、治安管理等机构以及当地居民的友好态度等构成"附加产品"，并与旅游吸引物等共同构成目的地整体吸引力

（五）邹统钎两大核心要素论

邹统钎（2008）认为旅游目的地的核心要素有两个：一是具有旅游吸引物；二是人类聚落，其要有永久性的或者临时性的住宿设施，游客一般要在这里逗留一夜及以上。因此，一般的景点不留宿，不应该是旅游目的地。

基于以上各位学者的观点，兼顾旅游目的地硬条件和软环境，纳入利益群体要素，旅游目的地系统的基本要素主要包括旅游吸引物、旅游服务设施、旅游基础设施、旅游目的地的利益相关群体、旅游目的地环境。其中，旅游吸引物是旅游资源经过一定程度的开发形成的，是对游客产生吸引力的关键所在，一般包括自然型吸引物、人文型吸引物和人造型吸引物三类。旅游服务设施是主要用于旅游接待的设施，往往与旅游吸引物共同组合成旅游产品，一般包括住宿设施、餐饮设施、康体娱乐设施和购物设施等。旅游基础设施是旅游目的地居民和旅游者共享的要素，是旅游者在旅游目的地逗留期间进行旅游活动的基本生活保障，一般包括给排水、供电、通信及部分社会设施等。旅游目的地的利益相关群体主要包括旅游者、社区居民、旅游企业、当地政府以及非营利组织等。旅游目的地环境主要指目的地所处的政治、经济、社会、文化等环境。

二、旅游目的地利益相关者

利益相关者（stakeholder）的概念源于"stake"一词，stake中所包含的利益（interests）和主张（claims），既指某种利益或份额，同时也指对某种权利的主张（法律权利和道德权利）。

利益相关者是一个来自管理学的概念，最早出现于20世纪60年代，但确立于20世纪80年代公司治理理论中。利益相关者理论中的利益相关者是指"任何能影响组织目标实现或被该目标影响的群体或个人"。

Bryson 和 Crosby 认为，利益相关者是受一件事的原因或者结果影响的任何人、集团或者组织。Carroll 和 Buchholtz 认为，利益相关者是任何可能影响或为组织的行为、决定、政策、实践或目标所影响的个人或团体。

Donaldson 和 Preston 从法律的角度定义利益相关者是对一个集体性活动的程序具有利益的人或集团。

利益相关者理论在旅游行业的应用始于 Walle。Walle 指出，作为一个综合性的行业，旅游业比大部分其他行业所涉及的利益相关者都要多。因此，人们在分析旅游业的政治、社会和道德问题的时候都会使用到利益相关者模型。很多生态旅游目的地经营失败的一个主要原因在于没能将这些关键利益相关者包括在内，因此，将旅游相关者纳入规划和决策过程是保障生态旅游得以可持续发展的关键。

随着旅游业的发展日趋成熟，各种利益相关者的作用也逐渐凸显，要使旅游地获得可持续发展，必须重视利益相关者的力量，关注其利益要求，并提高他们的参与度。

1984 年，《我们共同的未来》（*Our Common Future*，WCED，1987）指出，在可持续旅游的过程中有必要解释利益相关者，可持续旅游发展是个困难的过程，在让部分人受益的同时势必影响到部分群体的利益，因此，世界环境与发展委员会（WCED，1987）明确指出，引入利益相关者理论是可持续发展过程中必不可少的要求之一。旅游目的地可持续发展是可持续发展大系统当中的一个子系统。

基于所有利益主体都具有本质上相同的价值的理念，索特（Sautter）和莱森（Leisen）曾根据弗里曼（Freeman）的研究，将利益相关者运用到旅游业中，绘制了旅游业利益相关者图（图 1-2）。

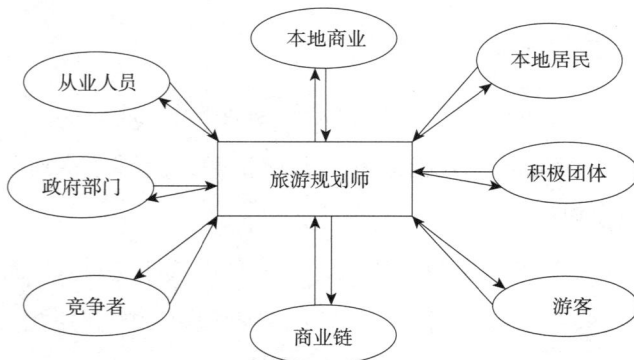

图 1-2　旅游业利益相关者

在我国旅游研究中，对旅游目的地利益相关者进行研究相对较晚。保继刚、钟新民（2000）在其旅游规划中最早引入"利益相关者"概念，这意味着在我国旅游研究中，直到 21 世纪才真正开始涉及利益相关者这一研究课题。黄昆（2003，2004）讨论景区利益相关者的含义以及各利益相关者对景区环境管理的影响，提出构建利益相关者共同参与的景区环境管理模式，并对实施该模式应注意的问题做了探讨。彭德成（2003）分析了利益相关者在景区的利益要求满足途径及形成模式的影响因素，将利益相关者列为公共资源类景区治理模式动力系统的主体。冯淑华（2003）以江西三百山旅游风景区为研究对象，将旅游开发实践中的利益相关者问题置于流域体系的框架中，从流域利益相关者关系的角度探讨了流域内资源共享的各方的权利、利益与义务的关系，并在此基础上提出协调各利益相关者关系的措施。陈勇、吴人韦（2005）在《风景名胜区的利益主体分析与机制调整》一文中，第一次将利益主体理论引入风景区管理机制的调整。刘静艳（2008）运用系统动力学方法，探析了目的地旅游涉及的不同利益相关者之间的多个二元合作或冲突关系。肖朋伟（2022）基于利益相关者视角，在景区免费开放背景下试图明确各个主体的角色定位，协调好各主体之间的利益关系，实现利益分化背景下各主体的和谐共生、利益共享。付泳等（2022）对利益相关者理论在旅游业中的运用、旅游目的地涉及的各利益相关者以及当前各利益相关者面临的冲突进行分析。

旅游作为一个综合性的产业，不仅涉及吃、住、行、游、购、娱六大方面，而且涉及当地政府、当地居民、旅游者、旅游企业、非政府部门、学术界以及其他组织机构和社会团体等多个利益相关者。相对于其他行业来说，旅游业所涉及的利益相关者相当复杂。

目前旅游领域对利益相关者的研究主要包括三大类：利益相关者管理理论与管理方法研究，利益相关者理论在旅游规划与目的地（或旅游企业）管理中的运用，利益相关者理论在旅游规划与目的地管理中的应用效果评价。

（一）旅游者

旅游是人的活动，是人们离开常住地的外出旅行以及在目的地停留期间所从事的全部活动。正是这种不断扩大的旅游人群的产生，才形成了一个具有一定规模的市场，从而造就出可借以盈利的机会。因此，不仅旅游本身是人的活动，而且旅游业的一切开发和服务工作都是针对与围绕旅游者的需求而进行的。可以这样说，没有旅游者就没有旅游活动，旅游业就等于无本之木、无源之水，也就不会生存了。所以，旅游者是旅游活动的主体和基础，同时也是区域旅游发展的重点目标客户。旅游者是整个旅游业盈利的主要来源，把旅游者列入利益相关者行列，并不是因为其所追求的经济利益。事实上，旅游者与当地居民、旅游企业的主要利益是不一样的，虽然很多方面表现为经济利益，但这绝不是旅游者利益的核心。旅游者利益最重要的是旅游经历的"质量"，是好奇心的"满足感"。这种利益比经济利益更为重要。因此，关注旅游者的体验是旅游目的地生存和发展的条件，旅游目的地在发展过程中应该加强对旅游者的人文关怀，在细微之处为旅游者提供惊喜和服务。

对旅游者行为高频关键词进行深入分析，可以发现国内旅游者行为研究多从"市场供需"视角切入，集中关注旅游者的动机、信息搜寻、体验、决策等心理及行为变化规律，以及旅游目的地的营销与管理、旅游产品设计、旅游产业发展等问题。对旅游行为的研究不仅可以发现旅游者的流动及行为规律，找出行为发生的影响机制，而且可以丰富旅游学的研究内容。同时，研究还能与旅游产品开发设计、旅游市场营销相结合，为旅游企业制定经营、管理策略提供重要参考，为旅游目的地的开发与规划提供科学的依据，具有广阔的应用性。

（二）社区居民

社区居民是旅游利益的主体，也是旅游发展所造成的消极影响的承受者，参与旅游发展受到思想观念、政府部门、参与机制、经济水平、利益分配、信息渠道等多种因素制约。社区居民既能够享受到旅游业发展给当地经济水平、人民生活水平的提高带来的积极影响，也避免不了要接受其产生的消极影响。社区居民因政府政策、旅游者以及旅游企业从中获得相应利益时会支持当地旅游业的发展；当旅游业的发展给社区居民的生活环境、日常生活带来的消极影响大于其所获利益时社区居民自然会抵制旅游业。因此，社区居民的态度与当地旅游业发展存在很大的利益关系。与此同时，社区居民良好的社会文化素质以及好客精神本身也是吸引游客前来旅游的重要资源，是旅游业发展的重要内容，是影响旅游业发展效果的关键。

（三）旅游企业

旅游企业是进行旅游活动必不可少的桥梁和纽带。旅游企业既是旅游者的服务者，又是旅游业发展的带动者。旅游企业的良好发展是促进旅游产业高质量发展的重要中介组织，能够为旅游业发展注入新的人流、物流、信息流、资金流。

一次完整的旅行由吃、住、行、游、购、娱六要素组成，在加强旅游地景区建设与开发的同时，完善酒店住宿、旅行社等旅游企业的设施与服务，协调各景区之间的关系，确保旅游者享受到方便、满意、优质的服务是促进旅游业协调发展的重要途径。旅游企业在追求自身经济利益的同时，还必须考虑经济利益与环境保护之间的关系，不能盲目追求利益最大化，时刻把满足不同旅游者的不同需求、为旅游者提供优质服务作为首要职责。

（四）政府部门

当地政府在旅游业发展过程中具有宏观调控的作用。政府要积极运用自身的职权对旅游业发展过程中可能产生的不良影响及各利益相关者的行为进行约束，趋利避害，积极地发挥正面作用，保证当地旅游业健康可持续发展。同时，政府在当地旅游业发展过程中的利益诉求主要体现在：借助旅游业的发展，带动当地经济的发展及其他相关行业的发展，提升当地知名度和美誉度，促进当地人口就业，提高当地居民生活水平。因此，政府在当地旅游业的协调发展中具有举足轻重的地位，政府部门要运用职权引导当地旅游业发展，进而促进当地经济发展。

（五）非营利组织

根据清华大学非政府组织研究所王名研究，借鉴魏来对体育 NPO（非营利组织）的界定和李婧扬对旅游非营利组织的定义，可以将旅游非营利组织定义为：直接或间接服务于人们的旅游需求，与旅游活动（旅游现象）密切相关的非营利组织。它是独立于政府部门之外的，不以营利为目的的且具有公益性质的社会组织。

在西方国家，旅游非营利组织已经发展得相当成熟，而在我国发展相对缓慢。国际上常见的旅游非营利组织如下。

（1）联合国旅游组织（UN Tourism）。联合国旅游组织是联合国系统的政府间国际组织，是旅游领域的领导性国际组织，最早由国际官方旅游宣传组织联盟（IUOTPO）发展而来。2003 年 11 月，其成为联合国的专门机构，有 160 个正式会员国，6 个准成员，2 个观察员。其宗旨是促进和发展旅游事业，使之有利于经济发展、国际相互了解、和平与繁荣。其总部设在西班牙马德里。联合国旅游组织成员分为正式成员（主权国家政府旅游部门）、联系成员（无外交实权的领地）和附属成员（直接从事旅游业或与旅游业有关的组织、企业和机构）。联系成员和附属成员对联合国旅游组织事务无决策权。

（2）世界自然基金会（World Wide Fund for Nature or World Wildlife Fund，WWF）。世界自然基金会是在全球享有盛誉的、最大的独立性非政府环境保护组织之一，自 1961 年成立以来，WWF 一直致力于环保事业，在全世界拥有超过 500 万支持者和超过 100 个国家参与的项目网络。WWF 致力于保护世界生物多样性及生物的生存环境，所有的努力都是为了降低人类对这些生物及其生存环境的影响。

（3）世界旅游协会。世界旅游协会是经中国香港特区政府登记注册的国际性旅游专业的联谊机构。世界旅游协会立足香港，面向世界，服务于旅游事业的发展，为促进世界旅游事业发展而努力。其主办的大型专业网站有世界旅游网、世界地理网，参与主办的专业网站有：世界之窗、世界第一网、中国宾馆网、世界中餐网、中国餐饮网等服务系列网站。

（4）世界旅游城市联合会（World Tourism Cities Federation）。世界旅游城市联合会是在民政部登记的国际性社团，成立于 2012 年 9 月 15 日，是一个旅游领域的非政府、非营利国际组织，是首个总部落户中国北京的国际性旅游组织，是全球第一个以城市为主体的国际旅游组织。

（5）世界旅游业理事会（World Travel & Tourism Council，WTTC）。世界旅游业理事会是全球旅游业的商业领袖论坛组织，其成员包括全球旅游业中近百位著名企业的总裁、董事长和首席执行官。其作为全球范围内代表世界旅游业界企业的唯一机构，对全球旅游业有着独特的影响力和见解。

旅游业是一个综合性的产业，旅游中涉及的各个组织或群体来自不同的行业和部门，具有分散性和复杂性，而且，这些组织或群体各有其目标和利益指向。很多时候，这些目标和利益指向是相互冲突与难以协调的。所以旅游目的地在发展旅游业的时候，不能只考虑某一组织或群体的利益而忽视或轻视其他相关者的利益，必须协调和关注每一个相关者的利益，让他们能够公平地分享旅游业所带来的利益以及公平地分担旅游业的负面影响。这种利益的平衡和分配过程有利于成功地整合旅游中各参与方的分散力量，形成一种协同效应，增强旅游目的地的凝聚力和竞争力。

以上对旅游目的地核心利益相关者进行了简要分析。他们之间的关系错综复杂，且随着旅游目的地的纵深发展，影响旅游目的地发展和受旅游发展影响的利益相关者也逐步出现，使得旅游目的地的利益相关者之间的关系更加复杂多变。

三、旅游目的地的基本特征

（一）地域性

旅游目的地是一定区域范围内旅游活动现象通过延伸和拓展而形成的，不同的旅游目的地具有其存在的特殊条件和相应的地理环境，目的地资源、产品、市场营销和相关的配套行业等都具有地域特征。

（二）吸引性

拥有一个或多个旅游吸引物是旅游目的地吸引旅游者到访的前提条件，其吸引力的大小决定了旅游目的地的成长空间。旅游食住购娱要素、旅游环境与服务、景观与设施设计都可以构成旅游目的地的吸引要素。

（三）综合性

旅游目的地是由吸引物、住宿设施、餐饮设施、娱乐设施、零售店和其他服务设施、进入通道、辅助性服务等核心部分组成的，这些要素相互联系、相互作用、相互制约，形成一个有机整体。同时，旅游目的地具有能够满足旅游者的住宿、餐饮、交通、购物、娱乐、游览等旅游活动需求的要素，旅游目的地需有综合配套的服务设施。

（四）动态性

旅游目的地并非静态、固定的，而是受旅游者需求偏好、外部交通条件、内部政策导向和一些其他因素的综合影响而不断成长和变化的，其整体结构和功能也会随要素的变化而变化。例如，非旅游目的地可以转变成旅游目的地，小众旅游目的地可以转变为重要旅游目的地，旅游目的地可以直接降级为非旅游目的地。

本章小结

通过本章的学习，注意理解旅游目的地的内涵。"旅游目的地"是一个从旅游者视角出发而来的概念，是旅游者到达并逗留进行一系列旅游活动的地域空间，是旅游者进行旅游活动的空间载体。

旅游目的地的分类方法和分类标准很多，目前国内外学者根据自己研究的需要，按照不同的标准，从不同视角出发将其划分为不同的类型。

旅游目的地作为一个复合系统，有着复杂的构成要素。同时相对于其他行业来说，旅游业所涉及的利益相关者相当复杂，包括当地政府、当地居民、旅游者、旅游企业、非政府部门、学术界以及其他组织机构和社会团体等多个利益相关者，如何协调好各利益相关者的关系成为旅游目的地发展需要重点关注的问题。

 即测即练

 拓展阅读

思考题

1. 旅游目的地的概念与内涵是什么？

2. 旅游目的地的分类标准有哪些？按照不同的标准是如何对其进行类型划分的？

3. 简要阐述旅游目的地的构成要素观点。

4. 旅游目的地具有哪些基本特征？

5. 简述旅游目的地的主要利益相关者及其相互关系。

第二章　旅游目的地社区管理

🔍 学习目标

1. 了解社区的基本概念及其在旅游目的地中的角色，社区可持续发展与社区福祉的关系，社区与其他利益相关者的关系。

2. 熟悉社区管理的方法、社区福祉提高的方法、社区可持续发展的本质。

3. 掌握社区冲突的类型和形成原因、社区冲突治理的相关理论基础、社区福祉的测量指标体系。

🔍 能力目标

1. 了解旅游目的地社区居民、旅游者、旅游企业的关系及其相互影响，能够应用社区管理方法处理旅游者、旅游资源、当地居民间的利益关系。

2. 增强社区居民地方依恋，掌握旅游目的地社区的权利与责任等。

3. 能够促进旅游目的地社区居民参与旅游目的地的建设与发展。了解社区冲突的类型与形成原因，能够利用理论判定社区冲突。

🔍 思政目标

1. "以人民为中心"是旅游业可持续发展的内在动力；增强学生自信心与专业自豪感。

2. 树立保护和弘扬中华优秀传统文化的意识；增强学生对家乡、地方的荣耀感。

3. 树立民主、和谐、平等的社会主义核心价值观；实现坚定的文化自信，向外传递当地特色。

4. 培养善于寻找和解决主要问题的意识。

🔍 **思维导图**

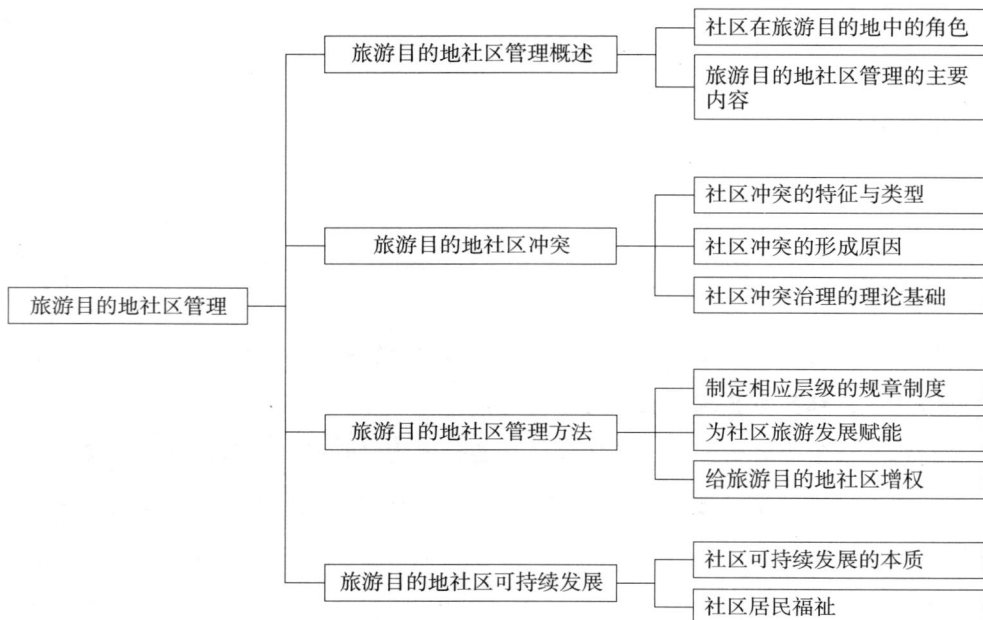

🔍 **导入案例**

阿者科计划——一个全球旅游减贫的中国解决方案

阿者科村地处云南红河哈尼梯田世界文化遗产核心区内，海拔 1 880 米，全村共 64 户，479 人。村寨于 1988 年建立，因其保存完好的四素同构、空间肌理、蘑菇房建筑和哈尼族传统文化，成为红河哈尼梯田申遗的 5 个重点村寨之一，同时也是第三批国家级传统村落之一。这般美轮美奂的古村落，却是元阳县典型的贫困村。阿者科村经济发展缓慢，人均年总收入仅 3 000 元，传统的生产、生活方式难以为继，人们外出务工，村落空心化趋势严重。若留不住村庄原住民，阿者科的传统就会渐渐消失，这不仅是脱贫攻坚的问题，而且是遗产保护问题，这同时也是现代化背景下中国广大农村的缩影。

2018 年 1 月，中山大学保继刚教授团队应元阳县政府邀请，到元阳梯田区开展"元阳哈尼梯田旅游区发展战略研究"调研与规划工作，并专门为阿者科村编制"阿者科计划"。"阿者科计划"科学确定了阿者科乡村旅游的目标，制定分红规则、村落保护利用规则等，乡村旅游发展所得收入三成归村集体旅游公司，用于公司日常运营，七成归村民。阿者科村实行内源式村集体企业主导的开发模式，组织村民成立旅游发展公司，由公司组织村民整治村庄、经营旅游产业，并对公司经营进行监管。公司开发哈尼民族体验之旅项目，推出了多种活态文化体验产品及活动。阿者科村的乡村旅游产品既有传统村寨观光、又有文旅活动，激发出游客心灵深处乡愁的记忆。

经过一年的实践，"阿者科计划"实现了"开门红"，实现稳定增收，群众积极参与、人居环境和旅游环境得到了极大优化，传统村落在旅游发展的同时得到了更好的保护，取得了良好的经济效益和社会效益。实践证明，"阿者科计划"是践行习近平总书记"绿水青山就是金山银山"发展理念的活样板。"阿者科计划"把阿者科作为一块社会科学的试验田，为全球旅游减贫提供了一个中国的解决方案，找到了一条可持续的旅游减贫之路。

资料来源：中华人民共和国教育部官网，2019-10-15.

思考题：

1. 旅游作为减贫及目的地发展的手段得到广泛认可，当旅游发展到一定阶段之后，尽管旅游对一些极度贫困的地方确实作出了贡献，但是在一些地方，旅游发展可能使当地贫困状况进一步恶化。旅游发展是否对减贫有效果？

2. 从旅游目的地社区管理角度来看"阿者科计划"，这里的旅游利益相关者都有哪些？如何对其利益进行协调？

第一节　旅游目的地社区管理概述

一、社区在旅游目的地中的角色

社区（community）是指由居住在某一地域里的人们结成的多种社会关系和社会群体去从事各种社会活动所构成的相对完整的社会实体。社区必须有以一定的社会关系为基础组织起来的进行共同生活的人群；必须有一定的地域条件；要有一定的生活服务设施；要有自己特有的文化、制度和生活方式。社区既具有诸如地缘、友谊亲情、认同共生互助等传统内涵，也包括磨合人与人的关系、建立处理公共事务的运作模式、确立适合本地域的生活方式等现代含义。

在日常语境中，旅游目的地社区通常是指旅游目的地社区居民，它包括旅游目的地的世居户，也包括在旅游目的地从事各种生计的居民。与行政管理和统计口径所指的村民、村集体等概念相比，社区概念本身没有明确的含义，只泛指旅游目的地的居民。社区是旅游目的地的有机组成部分，在旅游目的地发展与管理过程中扮演着非常重要的角色，至少包括以下几个方面。

（一）旅游目的地服务的生产者和提供者

旅游目的地必须为旅游者提供必要的设施与服务，而社区居民往往是这些设施的建设者、维护者和共享者，同时也是相应服务的生产者和提供者。在旅游目的地发展早期，社区居民几乎是旅游目的地所有服务的生产者和提供者，他们对旅游者的态度直接影响旅游目的地后续发展。随着旅游目的地的不断发展，社区居民在旅游目的地服务的生产与提供过程中的角色会逐渐发生一些变化，但总体来讲，社区居民仍然是服务的生产者和提供者，他们所提供的服务形式多样，按参与程度、参与方式和就业形式等不同标准来划分，可以细分出多种类别（表2-1）。

表 2-1　社区居民作为旅游目的地服务生产者和提供者的具体类型

分类标准	类别	举例
按参与程度分	旅游专营	景区、旅行社等
	旅游主营	酒店、民俗、餐馆、农家乐等餐饮住宿接待业
	旅游兼营	农产品、土特产、手工艺品等供应商及个体户
	旅游非营	建筑、园林、绿化等
按参与方式分	自营	利用自有房屋或租赁房屋开办民宿、餐馆、旅游商店等
	受雇	导游、演艺人员、旅游大巴司机等
按就业形式分	正式就业	景区讲解员、酒店服务员等
	非正式就业	临时导向、服务摊点导购、出租车司机等

（二）旅游目的地吸引物的重要组成部分

随着旅游者需求偏好的变化，旅游目的地社区居民自身的旅游吸引物价值得到越来越多的认可，社区居民也因此成为旅游目的地吸引物的重要组成部分。旅游目的地社区居民至少具有以下几个方面的旅游吸引物价值。

（1）美学价值。一些旅游目的地的社区居民集聚区拥有依山傍水的地理环境、独具地方特色的建筑、传统的生产与生活方式等，这些共同构成了旅游者审美背景，对旅游者具有吸引力。

（2）文化价值。一些文化遗产如历史建筑、考古遗址、历史街区等常常处于居民聚落中，其价值往往与居民的生活、生产方式是一个共同体。对于一些传统村落类型的活态遗产地，居民本身就是遗产文化价值的重要组成部分。一些传统民俗节庆、传统工艺技术、民间文学艺术等非物质文化遗产本身不可能脱离社区居民而存在。因此，社区居民本身就具有旅游吸引物的文化价值。

（3）体验价值。异于旅游者惯常环境的生活场景、文化景观，主客互动是旅游者追求的核心体验，而旅游目的地社区恰好满足了旅游者的这些需求，因而使社区本身具有体验价值。

一般来讲，社区作为旅游吸引物的具体类型包括传统民俗、民族建筑或传统民居、传统工艺与艺术以及日常生活场景等类型（表2-2）。

表 2-2　社区作为旅游吸引物的具体类型

主类	亚类	举例
传统民俗	节事活动	泼水节、火把节、那达慕大会、庙会等
	服饰和饮食	民族服饰、农家菜、土特产品等
民族建筑或传统民居	村寨、民居	傣族吊脚楼、福建土楼、徽派建筑、开平碉楼等
传统工艺与艺术	传统手工产品	皮影、剪纸、苗绣等
日常生活场景	农村景观、乡土风情	梯田景观、油菜花景观田、乡村生活景观等

（三）旅游目的地影响的承担者

旅游是一个涉及经济、环境和社会文化的复杂活动，大量研究和实践表明，旅游发展和旅游活动对旅游目的地的经济、环境和社会文化产生了积极和消极的影响（表2-3）。社区居民是旅游目的地最重要的利益主体，居民们世代居住或长期居住于此，是旅游发展的受益者，亦是其负面影响的承担者。

从表2-3可以看出，旅游发展对旅游目的地的影响绝大部分都由社区居民直接或间接地承担。当各方面的影响发生后，社区居民为了维护自身利益和权利，主动扬长避短表达诉求、寻求突破和改变，甚至可能引发矛盾与冲突。

表 2-3　旅游发展和旅游活动对旅游目的地的影响

项目	经济影响	环境影响	社会文化影响
积极影响	增加居民收入，提高生活水平；促进当地经济发展，改善经济结构；增加就业机会；增加开发、建设投资；增加税收；改善基础设施（交通、公共设施等）；增加购物场所	保护自然资源（动植物、水资源、原始森林等）；维护生态系统平衡；保护古建筑与文物史迹；提升地方形象	改善生活质量；增加休闲娱乐场所与机会；提高消防、治安等防护能力；增进社区或文化之间的相互理解；促进文化交流；学习与不同地区的游客交往；保持旅游目的地的文化个性；增加展示当地历史与文化的机会
消极影响	价格上涨、通货膨胀；物资与服务短缺；房产与地价上涨；生活费用上涨	交通拥堵；人口拥挤；污染（噪声、空气、水、垃圾等）增加；破坏野生动物栖息环境	居民与游客关系紧张；社会生活变得忙碌、浮躁；出现伪民俗、文化商品化；加剧卖淫和嫖娼现象；加剧赌博和酗酒现象；加剧走私和贩毒现象；价值观念和伦理道德逆向蜕变

（四）旅游发展政策与规划的参与者

社区居民也可能是旅游发展政策与规划的参与者甚至制定者。由于旅游目的地社区居民是旅游服务的生产者、提供者，是旅游吸引物的组成部分，也是旅游影响的承担者，因此他们能否参与当地旅游发展政策与规划的制定就显得尤为重要。受中西方体制与文化差异的影响，社区居民在参与旅游目的地事务中有很大区别。通常情况下，我国的社区居民对参与规划和决策事务进而影响旅游目的地的发展并不积极，但在一些传统宗族势力影响比较大的区域，当地社区以宗族或血缘关系组成社区力量，积极参与当地旅游发展政策与规划制定的情况仍然比较多。近年来，随着社区居民的维权意识不断增强，各类社区居民参与制定当地旅游发展政策与规划的积极性也在逐步增强。

二、旅游目的地社区管理的主要内容

（一）社区与游客关系管理

社区与游客关系即主客关系管理是旅游目的地管理的核心内容之一，主要包括：①培育与引导居民有好客态度；②培育与监督公平的营商精神；③增进跨文化理解；④鼓励与维护文化原真性；⑤协调主客冲突。

（二）社区与当地政府关系管理

旅游目的地管理机构对旅游目的地社区的管理，由于旅游发展事务牵涉面广，旅游地边界与权属不清等原因，往往既涉及行政事务管理又包括旅游相关矛盾纠纷的处理，主要包括：①土地权属及其收益分配；②资源保护对生计的影响；③开发建设对生产、生活的影响；④非正规就业的整治；⑤扶贫与激励政策公平性。

（三）社区与当地旅游企业关系管理

社区居民是旅游目的地的主人，旅游企业是当地旅游开发的主导者或旅游发展的参与者，社区与当地旅游企业存在多个层面的博弈关系，其管理内容主要包括：①保障社区居民的优先就业权益；②培养社区居民的基本职业技能与职业精神；③推动当地企业的社会责任感建设。

（四）社区间关系管理

社区间关系管理是维护社区社会稳定、增强社区内部凝聚力的关键，主要包括：①社区利益分配；②社区文化建设；③社区合作机制/制度建设。

第二节　旅游目的地社区冲突

一、社区冲突的特征与类型

（一）社区冲突的定义与特征

社区冲突是指旅游目的地发展过程中，当地社区与政府、企业、旅游者、非政府组织等各利益相关者之间以及社区内部成员之间，因旅游发展相关问题引发的矛盾与对抗行为。社区冲突是旅游发展到一定阶段的必然产物和旅游目的地矛盾的最直接体现，它既是旅游目的地一定时期发展的阻力，也是旅游目的地一定阶段提质升级的动力。

旅游目的地社区冲突具有长期性、多样性和复杂性。

长期性是指旅游目的地社区冲突伴随旅游目的地发展而存在，无论其发展到什么阶段，总会出现这样或者那样的社区矛盾与冲突。根据 RICI 模型，在资源驱动发展阶段，社区冲突主要集中在社区居民之间的资源与就业机会争夺上。在制度变革驱动发展阶段，社区冲突主要表现为社区与政府因制度变革导致的利益重新分配。在资本驱动发展阶段，社区与政府、企业出现新的矛盾。在创新驱动发展阶段，社区居民与新的价值观的冲突往往成为新的矛盾与冲突。

多样性是指旅游目的地冲突类型多样化，既有与旅游目的地属性相关的矛盾与冲突，也有与社区属性相关的矛盾与冲突；既有与外部大环境相关的矛盾与冲突，也有因内部环境变化引发的矛盾与冲突。类型多样，表现形式也不尽相同。

复杂性是指旅游目的地的社区冲突往往是多种矛盾交织在一起，既可能是旅游发展导致的冲突，也可能是旅游发展以外的因素导致但却在旅游发展过程中表现出来的冲突；既有可能是上一阶段累积的、外来因素导致的冲突，也有可能是本阶段诱发的、内部因素导致的冲突，情况各不相同，很难有完全相同的个案，处理起来非常复杂。

（二）社区冲突的类型

由于旅游目的地社区冲突多样性和复杂性的特点，社区冲突也有多种分类方法。根据冲突的主体可以将社区冲突分为外部冲突（社区与政府的冲突、社区与企业的冲突等）、内部冲突和主客冲突等类型。根据冲突的程度可以将社区冲突分为群体性事件、局部暴力对抗和日常抵抗等类型。

从社区管理的角度看，社区冲突的产生是因为作为重要利益主体的社区居民的利益诉求没有得到满足。社区居民的利益诉求主要有保障经济利益、优化民主管理机制、维护提升景区环境、塑造良好的旅游文化氛围，可以据此将社区冲突分为以下四种类型。

（1）经济利益冲突。其主要包括由土地房屋和其他旅游资源产权的模糊、搬迁、征地产生的补偿金，旅游收益分配的不公平，生产和经营空间的争夺，就业机会不均等和就业能力不足等问题引发的矛盾与冲突。

（2）权利失衡冲突。该冲突的核心是社区居民参与民主决策的诉求和其处于无权、被动、弱势地位之间的矛盾，具体体现为对政府规划控制拆迁与安置、遗产保护与旅游发展、社区参与旅游发展形式等政策和措施不满，以及对因这些措施导致的地理和交通区位、旅游发展主体地位、经济社会地位重新洗牌等问题不满。

（3）环境保护冲突。其主要包括因旅游开发和经营而导致的水、大气、噪声、固体废物等环境污染和生态破坏，社区违规建造房屋对自然景观的破坏，以及大量游客涌入造成的社区拥挤和公共资源的争夺等引发的矛盾与冲突。

（4）社会文化冲突。其主要体现为社区内部传统邻里关系因旅游发展而产生的紧张状态甚至矛盾与冲突，作为东道主的社区居民和游客之间因文化习俗、观念习惯等方面的差异而产生的矛盾与冲突，以及社区传统文化和文化遗产未获得妥善保护而产生的矛盾与冲突。

二、社区冲突的形成原因

（一）利益分歧和分配不均

经济发展本身就是一个引起社会高度不稳定的过程，而迅速扩大的利益成果是激发社会冲突的重要条件。旅游经济利益在旅游目的地开发之前是不存在的，或者只是潜在的，旅游发展改变了当地社区居民的生产、生活方式，带来了大量机会和利益，其成为人们争夺的对象。经济利益直接诱导了社区冲突的产生，主要表现在两个方面：一方面，旅游目的地多功能和多产业叠加，社区居民由于利益诉求不同而导致社区冲突；另一方面，权利与资源不同，在旅游发展过程中收益分配不均，从而导致社区冲突。

（二）权利失衡和制度缺位

收益分配问题不仅是经济问题，还涉及政治和社会制度的问题。社会冲突本质上是社会权利的集聚过程和结果的显现。由于各利益主体先在性的社会结构因素，旅游开发极易生成不平等甚至是剥夺的权利关系，相较于当地政府、旅游企业和旅游者等利益主体来说，社区居民处于权利弱势地位，在利益分配和参与决策等方面的权利无法得到保障，这成为引发各种社会矛盾与冲突的潜在根源。权利失衡是利益失衡的直接原因，但更多地源于相关制度缺位而使权利得不到有效保障。

（三）社区居民参与能力不足

权利与制度既可直接影响利益主体的利益分配并产生社区冲突，同时也会通过影响利益群体的获益能力，进而影响旅游利益分配。旅游发展可能加剧旅游目的地社会贫富分化，而在贫富分化的背后是不同群体在表达和追求自己利益能力上的巨大差异。社区居民在旅游开发中处于普遍的弱势地位，而这种弱势地位典型的表现为能力匮乏，导致社区居民参与意愿不高、参与水平较低。旅游的发展也吸引了外来投资者和经营者，资本、理念、技术的冲击更扩大了社区居民参与能力的差异，从而使旅游经济利益分配失衡，进而产生冲突。

（四）文化差异和对立

在推动旅游目的地社会经济发展的同时，不可避免地会带来文化负面影响。当一种文化进入另一种不同的文化环境时，很可能出现相互冲突，甚至强势文化和弱势文化对立的现象。通常情况下，强势文化具有强大的改变力量，弱势文化会不由自主地模仿强势文化，包括强势文化中的负面文化。一方面，开发商代表着强势文化，全新的现代的旅游开发和发展理念不自觉地影响与改变了当地的弱势文化，这容易造成两种文化的冲突。另一方面，旅游社区的文化冲突还产生于旅游者与旅游目的地社区居民相遇时，例如，来自经济发达地区的旅游者所代表的强势文化与旅游目的地的弱势文化相遇，会造成弱势文化的同化、商品化、庸俗化和文化价值观的退化与遗失等问题，这种文化冲突对旅游目的地社区可持续发展具有不可忽视的破坏力。

三、社区冲突治理的理论基础

（一）三重底线理论

三重底线（triple bottom line，TBL）理论最早是由英国学者约翰·埃尔金顿（John Elkington）于 1994 年提出的。从狭义的角度看，其核心含义是组织在考虑其可持续发展时不能仅考虑经济底线，还必须考虑其活动会给环境和社会带来什么影响。在旅游目的地的情境下，三重底线即企业在经营管理中履行社会责任应该注意的三条底线，分别是经济底线、社会底线以及环境底线，企业在承担基本的经济责任的同时，也需要承担相应的社会责任和环境责任，如图 2-1 所示。

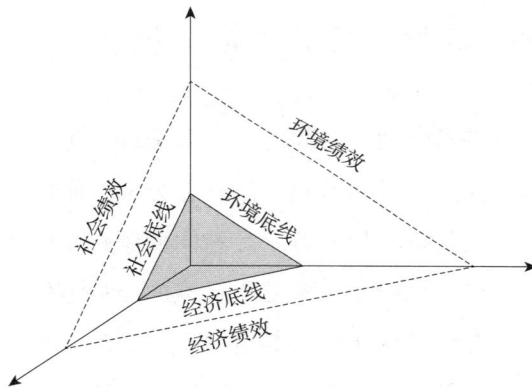

图 2-1　三重底线理论模型

三重底线是企业社会责任的评价指标，评价的内容全面涉及企业社会责任所强调的经济影响、社会影响和环境影响，较好地反映了企业社会责任概念的多维性。三重底线理论的核心是企业应平衡对经济责任、社会责任和环境责任的履行，不能因履行某一项责任而造成另一项责任的缺失，企业在某一项责任上的行动和绩效应考虑是否会危害其他责任要素上的绩效，负责任的企业应是综合绩效最优而非仅仅是在某个责任要素上绩效最优的企业。

在旅游目的地社区冲突治理中，旅游开发商或旅游企业往往注重经济绩效、追求利润最大化，但如果片面追求经济绩效而忽视社会责任和环境责任，必然会引发社区冲突。因此，旅游开发商或旅游企业应当主动承担社会责任，更加重视旅游发展的社会文化影响和环境影响，提升企业的综合绩效。

（二）愤怒指数理论

在与社区旅游开发相关的态度与冲突问题的研究中，最著名的就是多克西（Doxey）在 1975 年提出的愤怒指数（index of irritation）理论。他指出，社区居民对于游客的态度会随着旅游开发而变化，随着游客数量的增加，社区居民与旅游者之间要经历欣喜、冷漠、恼怒和对抗四个发展阶段。

愤怒指数理论展现了旅游对社会影响的阶段性特征，也为巴特勒（Butler）提出旅游地生命周期理论的一般性假说奠定了基础。巴特勒认为旅游对社会影响的激化将发生在巩固和停滞阶段。因为在此阶段游客量趋近饱和，居民承受力和社区承受力达到极限，旅游失衡问题就会显现出来，随之社区冲突问题接踵而至。

尽管愤怒指数理论得到了广泛应用，但旅游者人数的增加与社区居民对旅游者的态度之间的相关性过于单纯化，忽略了很多复杂因素，其建立在对社区居民反应过于简单理解上的缺陷在后来的实证研究中被不断放大。兰克福德（Lankford）和霍华德（Howard）通过对哥伦比亚河谷地区（Columbia River Gorge）的居民调查后，针对居民对旅游发展态度的标准化测量需求，编制了旅游影响态度量表（tourism impact attitude scale，TIAS）。该量表包含 2 个维度、27 个测量指标，被不断应用在后来的社区居民对旅游发展态度的研究中，对旅游目的地社区管理实践有一定的指导意义。

除此以外，布约克兰德（Bjorklund）和菲尔布利克（Philbrick）提出了社区回应的两个维度（主动/被动与有利/不利）二分法，这种回应受到旅游业性质和参与程度的影响。福克纳（Faulkner）和蒂德斯威尔（Tideswel）则构建了一套旅游对社区影响的监测框架，识别出关键影响变量，并通过内在和外在两个维度对其进行分类，提倡对同一旅游目的地或不同旅游目的地的旅游社区开展动态监测活动，具有较好的理论和实践意义。

（三）社会心理学相关理论

尽管社区冲突一般表现在行为层面，但本质上是由于社区居民的愿望、诉求未得到满足而产生的心理失衡。因此，一些社会心理学理论常被用于旅游目的地社区研究。

1. 社会交换理论

社会交换理论（social exchange theory）是一种兴起于 20 世纪 60 年代的社会心

理学理论，并于 20 世纪 90 年代在社区旅游研究中得到了广泛应用。社会交换理论认为人类的一切行为都受到某种或明或暗的、能够带来奖励和报酬的交换活动的支配，因而人类的一切社会活动都可归结为一种交换行为，人们在社会交往中所结成的社会关系也只能是一种交换关系。该理论认为，当人们重视旅游业的效益并认为其效益大于成本时，他们将更加支持旅游业的发展；相反，当成本大于效益，或他们不重视所得到的回报时，他们将不会支持旅游业的发展。社会交换理论表明，当发生以下几种情况时，个体将会参与交换：①所得到的回报受到重视；②他们相信交换可能会产生有价值的回报；③感知成本没有超。约翰·艾普（John Ap）在社会交换理论的基础上构建了社会交换过程模型，该模型也不断被证明，与旅游业关系密切的社区居民由于从旅游发展中获得的利益超过了其承担的成本，故对旅游业发展持更为积极的支持态度；与旅游业关系不密切的居民不能从旅游发展中获得直接的经济利益，却仍需承担一些社会成本，故对旅游发展的负面影响感知强烈，即出现消极抵制态度。

社会交换理论的不足在于其将各种物质和非物质的社会交换关系过度泛化，并将人们在交换中的利益得失作为态度和行为解释的唯一依据。社会交换理论是基于"经济人"假设前提的，因此不免忽略其他影响居民感知和态度的因素，如居民对旅游资源价值的认知度、对地方文化的认同度等。此外，社会交换理论对那些受旅游业直接影响的人具有较强的解释力，而对那些未参与旅游业或未受旅游发展影响的人，则难以解释其旅游感知和态度的形成问题。

2. 社会表征理论

社会表征理论（social representation theory）又称"社会表象理论"，"社会表征"一词最早是由法国实证主义社会学家涂尔干（Durkheim）的社会学概念个体表征和集体表征（individual representations and colletive representations）发展而来的。20 世纪 60 年代，法国社会心理学家莫斯科维奇（Moscovici）引入这一概念并加以扩充，将社会表征定义为"拥有自身的文化含义并且独立于个体体验之外而持续存在的各种预想（preconceptions）、形象（images）和价值（values）所组成的知识体系"。简单地说，社会表征就是人们用来对周围的事物、事件以及目标作出反应的一系列定义性的短语或形象，它们是人们用来了解周围世界的工具。比如"艾滋病是同性恋的瘟疫""旅游业是破坏文化的秃鹫"等都是典型的社会表征。

20 世纪 90 年代，皮尔斯（Pearce）等通过其著作《旅游社区关系》（*Touris*

Community Rlaionships）将该理论引入旅游研究，提出社区旅游社会表征形成的理论框架，研究旅游目的地社区居民对旅游影响的感知等问题。社会表征的产生根源主要有三类：直接经验、社会互动以及媒体。对于社区而言，关于旅游的社会表征可以来源于旅游业对社区影响的直接经验。例如，社区居民可以从旅游发展中获得经济收益、就业机会和生活质量的提高等正面影响，也会获得交通拥挤、物价上涨、环境破坏等负面影响。居民对这些旅游影响的直接感受，为他们提供了更多的可以用作表征基础的信息，而这些信息最容易受到人们的直接控制。对于潜在的或者正在进行旅游开发、准备成为旅游目的地的社区而言，社会互动和媒体则可能成为居民旅游社会表征形成的主要来源。由于缺乏有关旅游业影响的直接经验，人们可能会在与他人的交流互动中获取社会表征。此外，拥有信息传播主动权的媒体也具有影响居民感知的潜在能力。

社会表征可以作为旅游目的地社区的社会群体划分依据，以使当地社区更好地融入旅游发展之中，因此该理论也可以用于对社区各群体采取针对性的措施解决社区参与旅游的问题。

3. 相对剥夺理论

相对剥夺理论（relative deprivation theory）是第二次世界大战后兴起的一种社会心理学理论。相对剥夺感是一种广泛存在的社会心理现象，是指人们通过选定的参照系，将自己的利益得失与其他群体或自己过去的经历进行比较后而产生的不公平感，认为自己之所以比他人获取得少是因为本应该得到的东西被剥夺了。人们选择的参照群体可以是自己所在的人群，也可是本群体以外的其他人群，两种比较均可能导致相对剥夺感产生。此外，人们与其他参照群体进行比较后形成的相对剥夺称为横向相对剥夺，而与自己过去的经历相比较形成的相对剥夺称为纵向相对剥夺。

当居民经过互相比较后不仅形成主观上的差异感知，还产生了强烈的相对剥夺感，易激发社区冲突事件，因此相对剥夺感是解释旅游目的地社区冲突的关键因素。社区居民的相对剥夺感的表现形式是多样化的，有横向的也有纵向的，而且通常是多种相对剥夺感交织并存。社区居民感知到相对剥夺感后的行为受到自我效能感与归因方式的共同影响，其随之会采取冲突抵抗、无奈承受、积极发展、退缩逃避四种应对方式。因此，社区冲突的治理要建立相应的相对剥夺感疏导机制，引导社区居民进行正确归因，提高其自我效能感。

第三节 旅游目的地社区管理方法

一、制定相应层级的规章制度

（一）涉及社区管理的制度类型

1. 国家和地方的法律、法规、政策

国家和地方的法律、法规、政策主要包括涉及土地及文化与自然遗产保护、生态环境保护等一系列法律法规，以及地方政府制定的相关法规、政策等。

2. 旅游目的地政策、制度

旅游目的地政策、制度主要包括招商引资、宣传促销、景区建设等促进社区参与旅游发展的相关政策，以及基层组织议事制度、生态补偿制度等。此外，合同制度也是社区管理的关键手段，合同可以作为相对弱势的社区居民保障利益的手段和渠道。

3. 社区内部制度

社区内部制度主要指社区在参与旅游发展的实践中制定的内部规章制度，如云南省雨崩村的马队轮换分配制度、阿者科村的收益分红制度等。

4. 非正式制度

非正式制度主要包括村规民约、传统习俗、宗族和集体观念等非成文规范，例如在某些乡村社区，祠堂和祖屋是神圣不可侵犯的，禁止在圣地放牧或在神山砍伐树木。此外，还有关于风水、嫁娶和节庆等风俗的约定。

（二）涉及社区管理的制度内容

1. 分配规则

根据三类典型的社区参与旅游模式，社区管理的旅游收益分配规则如表2-4所示。

表2-4 社区管理的旅游收益分配规则

社区参与模式	分配规则类型	分配方式	优缺点	典型社区
"公司+社区+农户"模式	补偿分红制	门票收入和其他经营性收入由旅游开发管理公司支配，以租赁的方式获得土地使用权，公司向居民给付一定数额的补偿金、租金，为居民提供就业机会，投入资金优化社区环境，定期进行旅游收益分红	优点：企业资本为社会旅游赋能，提升了整体旅游收益 缺点：企业的逐利目标可能导致社区利益被侵害，容易引发社区冲突	云南省西双版纳景洪市傣族园（1998年至今）

续表

社区参与模式	分配规则类型	分配方式	优缺点	典型社区
社区自组织模式	轮值制	以居民家庭/家庭组为单位轮流获得接待资格,获取收益	优点:这些"计划经济统一调度"的类型维护了社区居民的收益权,同时避免了社区内部的恶性竞争,降低了社区冲突的可能性 缺点:经营方式相对粗放,旅游收益提升的潜力相对有限	云南省德钦县雨崩村(2002—2007年)
		按户或人口提供马匹、船只等交通工具,由集体统一定价、调配、管理、运营,轮流接待游客		云南省德钦县雨崩村(2002—2007年) 四川省盐源县博树村(2010—2013年)
	契约制	以户为单位通过拈签的方式决定不同位置商铺的使用权或租赁权,并定期调整,确保公平		广东省丹霞山断石村(1999—2013年)
	工分制	成立村民接待小组,成员分工明确,各司其职,按参与人员的职位和角色以工分制计酬,按劳分配		贵州省雷山县朗德苗寨(1987—2013年)
"NGO+社区+农户"模式	分红制	商铺租赁、旅游接待等村集体收入除留一小部分作为旅游发展资金外,其余采用定期分红的方式发放到村民手中;分红依据:传统民居、农户景观、户籍等	优点:有助于社区旅游接待的可持续发展,居民获得尽可能高比例的收益 缺点:NGO组织管理的持续性有待进一步观察	云南省元阳县阿者科村(2018年至今)

2. 行为规则

按照规则的功能可将社区行为规则分为组织规则、游客接待规则、主客交往规则、资源和环境保护规则、安全规则、奖惩规则等,如表 2-5 所示。

表 2-5　社区行为规则类型及内容

行为规则类型	内容
组织规则	明确社区的管理主题(村委会、旅游合作委员会或者旅游发展公司等)及其权利和作用
游客接待规则	明确旅游经营和游客接待的标准与底线,如定价、卫生、食品安全等
主客交往规则	明确主客交往的标准和底线,如文明礼仪、处事方式等,禁止乞讨、欺骗、敲诈等行为
资源和环境保护规则	明确社区文化遗产、自然和人文景观、生态环境等保护的要求,保护传统民居以及山林、河湖、地貌、梯田等资源和景观
安全规则	明确社区内部交通、消防、财产、自然灾害等安全管理的规范和底线
奖惩规则	明确社区居民维护或违反行为规则条款的奖励或惩罚措施

3. 监督规则

监督规则是指保障社区居民日常性和阶段性地监督社区管理者、经营者等群体的规则和制度，具体内容包括社区旅游经营状况（收入、支出、游客量等）公示规则、社区居民对经营情况的质询和检查规则等，确保社区管理的透明化、民主化。

二、为社区旅游发展赋能

（一）增强居民的社区文化认同感

1. 社区文化认同

文化认同（culural identity）是指个人自觉投入并归属于某一文化群体的程度。传统地域文化不仅提供了连续性的记忆，而且承载着独特的地方感和地方文化精神，不仅具有旅游等方面的经济价值，也有助于维持多样性和可持续发展的景观体系。社区是传统地域文化的载体，随着旅游目的地开发时间的增长，人们对自己拥有与外界不同地方的文化会重新有一种认同感和自尊感。

文化认同体现在主体的认知、情感和行为三个层面，可表征为"了解""热爱""自觉维护"三个依次递进的认同程度。现有研究表明，社区居民的文化认同感越强，对旅游社会文化影响的正向或负向感知越强；居民对旅游社会文化影响的正向或负向感知越强烈，对社区发展的肯定或否定评价越强，从而支持或反对旅游开发的行为倾向越明显。简而言之，社区居民的文化认同感越强，就越能形成自觉保护传统地域文化的意识，就越会支持对社区产生积极社会文化影响的旅游开发活动。

2. 增强居民社区文化认同感的途径

从地方政府和旅游企业角度来说，旅游开发和发展要尽可能降低对旅游目的地社区的负面社会文化影响，增强正面影响，减少对传统地域文化原真性的冲击，尊重地方风俗，避免文化过度商业化、庸俗化。同时，要增强社区居民在旅游发展中的获得感，尤其是经济效益的获得感，以提升社区居民文化认同的动力。

从社区自身角度来说，要通过教育手段来增强居民的集体认同和文化认同，改变旅游发展中的利益短视行为，达成可持续旅游发展的观念共识。教育的内容和方式包括地方文化教育、遗产价值教育、社区道德讲堂、主题文化活动等。

（二）增加居民的地方依恋程度

20世纪70年代，华裔地理学家段义孚（Yi-Fu Tuan）把恋地情结引入地理学中，用于表达人对地方的爱恋之情，他认为地方感是地方本身所具有的特质以及人们自身对地方的依附。在此基础上，威廉姆斯（Wliam）和罗格布克（Rogehbuek）提出"地方依恋（place atachmen）"的概念，并阐述了地方依恋的理论框架，地方依恋由地方依赖（place dependence）和地方认同（place Ientiy）两个维度构成，地方依赖是人和地方之间的一种功能性依恋，地方认同是一种情感性依恋。现有研究表明，地方依赖对地方认同有显著的正向影响，居民对社区的功能依赖是形成居民对古村落的情感依恋的重要因素；不同开发管理模式和利益分配机制对居民地方依恋程度有显著影响；居民的地方依恋对其资源保护、遗产保护和生态保护的态度有显著的正向影响；地方依恋感越强的居民，其自身发展和社区发展的联系越紧密，更加关注自身所在社区的变化，因此对本地旅游发展期望值也越高，对旅游发展的积极作用有一定心理预期，因此也更易于感知到旅游带来的正面影响。

因此，增加居民的地方依恋程度有助于旅游目的地社区管理效能的提升，具体而言应做好如下工作：①丰富社区居民的生计方式，在提升社区参与度的同时增强居民的旅游生计能力，强化居民对社区的功能依赖，进而强化其情感依恋；②完善旅游收益分配机制，全面提高居民的满意度；③提升媒介的宣传力量，使居民获得超出经济利益的地方认同，从而推动社区和谐发展。

三、给旅游目的地社区增权

（一）增权理论

增权理论（empowerment theory），又译为充权、赋权、激发权能理论。增权（empowerment）是由权利（power）、无权（powerlessness）以及去权（disempowerment）等核心概念建构起来的，其中，权利或权能是增权理论的基础概念。1999年，斯彻文思（Scheyvens）正式将增权理论引入旅游研究，认为旅游增权的受体应当是旅游目的地社区，并提出了一个包含政治、经济、心理、社会四个维度在内的增权评估框架（表2-6）。

表 2-6   社区参与旅游的增权评估框架

项目	增权的表现	去权的表现
政治增权	社区的政治结构公平地代表所有社区群体的需求和利益; 发起或执管旅游投入的机构收集各个社区群体（包括妇女、青少年中的特殊利益群体及其他社会弱势群体）的意见，并使这些意见有机会被传达到决策机构	社区有一个独裁或自利的领导层; 发起或执管旅游投入的机构不能使地方社区参与决策，以至于大多数社区居民认为他们对"是否应该经营旅游"和"以什么方式经营旅游"等问题几乎没有发言权
经济增权	旅游给当地社区带来持续的经济收益; 现金收入在大多数社区居民之间分享; 因赚得现金，社区在某些方面有明显改进，例如，房屋用更持久的建材建造，所有小孩都能接受教育	旅游给当地社区仅带来少量间歇性的现金收入; 绝大多数利润流向地方精英、外来经营者、政府机构等; 只有一小部分个人或家庭从旅游中赚得直接的财政收益，其他人由于缺乏资本、经验或合适的技能，而不能找到分享经济利益的途径
心理增权	由于外界对当地文化、自然资源和传统知识的认知，多数社区居民的自豪感得到增强; 就业和现金的获得，使传统地位较低的社会团体——如青少年、穷人的地位得以提升	与游客交往后，社区居民认为他们自己的文化和生活方式是低人一等的; 许多人由于未能分享旅游收益，从而对旅游开发感到困惑、失意、没兴趣或失望
社会增权	旅游维持或增强当地社区的均衡; 由于个人和家庭一起工作，形成一种成功的旅游投入，从而增强了社区的内聚性; 部分资金被提留出来用于社区发展，如建学校或改善供水系统	不和谐，社会衰败; 许多社区居民被社区外的价值观同化，从而失去对传统文化和老者的尊敬; 弱势群体承受着旅游开发中存在的问题所带来的冲击，并且不能平等地分享收益; 与合作相反，家庭、族群或社会经济集团为感知到的旅游收益而相互竞争; 普遍存在怨恨和嫉妒

　　增权理论其强烈的人文关怀精神、对旅游发展过程中权利关系的深刻洞察和在实践上的潜在有效性对于发展中国家的旅游发展来说无疑具有重要的启示和意义。近年来也出现了一些对旅游增权理论的批判：①忽略了社区居民的异质性，西方学者将旅游增权的受体界定为社区，将社区视为一个独立的实体，但实际上同一社区内居民的态度、诉求、行为等存在差异和分化，不可一概而论；②忽略了旅游目的地发展的阶段性，根据旅游地生命周期理论，处于不同发展阶段的旅游目的地社区居民对待旅游的态度以及参与层次与行为也都呈现出阶段性特征，因此决定了旅游增权的目标、内容、途径的差异；③忽略了东西方文化和体制的差异，旅游增权理论毕竟是在西方的政治制度、经济制度和社会文化背景下发展起来的，并不能完全匹配受传统差序格局影响的中国乡村社区和民族社区，个人权利、土地产权、旅游资源所有权制度和西方也存在差异，增权理论的应用必须从中国的旅游实践中得出结论。

（二）社区增权的路径

根据增权理论，鉴于社区居民的相对弱势地位，宜从以下几个方面对社区进行增权，以保障社区居民的权益。

1. 经济增权

经济增权要求将社区居民作为旅游业发展的核心利益分配主体，帮助其获得持续的经济利益。其具体内容包括优先的旅游就业机会、多元的旅游生计方式、公平的利益分配方式等，鼓励其以更积极的态度参与区域旅游的开发。

2. 心理增权

心理增权要求使社区居民意识到旅游资源的价值，促使其主动参与开发和保护过程。其具体内容包括旅游资源和地方文化价值教育、旅游发展影响教育等。

3. 社会增权

社会增权要求发展社区公共事业，强化社区整体形象，增强社区内部凝聚力。其具体内容包括将基础设施和旅游设施建设与社区建设相结合、构建社区组织体系、培育社区精英、加强社区旅游形象宣传等。

4. 政治增权

政治增权要求建立决策参与机制，赋予社区居民一定的话语权和参与决策的平等权。其具体内容包括完善社区参与保障机制、建立旅游利益协调组织、发挥社区基层组织的作用等。要保障社区居民在旅游开发中的知情权，在旅游开发的各个环节都要与社区居民进行充分的沟通，尊重社区居民的诉求。

第四节　旅游目的地社区可持续发展

一、社区可持续发展的本质

（一）社区可持续发展的内容

1990年在加拿大召开的"全球可持续发展大会"上形成的《旅游可持续发展行动战略》草案明确提出了"可持续旅游"的概念，构筑了该理论的基本框架和主要目标：增进人们对旅游所产生的环境效应和经济效应的理解，强化人们的生态意识，促进旅游公平发展，改善旅游接待地区居民的生活质量，向旅游者提供高质量的旅游经历以及保护未来旅游开发赖以存在的环境质量。联合国旅游组织对旅游可持续发展做了如下定义：在保持和增进未来发展机会的同时，满足旅游者和东道主地区当前的各种需求。由此可见，社区居民生活质量的提高、社区的可持续发展是旅游目的地可持续发展的核心内容之一。

根据全球可持续旅游委员会（GSTC）制定的《全球可持续旅游目的地标准》（*Global Sustainable Tourism Destination Criteria*，GSTC-D），旅游目的地社区可持续发展的目标是"当地社区的社会 / 经济效益最大化 / 负面影响最小化"（表 2-7）。

表 2-7　GSTC-D 的社区可持续发展标准

评价指标	具体内容
B-1 经济发展监测	旅游目的地定义监测并公开报告旅游业对当地经济的直接、间接贡献
B-2 居民就业机会	旅游目的地为当地包括妇女、青年、少数族裔以及其他弱势群体在内的居民提供平等的、正规的培训与就业机会
B-3 利益相关者的参与机制	旅游目的地建立了机制，以确保利益相关者持续地参与旅游相关规划与相关决策的制定
B-4 当地社区民意	旅游目的地定期监测、记录并且公开报告社区居民对旅游业的期望值、关注度和满意度。旅游目的地要确保充分地考虑关键利益相关者的观点，并在需要时采取相应整改措施
B-5 社区居民的进入与访问权利	旅游目的地保护、监测并保障社区居民能够参观自然、历史、考古、宗教、精神以及文化的景观、景点
B-6 提升可持续旅游意识	旅游目的地定期开展活动，以提高居民对旅游业存在的机遇与挑战以及对可持续发展的重要性等方面的认识
B-7 反对剥削	旅游目的地建立了明确的体系并采取相关措施，以防止商业剥削、性剥削、性骚扰等行为，尤其是制止对儿童、青少年、妇女和少数族裔的剥削行为
B-8 支持社区发展	旅游目的地建立了确保旅游关联企业积极支持社区发展的机制
B-9 支持本土企业与公平贸易	旅游目的地建立了工作机制，用以支持本土企业主以及促进公平贸易原则的推广

（二）社区可持续发展与社区福祉

1. 福祉的定义

福祉（well-being）的本质就是人类满足需求后获得的幸福，个人因能实现自己的价值而获得的快乐。按照《说文解字》的理解：福，佑也；从示，畐声。这里的福的本义是双手奉酒向上天祈福。祉的解释为：祉，福也；从示，止声。这里的示是指祖先神，止即之，意为到来；示与止联合起来表示祖先神到来，本义为祖先神降临，引申义为福气。而"福祉"一词在中国文献里自古就有，《焦氏易林》中有"赐我福祉，寿算无极"，《后汉书·张衡列传》中有"宜获福祉神祇，受誉黎庶"，《菜根谭》中有"问子孙之福祉，吾身所贻者，是要思其倾覆之易"，《韩诗外传》中有"是以德泽洋乎海内，福祉归乎王公"。从以上中国古典文献中可以看出，"福祉"一词的含义就是人的幸福美好的生活。福祉对应的英文词汇是"well-being"，在《新牛津英汉双解大词典》中的解释是"the state of being comfortable，healthy or happy"，其侧重于一种存在状态，一种好的、舒适的、健康的、幸福的、满足的生活状态。

因此，福祉指的是健康、幸福并且物质上富足的生活状态。从广义上讲，福祉是指人们对当下的生活方式、生活状态，以及人生追求感到满意。福祉有客观和主观之分：客观福祉是人类利用客观资本对人类各种需求的满足程度，主观福祉是指由于需求被满足而产生的感官上的愉悦、疼痛和精神上的快乐、痛苦。联合国于 2005 年发布的《千年生态系统评估》(*The Millennium Ecosystem Asessent*) 将人类福祉划分为五个组成要素：基本产品与服务、安全、健康、社会关系及选择和行动自由。在我国，党和国家高度重视民生福祉，党的十八届三中全会公报指出，以促进社会公平正义、增进人民福祉为全面深化改革的出发点和落脚点，明确指出了民生福祉的政策意义和制度内涵。党的十九大报告明确提出：增进民生福祉是发展的根本目的。

2. 社区可持续发展与社区福祉的关系

人类福祉的概念和研究兴起于 20 世纪五六十年代。当时为第二次世界大战结束百废待兴之际，西方各国大力恢复经济，经济发展成为政府和公众的焦点，国内生产总值（gross domestic product，GDP）成为衡量国家发达程度的主要指标。过去的十几年里，人们逐渐认识到仅仅依靠经济指标是无法恰当地评估人类福祉的，经济发展只是实现可持续发展目标的手段，而提高人类福祉才是其核心所在。可持续发展的最终目的是提高人类福祉，即满足当代人和后代人的物质与精神需求。对于旅游目的地而言，旅游决策、规划、开发管理等旅游发展过程要充分考虑社区的需要和诉求，实现旅游可持续发展和社区可持续发展，而提高社区居民福祉是社区可持续发展的最终目标。

3. 旅游可持续生计与社区福祉的关系

生计（livelihood）在汉语中是一个由来已久的词汇，指赖以谋生的产业或职业，也指维持生活的办法。作为一个学术词汇，国际上关于对生计概念的界定直到 1992 年才由钱伯斯（Chambers）和康韦（Conway）首次提出，即"生计由生活所需的能力（capabilities）、资产（aset）和活动（acivties）组成"。该定义强调了生计的本质——能力建设，并拓展了生计的内涵，将生计分解为可量化的资产和活动，使"生计"成为一个比"发展"更具体的概念。他们同时提出"可持续生计（sustainable livelihood）"的概念，认为"只有当一种生计能够应对压力打击、突变，并从中恢复，在当前和未来能够保持乃至加强其能力与资产，同时又不损坏自然资源基础，这种生计才是可持续的"。可持续生计也逐渐成为一种研究方法，为探索如何可持续地解决农村贫困问题提供新视角，被广泛应用到农村发展问题和全球性的发展问题研究中。

英国国际发展署（DFID）于 1998 年建立的可持续生计分析框架最有代表性，也是目前为止被国际组织、学术界应用最多的理论框架。随后旅游学者们在此基础上提出了旅游可持续生计分析框架，并揭示了可持续发展、乡村社区发展和旅游发展之间的相互关系。

综上所述，旅游目的地社区可持续发展的本质和核心是提升作为可持续生计方式的社区旅游发展水平，实现社区的经济、社会文化和生态环境协同发展，最终实现社区居民福祉的增进和提升。但需要指出的是，无论是在空间尺度上还是在时间尺度上，旅游业都不一定是社区发展的最优选择，更不是唯一选择，旅游发展也不一定能满足社区发展的所有要求。从可持续生计的视角来看，旅游生计方式也并非旅游目的地社区生计的唯一选择，可持续生计分析框架以人为中心，关注社区生计安全以及社区能力建设，强调社区生计构成的多样性，尤其包括那些贫困或边缘化的社区以及边缘化的群体。因此，旅游目的地社区须将旅游生计与其他生计方式相结合，降低社区生计风险，增进社区居民福祉。

二、社区居民福祉

（一）测量指标

从测度方式来看，福祉测度主要分为三类：①福祉的客观测度，即客观福祉评价指数，主要是利用可以计量的经济或社会指标等客观指标去反映人类需求被满足的程度；②福祉的主观测度，即主观福祉评价指数，主要是利用问卷调查等主观指标的方法对个人的幸福度、快乐程度以及与此相似的感受程度进行调查；③可持续视角下的福祉测度（表 2-8）。

表 2-8　人类福祉主要评价指数举例

评价指数		指标	计算方法
客观福祉评价指数（objective well-being）	物质生活质量指数（physical quality of life index，PQLI）	识字率； 婴儿死亡率； 预期寿命	婴儿死亡率指数 =（166- 婴儿死亡率）× 0.625； 预期寿命指数=（预期寿命 -42）× 2.7； PQLI=（识字率 + 婴儿死亡率指数 + 预期寿命指数）/3
	人类发展指数（human development index，HDI）	收入； 教育（预期教育年限，平均受教育年限）； 预期寿命	教育指数=[（预期教育年限 × 平均受教育年限）1/2- 最小值]、（最大值 - 最小值）； HDI=（收入指数 × 教育指数 × 预期寿命指数）
主观福祉评价指数（subjective well-being）	情感平衡者（affect balance scale，ABS）	正向情感； 负向情感	通过问卷计算正向情感和负向情感出现的次数与差异
	生活满意度（sstisfaction with life scale，SWLS）	是否符合理想； 生活条件如何； 对生活的满意程度； 是否拥有所希望的重要事物； 是否希望改变过去的生活	通过计算问卷分数将被调查者分为六类：极度不满意、不满意、满意度低于平均水平、平均满意度水平、满意、非常满意
	彭伯顿幸福指数（the pemberton happiness index，PHI）	回溯福祉（总体福祉、享乐福祉、社会福祉）； 经历福祉	问卷形式，共包括21个陈述，回答者通过 0~10 表达对陈述的认同程度
可持续视角下的福祉评价（welling-being from the sustainability perspective）	快乐星球指数（happy planet index，HPI）	体验福祉； 预期寿命； 生态足迹	HPI=（体验福祉 × 预期寿命）/ 生态足迹
	人类福祉（human well-being）评价框架	基础生活资料； 健康； 安全； 良好的社会关系； 选择的自由	—

（二）影响福祉水平的因素

1. 经济因素

在经济发展观的主导下，福祉提升的内涵一直被认为是经济的增长。因此，宏观领域的国内生产总值和微观领域的居民收入受到了全世界的追捧，CDP 或收入指标用于从经济视角评估区域发展成就或居民福祉水平。福利经济学往往将收入或财富作为影响福祉高低的主要因素。尽管如此，经济发展并非影响福祉水平的唯一因素。当收入超出了满足基本需求的阈值（heshold）后，其与福祉的相关度就减弱。尤其是当收入水平较高的时候，相对收入、相对地位更能决定人们的福祉水平。

2. 社会文化因素

福祉水平不只局限于经济因素，贫困、犯罪、社会服务等社会问题和福祉也息息相关。美国著名心理学家赛利格曼（Martin E.P. Seligman）发现福祉水平较高的人往往具有丰富的社交生活圈。文化也是福祉的重要影响因素，文化教育可以塑造人们正确的幸福观，从而有效地提升人们的福祉水平。另外，社会保障、教育、医疗、卫生等发展水平对增进国民福祉也具有积极作用。

3. 生态环境因素

随着经济的快速发展，居民收入不断提高，生态环境问题日益突出，人们开始从生态环境视角重新审视发展的真正内涵。2001 年，联合国"千年生态系统评估"项目围绕"生态系统服务与人类福祉"研究了生态环境与人类福祉之间的关系，并进行了全球性的深入调查，引发人们开始积极关注和研究生态环境与人类福祉之间的关系。已有研究表明，人均生态系统服务与人类主观福祉呈正相关关系。

（三）提高居民福祉的方法

根据联合国"千年生态系统评估"项目提出的人类福祉评价指标（安全、基本的物质需求、健康、良好的社会关系和选择与行动的自由），可从四个方面入手提高居民的福祉。

1. 维护社会安全稳定

安全稳定是社区发展的基础，也是福祉的根本要求。具体来说，要加强社区旅游发展中的治安管理，保障社区居民尤其是非直接参与旅游发展的社区居民的安全权利；要保障生存和生产要素，如土地、山林、水源等的安全。

2. 全面提高社区居民的生活质量

（1）丰富居民生计方式，提升社区可持续生计能力。由于旅游业具有潮汐式特征和区位依赖性特点，并非所有居民都可以完全依赖于旅游业生计方式来维持家庭发展，因此有必要增强他们的技能，帮助他们获得多种生计方式，并将传统生计方式、旅游业生计方式以及其他生计方式恰当地融合，增强他们家庭抗风险能力，如对他们进行蔬菜水果栽培、牲畜养殖、工艺品制作等技能培训，以增强一些不适宜直接在旅游业领域就业的人群的生计方式竞争力，也包括对他们进行一些卫生知识、服务意识、网络知识、法律知识的培训，增强他们在旅游业内的工作竞争力。

（2）加强社区的基础设施建设，改善人居环境。地方政府、旅游企业或社区自身要在旅游发展的基础上完善社区的交通、电力、能源、通信等基础设施，改善传统民居的居住条件，修缮旧房、危房，推进绿化污水处理、固体垃圾处理等环境整治工作，保障居民的健康生活。

（3）稳定旅游目的地物价水平。保障社区的生活物资正常供应，防止因旅游发展而导致旅游目的地物价大幅度上涨，要控制房价水平，维护社区居民权益。

3. 构建良好的社区关系

社区冲突是影响居民福祉的负面因素，良好的社区主客关系和社区内部关系有助于实现东道主与游客互相理解、尊重，增强社区的凝聚力。从社区主客关系的角度说，要合理预估社区环境承载力，如因大量游客的涌入而造成的资源争夺和社区拥堵；要加强对主客双方的引导和教育，约束双方的行为，增进相互理解和尊重。从社区内部关系的角度说，关键是要制定合适的利益分配规则，确保居民公平地获得旅游发展带来的经济利益；要加强社区自组织建设，完善社区集体议事制度，及时处理内部矛盾与冲突；要加强传统地域文化的传播和教育，建立居民文化身份认同，培育社区居民自豪感。

4. 满足居民更多的物质文化生活需要

随着旅游的进一步发展，社区居民的诉求也不断变化，新的矛盾也不断涌现。因此，要定期开展旅游可持续发展监测活动，全面了解社区居民的物质文化生活需要，观察这些需要和诉求的动态变化，并针对社区居民的实际诉求着力解决当前最急需解决的部分，努力实现社区居民的全面发展和社区的可持续发展。

本章小结

社区居民是旅游目的地服务的生产者和提供者，是旅游目的地吸引物的重要组成部分，是旅游目的地影响的承担者，是旅游发展政策与规划的参与者。旅游目的地社区冲突具有长期性、多样性和复杂性的特征。社区冲突主要是利益分歧和分配不均、权利失衡和制度缺位、社区居民参与能力不足、文化差异和对立等原因造成的。

旅游目的地社区管理方法主要包括：制定相应层级的规章制度、为社区旅游发展赋能、给旅游目的地社区增权。旅游目的地社区可持续发展的本质和核心是提升作为可持续生计方式的社区旅游发展水平，实现社区的经济、社会文化和生态环境协同发展，最终实现社区居民福祉的增进和提升。

即测即练

拓展阅读

思考题

1. 怎样理解社区在旅游目的地发展与管理过程中的"主人"角色？

2. 简述社区冲突的形成原因。

3. 试阐述如何增强社区居民的地方依恋。

4. 简述影响福祉水平的因素。

5. 怎样理解社区居民把旅游业作为其生计方式的重要选择之一？

第三章　旅游目的地开发与规划

🔍 学习目标

1. 了解旅游目的地开发与规划的内涵、旅游目的地发展演化和空间结构模式。

2. 熟悉旅游目的地开发与规划的主要内容、规划模式、营销策略和管理模式。

3. 学习红色旅游目的地的开发策略；分析延安旅游发展面临的问题及掌握解决对策。

🔍 能力目标

1. 了解旅游目的地发展演化和空间结构模式，通过案例分析，能够加深理解旅游目的地的发展阶段。

2. 熟悉旅游目的地开发与规划的内容和方法，能够掌握并运用规划旅游目的地的主要方法解决问题。

3. 学习红色旅游目的地发展战略，具备分析、制定旅游目的地发展战略的能力。

🔍 思政目标

1. 了解旅游目的地发展演化和空间结构模式，培养学生空间思维能力和专业能力。

2. 熟悉红色旅游目的地开发与规划的相关内容，提高学生对红色文化的认识，培养学生的革命精神。

3. 掌握旅游目的地规划与制定发展战略的方法，培养学生因地制宜地分析问题的能力。

思维导图

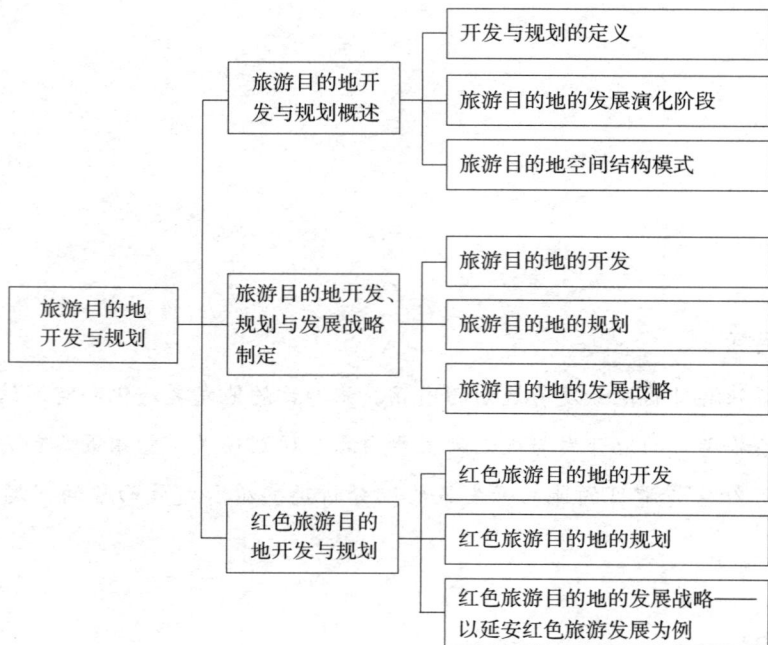

导入案例

六大名镇之一——乌镇

乌镇地处浙江北部桐乡市北端，与江苏苏州市吴江区接壤，西邻湖州市，虽经 2 000 多年沧桑，仍完整地保存着原有的水乡古镇风貌和格局，梁、柱、门、窗上的木雕和石雕工艺精湛，真实体现了浓郁的水乡风情和深厚的文化底蕴。全镇以河成街，桥街相连，依河筑屋，河埠廊坊，过街骑楼，穿竹石栏，呈现一派古朴、明洁的幽静。清晨的小桥一侧，"长街黑暗无行人 / 卖豆浆的小店冒着热气 / 从前的日色变得慢 / 车，马，邮件都慢……" 木心先生一首脍炙人口的诗，道出了乌镇的清静、安详的慢节奏生活，历史在这里堆砌，"慢" 曾经是这座千年古镇的底色。

在江南古镇中，乌镇开发相对较晚，所以旅游资源的保护和开发比较规范，全镇共分为传统作坊区、传统民居区、传统文化区、传统餐饮区、水乡风情区、传统商铺区六个区，各区在空间上相互联系，在旅游形式和旅游功能上相互补充，体现了中国古典民居"以和为美"的人文思想，以其自然环境和人文环境和谐相处的整体美，呈现江南水乡古镇特有的空间魅力。戏剧节、互联网大会落地乌镇，文化体验独一无二。在相似的江南历史文化中，唯有通过后天的创造才能填充独特的文化内涵，乌镇在这样的思路下建设了大剧院、木心美术馆，举办了现代视觉展、建筑展、乌镇戏剧节等。景区近年来推动了"观光古镇"向"文化古镇""世界互联网小镇"升级。景区推出每月一节的传统民俗活动，已成功打造乌镇戏剧节、当代艺术邀请展等文化活动。

古城古镇，特别是国家历史文化名城（镇），以其独有的特色建筑、风水情调、民俗文化等，成为我国旅游小城镇中的中坚力量。1991 年，乌镇被评为浙江省历史文化名城；2013 年起，举办乌镇戏剧节；2014 年 11 月 19 日，乌镇成为世界互联网大会永久会址。随着互联网时代的到来，智慧旅游体系、旅游大数据为乌镇的旅游业的发展、升级提供了更为丰富的空间，乌镇实现"新"的飞跃。据乌镇旅游数据统计，2020 年，乌镇景区接待游客量 301.99 万人次。

资料来源：人民网，2022-11-07.

思考题：

1. 分析乌镇旅游的开发和规划模式。

2. 从旅游市场角度分析乌镇旅游的开发优势。

旅游目的地的开发与规划是相辅相成的。旅游目的地的规划决定了旅游资源的发展方向，其开发与利用程度决定了旅游资源的利用程度。正确的规划可以实现旅游资源价值的最大化和旅游资源的合理开发。旅游目的地的规划是一个区域内旅游系统发展目标和实现方式的整体部署过程。旅游目的地的规划应从系统全局和整体出发，注重旅游规划对象的综合优化，正确处理旅游系统的复杂结构，从发展和立体的角度进行思考与处理。旅游规划必须从战略优势的角度出发协调整体，为实现旅游业发展提供指导。本章对旅游目的地开发与规划相关理论进行了阐述，对旅游目的地开发与规划的内涵和主要内容、旅游目的地的发展现状及红色旅游目的地的开发等进行了介绍。

第一节　旅游目的地开发与规划概述

当一个地区的旅游资源以及旅游设施形成某种程度的空间集中并能吸引一定规模的旅游者时，这个地区就成为旅游目的地。随着旅游业的发展，作为旅游活动的中心——旅游目的地的开发与规划不容忽视。旅游目的地，是吸引旅游者在此做短暂停留、参观游览的地方。旅游目的地开发与规划是一个综合性的系统的实际操作内容，关注度高，难度大。在旅游目的地开发与规划中，应结合当地实际情况，以实现旅游目的地的可持续发展。

一、开发与规划的定义

旅游开发即有计划、有目的地将旅游资源开发出景点及旅游服务配套设施，形成旅游产品，构建旅游经济产业。旅游开发与其他产业开发最大的区别，就是旅游开发是人类文化生活空间的开发，以满足人们精神文化生活的需要。旅游规划是为实现旅游业高效率发展、旅游目的地居民生活整体质量提高的目标，对旅游资源与相关社会资源进行最优配置，并对旅游产业系统进行架构筹划的过程，以求整个旅游利益最大化和可持续发展。

旅游目的地的开发与规划是指依靠规划区的旅游资源和内外部条件，优化区域内旅游要素配置，科学规划旅游业的未来发展。其实质是根据市场环境的变化和可持续发展的要求，科学合理地优化与区域旅游发展有关的生产要素配置。"以旅游者需求"为本，着重解决"旅游吸引力"的问题，需要有特色化、创意性的"有效供给"，而不再是像传统的城市规划那样仅限于土地的合理分配和资源开发。

旅游目的地开发与规划是基于对土地的理解，对旅游者的了解、对市场的了解、对地域文化和资源特色的了解，对人和自然、人和美景、人和生态、人和社会、人和人、人和自己内心的关系的理解和系统性构建，通过对旅游动机的研究，针对人们旅游动机、活动特征以及与之相应的经营方式进行规划。通过对旅游资源的调查、评价以及旅游者的需要，明确旅游目的地的战略定位和发展方向，提升区域旅游发展的层次，进而寻找区域旅游发展的优势方向。为旅游者创造时间与空间的差异、文化与历史的新奇，满足其生理和心理的需求，从而实现经济、社会、生态效益协调发展。

二、旅游目的地的发展演化阶段

旅游目的地的发展演化要经过六个阶段：探索阶段、参与阶段、发展阶段、巩固阶段、停滞阶段、衰落或复苏阶段。

（一）探索阶段

旅游目的地只有探险型旅游者，旅游者多有冒险精神，且数量有限，分布零散，他们与当地居民接触频繁。没有特别的设施；自然环境、社会环境、经济环境未因旅游的产生而发生明显的变化。南极洲的部分地区、拉丁美洲的部分地区和加拿大的北冰洋地区处于这一阶段。

（二）参与阶段

旅游者的人数逐渐增多，吸引当地居民开始专为旅游者提供一些简易设施。旅游季节逐渐形成，广告也开始出现，旅游市场范围也已界定出来。当地政府开始投资旅游设施建设（基础设施、服务设施和游览设施）。当地居民开始参与旅游接待服务和投资。太平洋和加勒比海的一些较小的、次发达的岛屿正处于这一阶段。

（三）发展阶段

一个庞大而又完善的旅游市场已经形成，吸引了大量的外来投资。旅游者人数继续上涨，在高潮时期甚至超过常住居民人数。交通条件、当地设施等都得到了极大的改善，广告促销力度也大大增加，外来公司提供的大规模、现代化设施已经改变了旅游目的地的形象。旅游业发展之迅速使其部分依赖于外来劳动力和辅助设施。旅游目的地的自然环境发生明显改变。旅游设施进一步完善。旅游的快速发展引发的各种矛盾迅速增加。这一阶段应该防止对设施的滥用，因而国家或地区的规划方案显得尤为重要。墨西哥的部分地区，以及北非和西非海岸处于这一阶段。

（四）巩固阶段

旅游目的地经济发展与旅游业息息相关。游客增长率已经下降，但总游客量将继续增加并超过常住居民数量。为了扩大市场范围，延长旅游季节，吸引更多的远距离游客，广告促销的范围得到进一步扩大。当地居民对旅游者的到来已产生反感，旅游地的结构和功能进一步完善。以前的设施降为二级设施，已不再是人们向往的地方。加勒比海大部分地区和北地中海地区处于此阶段。

（五）停滞阶段

在这个阶段，旅游环境容量已达到或超过最大限度，导致许多经济、社会和环境问题产生。游客数量达到最大，使得旅游市场在很大程度上依赖于重游游客、会议游客等。自然或文化吸引物被人造景观所取代，接待设施出现过剩。

（六）衰落或复苏阶段

在衰落阶段，旅游者被新的目的地所吸引，只剩下一些周末度假旅游者或不留宿的旅游者。大批旅游设施被其他设施所取代，房地产转卖程度相当高，宾馆可能变成疗养院和退休楼。这一时期，本地居民介入旅游业的程度又恢复增长，他们以相当低的价格去购买旅游设施。此时，原来的旅游目的地或者成为所谓的"旅游贫民窟"，或者完全与旅游脱节。另一种可能是旅游目的地在停滞阶段之后进入复苏期，这有两种途径：一是创造一系列新的人造景观；二是发挥未开发的自然旅游资源的优势，进行市场促销活动以吸引原有的和未来的游客。英国和北欧国家的许多旅游目的地都属于此类。

三、旅游目的地空间结构模式

各个要素在旅游空间上的不同组合，使旅游系统具有十分丰富的内部形态和结构，而这些类型各异的内部形态和结构是确定旅游空间结构模式的基础与依据。根据旅游系统的内部形态与结构和不同发展阶段的特征，我们可以把旅游空间结构模式分为凝聚模式、放射模式和扩展模式三种类型（刘俊，2003）。

（一）凝聚模式

1. 主要特点

旅游目的地区域空间范围狭小，系统内部尚未形成完备的旅游服务体系，下一级旅游分区也未形成，与区外联系松散；旅游开发处于 R-P 共生阶段，节点数目有限，规模较小，景观单调，综合吸引力较低；旅游路径系统较为薄弱，而且旅游流的流向呈单向性；客源地市场缺乏稳固性，波动性明显，旅游业发展对区域经济的拉动作用有限，缺乏成熟、稳固的产业链。

2. 开发重点

加强旅游节点的吸引力和相关产业要素的配套建设，不断增强自身资金积累能力，通过集中有限的财力和物力，以国内旅游为重心，重点开发一两个旅游节点，进一步增强极化作用，逐渐形成具有一定规模的旅游区，使其区域旅游业发展增长极的作用得以充分发挥，向更高层次和更加完善的方向发展。

（二）放射模式

1. 主要特点

区域内部已经形成了较为完备的旅游服务体系，旅游功能基本健全，路径通达度也有较大提升，旅游流动呈现双向性，旅游系统开始发育。旅行社在组织旅游线路时有了较大的灵活度和选择余地。旅游节点之间相互联系在一起，节点综合吸引力有了较大增强，市场拥有程度不断提升，形成了较为成熟、稳定的客源地市场，对于外来因素影响的敏感度降低，具有全国吸引力的旅游市场体系已初步形成。旅游目的地空间结构呈现出以旅游区为核心、以主要交通通道为轴线的互动体系。

2. 开发重点

在这一阶段，区域旅游增长速度较快。这类旅游地域系统一般应采取重点发展国际旅游的战略，通过国际旅游的带动作用，以面促点，以点带面，不断拓展市场，带动和促进国内旅游业及旅游地域系统的发展。但同时也应注意，次一级旅游区的选择与开发需特别谨慎。一方面，因为受通道系统的制约，旅游流向还是以集聚为主，扩散效应有限；另一方面，要注意旅游地的近距离替代效应和屏蔽效应。因此，次一级旅游地的选择，既要紧邻一级旅游区，又要突出特色，与一级旅游区形成互补增强优势，避免恶性竞争。

（三）扩展模式

1. 主要特点

扩展模式的主要特点是：一方面，各级旅游中心地旅游流的集聚和扩散效应得到了最大限度的发挥；另一方面，旅游地之间的竞争变得异常激烈，发达的旅游通道体系使得旅游者改变流向非常容易，极易造成区域旅游经济系统运行紊乱，以致形成旅游地之间恶性竞争。因此，扩展型目的地空间结构的形成并不一定意味着区域旅游经济系统进入稳定、高效、有序运行的成熟阶段，还需仔细研究各级旅游地的比较优势，确立各自在区域系统中的特色和旅游业发展的主导方向，同时加强彼此的合作和协调，以形成合理的区域旅游分工合作体系。

2. 开发重点

该阶段的发展重心应为国际旅游与国内旅游并举，通过开发和创新适应旅游市场需求的新产品及营造旅游形象，实现产品结构多样化、高级化，以增强旅游地域系统的竞争能力，扩大市场范围，进而促进旅游系统整体发展。

第二节　旅游目的地开发、规划与发展战略制定

旅游目的地的开发，指发掘旅游资源，提高旅游目的地对旅游者的吸引力，即对旅游资源进行综合开发、系统开发的建设活动。当前旅游业的发展使传统的旅游资源开发已无法满足游客的需求，一些经典旅游景点或者景区对旅游者来说已失去新鲜感。因此，旅游资源开发者必须临时变通，根据不同的游客需求来开发新的旅游资源。旅游目的地作为吸引旅游者的地方，包含旅游的所有要素，是旅游活动的中心，必须有吸引旅游者目光的有特色的旅游景点和独特的品牌形象。旅游目的地的开发，应结合当地实际情况，对其特有的旅游景点进行特色开发，形成独特的旅游资源。特色开发应体现出该旅游目的地的独特性，从而达到吸引旅游者的目的。

一、旅游目的地的开发

（一）旅游目的地特色开发

1. 特色旅游资源开发

特色即差异性。鲜明的特色是旅游资源的生命力所在。有特色的旅游资源才能吸引注意力。随着旅游业的发展，旅游资源已经极大地扩展，首要的就是挖掘各类旅游资源，创意性地设计，形成特色的旅游产品体系，并概括提升目的地主题形象，有机利用资源、产品、市场、品牌等各种维度，促进区域旅游发展。开发、利用旅游资源的实质就是要寻找、发掘和利用旅游资源的特色。经过开发的旅游资源，不仅应使它原有的特色得以保持，还应使其原有特色更加鲜明和有所创新与发展，绝对要避免开发后的旅游资源使原有的特色遭到破坏。旅游资源是旅游业发展的基石。利用旅游大数据，可以对旅游资源进行精准开发。例如，可以通过对旅游者出行数据的分析，了解旅游者的旅游偏好，从而开发出符合旅游者需求的旅游产品。此外，还可以通过对旅游资源的环境数据进行分析，评估旅游资源的开发价值，从而避免盲目开发。

2. 特色旅游产品研发

旅游产品，亦称旅游服务产品，是指由实物和服务构成，包括旅行商集合景点、交通、食宿、娱乐等设施设备、项目及相应服务出售给旅游者的旅游线路类产品，旅游景区、旅游饭店等单个企业提供给旅游者的活动项目类产品，其具有

综合性、无形性、生产与消费同时性、不可贮存性、所有权不可转移性等特点。旅游产品是旅游业的核心。利用旅游大数据，可以对旅游产品进行智能设计。例如，可以通过对旅游者消费数据的分析，了解旅游者的消费习惯，从而设计出符合旅游者需求的旅游产品。此外，还可以通过对旅游产品的评价数据进行分析，了解旅游者对旅游产品的满意度，从而改进旅游产品的设计。

3. 特色旅游项目设计

在进行旅游目的地特色开发时，具有特色的旅游项目也是重点之一。创新的、独特的旅游项目，能有效地提升目的地对旅游者的吸引力。特色旅游对提升景区吸引力的作用通过多种动力来完成。首先，旅游者求新求异心理的驱动力。青年旅游者是旅游消费人群的主力军，他们对奇特的事物特别感兴趣，在选择旅游项目时往往会首选有特色的旅游项目。其次，特色旅游项目特色性的拉动力。传统旅游项目比较大众化，没有特别的吸引力，很难满足高层次的旅游需求。特色旅游项目的个性化、多样化无形激发了旅游者的旅游欲望。最后，信息不畅的情况下从众心理的推动力。由于追求时尚的从众心理以及旅游信息的不对称性，旅游者在选择景区时往往选择名气大的。

（二）旅游目的地资源整合

1. 空间层次整合

将同属于一个较高空间层次的旅游资源整合起来，形成一个大资源，建设一个大景区，扩大规模，提升档次，集中力量在一个更广阔的空间里开发产品、开拓市场。例如，北京八达岭长城景区原有分别开发的若干景区，北京市已经开始将它们作为一个"大八达岭"景区做整体开发考虑，以提升档次，避免无序经营。

2. 共生整合

将具有共生关系的旅游资源整合起来。协调利益关系，调整开发行为，限制开发力度，实现资源与环境的可持续利用，保障旅游产业长远发展。例如太湖周边几个地区的旅游度假村由于共生于太湖，保护太湖生态环境这一共同要求必将促使各地进行资源整合，实现共同生存、共同发展。

3. 主题整合

在某一个区域内，根据旅游资源的总体特点和市场状况，制定旅游产业的发展方向和战略，确定区域旅游的主题和形象，借此整合区域内的旅游资源，使其服从或服务于区域旅游的主题，形成鲜明的旅游形象，打造最具市场竞争力的核心产品，形成有吸引力的旅游目的地。

4. 产品整合

将某些不能形成成熟的旅游产品或市场竞争力较弱的旅游资源依据某种产品开发理念整合起来，形成新的旅游产品。改善市场形象，提升市场竞争力。

5. 线路整合

利用旅游资源在区位、交通和功能上的联系，将分散的旅游资源组织起来，组成旅游线路整体推出。共享客源市场，丰富旅游内容，提升旅游资源对旅游者的吸引力和旅行社运作的可行性。

6. 龙头整合

利用区域内或旅游线路中已经开发成熟的龙头旅游资源，发挥其带动作用，挖掘和整合其辐射范围内的旅游资源，一方面服务于龙头旅游资源，完善其旅游服务功能；另一方面借力开发，实现区域旅游经济的整体发展或旅游线路的充实。也可以将周边景区与龙头景区直接打包开发，使之成为丰满、协调的整体。

7. 市场整合

根据区域旅游的目标市场定位，将不同类型的旅游产品中核心目标市场一致的旅游资源捆绑开发，打造多类型的旅游产品，增加旅游者的停留时间和消费额，实现客源的充分利用。例如到西藏旅游的旅游者多为中高收入人群，外国旅游者比例较高，可以利用这一特点，组织相关资源，开发迎合客源口味的高档次的旅游产品。

8. 产业链整合

某些旅游产品在消费上具有一些关联作用，典型的如北京周边的休闲度假旅游与民俗旅游，以及异域观光旅游与购物旅游等。旅游活动还与相关产业有深刻的联系。可以根据这种联系对旅游资源甚至整个大旅游产业进行整合，完善旅游产业链，带动旅游经济的发展。

（三）旅游目的地市场背景分析

在旅游目的地开发中，应对该地的旅游市场背景进行初步的分析，分析出目前的市场旅游需求。针对旅游市场的情况，对旅游目的地进行开发，清楚自身的优势和劣势，充分发挥自身优势并能尽力克服自身劣势，从而提升市场竞争力。

1. 旅游市场分析

首先，确定旅游目的地的目标市场，并调整旅游目的地的旅游产品和促销策略，从而满足目标市场的需求；其次，对旅游市场进行分析、调研。旅游市场调研的基本内容有以下两方面。

（1）旅游市场环境因素调研。旅游市场环境因素包括外部环境因素和内部环境因素。

①外部环境因素。任何企业都应充分认识外部环境因素的变化给企业带来的机遇和威胁，应随时监测这些变化并与之相适应是非常重要的。影响旅游市场的外部环境因素很多，包括宏观的经济、政治、法律、社会文化、技术、人口、自然环境等方面的因素，以及消费者市场、产业市场、竞争者状况等。

②内部环境因素。除了对外部环境因素进行研究，旅游市场调研还必须研究旅游地或企业自身与市场需求的发展是否协调的问题，包括自己的营销策略、营销手段或营销组合是否能有效开拓市场，如自己的旅游产品、价格、分销渠道以及促销方面是否存在问题。另外是对自己营销活动的管理与评估，在营销计划、组织实施以及控制方面是否适应市场变化。

（2）市场调研的内容差异。旅游市场调研主体不同也会造成调研内容的差异。旅游市场调研主体包括区域性的营销主体和企业性的营销主体。区域性的营销主体是指地区文化和旅游局、旅游景区。营销主体的差异会导致调研内容的差异。例如，地区文化和旅游局主要是针对整个地区的国内客源及国际客源的旅游者的住宿、价格、购物、服务质量等和旅游企业方面的问题，以及区域旅游地之间的竞争问题进行调查。

2. 旅游市场定位

旅游市场定位是指旅游企业根据目标市场上的竞争者和企业自身的状况，从各方面为本企业的旅游产品和服务刨造一定的条件，进而塑造一定的市场形象，以求使目标顾客在心目中形成一种特殊的偏好。旅游市场定位的关键是企业设法在自己的产品上找出比竞争者更具有竞争优势的特性，根据竞争者现有产品在细分市场上所处的地位和旅游者对产品某些特性的重视程度，塑造出本企业产品的市场定位。因此，旅游市场定位的全过程可以通过以下三个步骤来完成：①识别企业的竞争优势；②选择有价值的竞争优势；③沟通及传播企业的市场定位。

二、旅游目的地的规划

对旅游目的地进行合理规划，使旅游目的地的发展具有合理性、科学性、系统性，推动旅游目的地可持续发展。现代旅游业的发展改变了人们的旅游方式和旅游目的地的管理重点，所以旅游目的地的概念也在发生变化。人们对旅游目的地概念的认识与旅游需求的内容有关，旅游需求的变化导致人们对目的地内涵与外延的认识不断调整，旅游目的地的管理重点和营销重点也随之发生变化。

（一）规划模式

1. 传统规划模式

（1）资源导向规划模式。在旅游规划起始阶段，资源导向规划模式占据了主导地位，其最主要的特征是"资源决定生产，有什么资源就开发什么产品"。如北京、西安主要是围绕其历史古迹资源进行开发和规划，而桂林、黄山则主要围绕的是其自然山水资源。

（2）市场导向规划模式。市场需要什么就开发什么。市场导向规划模式尤其适合旅游资源基础较差但市场区位优势明显的地区，通过创造性开发，同样能够获得较大成功。深圳旅游业在缺乏天然优质旅游资源的不利条件下，创造性地开发出锦绣中华、世界之窗、欢乐谷、华侨城等主题公园，开了中国主题公园旅游的先河。

（3）产品导向规划模式。产品导向规划模式的最大特征在于产品体系的构建，通过开发不同性质和类别的旅游资源，打造多样化的产品类型，辅以相关设施建设和服务功能配备，从而为消费者提供可供选择的不同旅游产品。

2. 现代规划模式

（1）体验导向规划创新模式。体验导向规划创新模式以旅游者的体验为中心，围绕旅游活动特别是参与性活动，通过旅游策划实现与旅游者的情感互动和心灵感悟。

（2）旅游产业融合导向规划创新模式。以旅游产业融合为导向的规划模式更适宜于规划空间尺度相对较大、资源类型相对较多、旅游产业及其他相关产业相对较为发达的地区，规划对象包括旅游产业集聚区、旅游综合体以及各种具体的产业融合专项产品。旅游与相关产业融合产生了林业旅游、农业旅游、工业旅游、康寿旅游、体育旅游等。

（3）旅游与城镇化融合导向规划创新模式。在现代旅游规划中，旅游与城镇化融合的规划模式得到广泛应用，特别是在旅游小城镇建设中。该规划模式需要解决的重要问题是城镇化过程中旅游功能的提升，常通过旅游景区、街区、旅游综合体等方式进行规划建设。周庄、凤凰、乌镇、同里等古镇的建设是旅游与城镇化融合导向规划创新模式的典型案例。

（4）"反规划"导向规划创新模式。该模式最先由俞孔坚等在2002年明确提出，其专著《"反规划"途径》以景观生态学及可持续发展理论为基础。反规划与规划并不矛盾，不是不规划，更不是拒绝规划，而是在旅游规划过程中，摒弃以往先规划后保护、重开发轻保护的思路，反向操作。反规划导向模式主要适用于生态环境相对脆弱的自然保护区，以及具有极高历史文化价值的遗产保护区。规划思路是优先进行保护性质的软规划，再实施设施的硬规划；优先进行不建设区域的规划，再进行传统意义上的建设区域规划，保证环境的原真性、完整性与可持续性。

（5）文化创意导向规划创新模式。其核心思路是以文化资源为本底，通过异于惯常的思维，利用文化显化、衍生、再生产、集成、聚集、融合、演艺、多媒体等表现手法和技术手段，为旅游者创造出一种全新的文化旅游体验。

3. 可持续发展规划

旅游经济发展不能超过资源和环境的承载能力，要与之相协调。既要考虑当代经济发展的需要，又要考虑未来旅游经济发展的需要，要处理好代际公平。

（1）要处理好旅游经济发展与增长之间的关系。

（2）要处理好旅游环境开发与保护之间的关系。

（3）要处理好旅游开发中公平与效率之间的关系。

（4）要处理好经济与社会、文化、政治及自然环境之间的关系。

（二）营销策略规划

旅游目的地营销是旅游目的地的营销负责部门或组织在区分、选择目的地产品目标市场的基础上，通过建立旅游目的地产品与这些市场的联系，来保持并增加旅游目的地所拥有的市场份额的活动。旅游营销是旅游业发展的关键。利用旅游大数据，可以实现旅游营销的精准推送。例如，可以通过对旅游者的社交媒体数据进行分析，了解旅游者的兴趣爱好，从而向旅游者推送其感兴趣的旅游信息。此外，还可以通过对旅游者的出行数据进行分析，了解旅游者的出行习惯，从而向旅游者推送适合其出行需求的旅游信息。旅游目的地营销从对象上来讲，不同于传统的单一、零散的旅游目的地营销，它是旅游目的地的整体营销；从主体上讲，从旅游企业、行业管理部门营销变成政府、企业、全社会的营销；从内容上讲，从单纯旅游业营销变成文化、外贸、体育、园林、文物等多种类型营销。营销包括概念、定位、品牌、产品、销售等，只有通过差异化市场分析突出自己的特点，发现自己的优势所在，才能通过一系列的营销手段提升自己的竞争力。

1. 传统营销策略

（1）品牌营销。旅游产品作为一种预消费产品，消费者无法像传统消费活动那样直观地选择商品，支付后形成快速消费。因此，在购买过程中，旅游产品的品牌对消费者的购买决策有很大的影响。"品牌"的成立不仅仅是广告这么简单，它更是一种复杂的管理和建设行为，需要专业的运营。

（2）渠道营销。渠道是景区营销的重中之重。对于景区营销，最重要的渠道是旅行社。因为旅行社渠道是景区稳定的客源。无论景区有多好，如果没有旅行社的渠道支持，只能完全依靠个人市场，景区的运营将承担很大的市场风险。

（3）产品营销。针对不同年龄阶段的旅游者，发展不同的产品。注重开发富有知识性、历史性、教育性和文化性的"文化特色游"旅游产品，应注重挖掘其文化内涵，开发如武夷山的茶文化、苏杭的丝绸文化、道观寺庙的宗教文化、以敦煌莫高窟和龙门石窟为代表的石窟文化等。一系列具有鲜明文化特征的旅游项目，线路策划应从经济角度出发，推出以火车、汽车交通工具为主的中、短程旅游线路。

（4）价格营销。采取小包价等灵活的价格策略。针对旅游者自我意识和独立意识强，外出旅游不愿受限于旅行社固定安排的心理，采取小包价旅游，其业务包括往返机票、火车票、住宿安排、用车等，项目可增可减，这种"基本项目－自由选择"的小包价形式，既符合旅游者的旅游需求个性化发展趋势，又能省去自助游的诸多麻烦。旅游市场季节波动性较大，要采取灵活的价格策略，平衡旅游市场。

2. 现代营销策略

（1）文创IP（网络协议）营销。文创IP是旅游目的地以文化为灵魂、以旅游商品为载体进行的创意性设计。它作为旅游目的地的形象代表，通过展览展示、产品化及销售等一体化推进，可以增加旅游收入，同时是旅游目的地形象获得有力推广的重要渠道。目前以故宫为代表的很多景区在做文化IP推广的尝试，并取得了较好的成绩。

（2）大数据精准营销。如今，随着互联网科技的发展，大数据已经成为实现市场精准营销的有效手段。旅游目的地可以通过旅游者手机信号及MAC（媒体访问控制）地址精准定位客源地，从而对旅游客源市场进行更加精准的分析。

（3）虚拟现实体验营销。AR（增强现实）/VR（虚拟现实）技术使旅游产品呈现形式独特，打破了时间与空间的限制，给用户带来了极强的全景沉浸感，让人们不仅能够在线上了解与旅游目的地相关的文字、图片或者视频，而且能够在三维立体环境中提前获得虚拟的游览体验。

（4）自媒体营销。随着信息技术的不断发展，通过圈子、论坛等分享信息而结伴出游已成为自主旅游的重要方式。旅游目的地可通过微信、微博、网络直播等自媒体形式发布旅游信息、旅游活动的内容及进行旅游危机公关等。

（三）管理模式

旅游目的地处于一种持续变化的状态，不能简单地套用一般的企业管理或公共组织管理的模式。旅游目的地管理是指通过行政方法、经济方法和法律方法，将旅游目的地视为一个开放型的完整系统，开发、利用和保护旅游资源，调控旅游目的地的运行机制，组织各种丰富多彩的旅游项目活动，创造显著的经济效益和社会效益的过程。

旅游目的地作为社会管理和经营活动的一个单元，它的管理，既有总目标，又有分目标。这些目标任务在旅游目的地管理活动的实施过程中起到纲领性的作用，虽然旅游目的地之间各有不同，具体要求有所差异，但从总体上来看，其管理的任务大体上是一致的。这些任务包括以下方面：保护旅游资源，培育资源生态与环境；开展健康有益的文化游览活动，丰富群众的精神文化生活；实现一定的经营目标，取得经济效益和社会效益（张红，2006）。

1.管理原则

（1）特色原则。旅游目的地的特色，包括风景、建筑、项目和管理等方面的特色，是旅游目的地的吸引力及其生命力所在。古色古香、宏伟壮观、民族风情、惊险曲折等都可形成自己的特色。当然，这种特色应与环境相协调，与旅游目的地的基调一致，并且要有一定的传统基础和群众基础。

（2）效益原则。旅游目的地管理的基本目标之一，就是要持续增强接待能力和吸引能力，取得尽可能高的经济效益。应充分发挥现有旅游项目的利用率，通过保护、维修或改造延长其"生命周期"。因此对稍加修整便可开放的旅游项目优先利用；新建旅游项目，应在统一规划和合理布局的前提下，选择吸引力强、观赏价值大、经济效益好的优先发展，建设周期要短，并尽快投入使用，创造经济效益。

（3）合理布局原则。合理布局有广泛的含义，从旅游目的地的平衡讲，旅游项目应均匀分布，疏导客流；从旅游目的地的特色讲，要配置适当，组合巧妙；从游客利益讲，要设施配套，路线合理，不走回头路；从业务管理上讲，要便于维护、管理；从项目组合上讲，应冷热均衡，大中小混合，各层次搭配，不断变换与创新等。

（4）持续发展原则。党的二十大报告提出："必须牢固树立和践行绿水青山就是金山银山的理念，站在人与自然和谐共生的高度谋划发展。"旅游是"两山"理念的重要践行领域，是绿水青山变成金山银山的途径之一。旅游目的地管理应保证目的地可持续发展：①要利用与保护相结合，保持生态平衡，对旅游资源的破坏式开发和超容量利用只能带来短期效益。②要提高旅游目的地的吸引力和服务水平，提高游客的重游率，只凭华丽的宣传和推销手段而不下功夫提高旅游目的地质量的做法是短视的管理行为。③要不断地推陈出新，用新的项目、新的编排持续提升旅游目的地的吸引力和知名度。

2. 旅游目的地管理内容

（1）战略规划管理。依据旅游目的地所处的地理位置和在区域旅游系统中的位置，综合旅游资源特点、游客的旅游需求等因素，确定旅游目的地的定位、规模、特色、设施配套状况和与外界的协调关系，旅游目的地的基本格局等，研究旅游目的地发展方向和远景发展战略，并对实施战略的步骤进行确定。旅游目的地管理处在不断变化的市场环境中，区域经济、社会文化和旅游业本身发展、旅游产品供求关系的变化都将影响到目的地的生存与发展方向。

（2）组织管理。旅游目的地经营管理战略的实施、计划的落实和一切管理活动的完成都需要有健全的组织机构和完善的组织制度来保障。组织管理的目的在于根据所处的环境的变化，为实现其战略目标而创新组织架构，不断调整和完善组织管理制度，确保组织机构具有较强的凝聚力和较高的效率，并拥有规范、完善的管理制度。

（3）开发与抚育管理。科学开发旅游目的地的旅游资源，设置相应的旅游项目、配套服务设施以及文物资源、风景名胜资源，旅游设施的维修更新、可再生资源的抚育等。

（4）旅游项目、景区、景点管理。旅游项目、景区及景点的建设、维护和合理布局，通过调控旅游者流量，既达到增加旅游吸引力和创造显著的经济效益的目的，又达到保护资源、保护旅游业可持续发展的目的，并通过旅游项目网点的特色形成旅游目的地的优势。

（5）投资管理。投资是旅游目的地维持生存、促进发展、增强竞争力的重要保证。旅游目的地从一个旅游项目的创意设计、规划咨询、管理目标设计、建设，到建成后的经营管理，都需要从投资管理的角度进行科学论证。

（6）业务管理。旅游目的地业务管理是使管理者的命令得到有效贯彻和全面实施的基本活动单元，业务工作主要包括：人力资源开发与管理（如人员招聘、培训、员工考核与激励、人事管理、劳资管理）；财务管理（如财务决算、财务预算、资产管理、收入、费用、税金与利润管理、财务分析与检查等）；服务质量管理（如服务质量标准的制定、控制体系的设计、服务流程的设计等）；安全管理（如游客安全、员工人身安全、财产安全、设施安全等）和信息管理（如行业经营与发展信息、信息咨询系统、内部信息沟通与反馈、信息收集与统计分析）等。

（7）环境管理。竞争能力强弱在很大程度上取决于环境质量的优劣。旅游目的地所处地区的自然环境和社会经济文化环境（当地居民的消费水平、消费习惯、习俗、好客程度、文化差异等）都深刻地影响着旅游目的地的经营与发展，做好环境管理，是创造高品位的旅游产品、开展高质量的旅游活动、延长旅游者逗留时间、增加旅游者消费和旅游收入的重要手段。

（8）旅游者管理。通过对旅游者进行宣传教育、适当的引导和必要的制约，指导旅游者进行文明健康的旅游活动，维护旅游目的地的良好秩序，制止极少数人的不良行为。

三、旅游目的地的发展战略

旅游目的地的发展战略以旅游目的地的合理建设、持续发展、有效营销为目标，实现旅游目的地的高效率运转。旅游产业的运作战略，不局限于旅游目的地系统，还着眼于分行业的整合与发展，对于旅游产业带动与富民等效益的发挥更加侧重。运作战略的内容，包括目标定位、主题定位、市场定位、重点选择、路径选择、顺序选择以及配套构架。利用旅游大数据，可以实现旅游资源的精准开发、旅游产品的智能设计、旅游营销的精准推送等，从而推动旅游业转型升级。

党的二十大报告提出，"高质量发展是全面建设社会主义现代化国家的首要任务"。在全面建设社会主义现代化国家的新阶段，提升旅游产业链韧性，推动旅游业高质量发展，是当下和未来一段时间旅游业发展的重点，旅游目的地应以当前发展重点为主合理制定发展战略。旅游大数据的类型很多，包括人口统计数据、交通运输数据、酒店住宿数据、景区游客数据、景点资源数据、网络评论数据以及天气气象数据等。这些数据种类各异，从不同方面反映了旅游市场的情况和消费者需求。对这些数据进行深入分析，可以帮助旅游企业和政府部门更好地了解市场现状与未来趋势，优化服务和提升竞争力。

（一）发展战略

旅游发展战略是一个宏观的旅游产业发展战略，是决定和统领旅游产业发展全局的策略。旅游发展战略策划是一个多层次的战略策划，有国家、省、区、市、县等不同政府层面的旅游发展战略策划，也有景区、旅行社、酒店等不同类型旅游企业的旅游发展战略策划。

1. 战略定位

（1）总体定位。总体定位是从区域、产业、城市、社会、历史等角度对旅游目的地的角色和发展方向作出的基本判断，并以高度凝练的语句进行总结。总体定位主要包括两种类型：一种是城市总体规划中对于旅游的定位，其核心是体现旅游城市的特征，如杭州的国际风景旅游城市、厦门的港口风景旅游城市、海南省的国际旅游岛；另一种是旅游目的地的发展定位，通常涵盖多重功能和属性，如绿维文旅负责的池州全域旅游案例中定位的"建设成为集礼佛、运动、休闲、度假、健康、养老、自驾、研学等多种功能于一体，全天候和全年候的复合型国际旅游目的地与国际生态休闲城市"。

（2）形象定位。形象定位是从营销传播角度对旅游目的地进行的定位，是针对旅游目的地的资源、产品、文化、环境、体验等要素进行的阐述和包装，常常以简洁的旅游口号作为传播内容。形象定位以构建核心吸引力、激发旅游者消费动机为目标，因此在总体形象定位的体系下，应基于对旅游者旅游偏好的理解，形成针对不同消费群体的细分定位。

（3）市场定位。市场定位是基于对现实旅游客群和潜在旅游客群的空间分布、行为特征与偏好需求的分析，形成的对目标客源市场的界定，其核心理念是针对不同的客源分布和细分市场，实现精准的品牌形象塑造和有效的游客消费转化。在市场定位中，通常以三小时时间距离（自驾车、高铁）作为一级市场或基础市场，以年龄、喜好等作为客群分类的标准。

（4）目标定位。目标定位是基于对旅游目的地现状的分析，结合项目的实际类型，按照国际标准、国家标准、行业标准等，对旅游目的地未来的建设方向形成的定位，如国家 5A 级景区、世界文化遗产、国家全域旅游示范区（县）、国家级特色小镇等。目标定位能够为旅游目的地后续的开发建设提供战略蓝图和指标参考。

2. 战略目标

旅游发展战略目标：旅游目的地和旅游企业战略经营活动预期取得的主要成果的期望值。战略目标的设定，同时也是旅游目的地和旅游企业宗旨的展开与具体化，是旅游目的地和旅游企业宗旨中确认的旅游目的地与旅游企业经营目的、社会使命的进一步阐明及界定，也是旅游目的地和旅游企业在既定的战略经营领域展开战略经营活动所要达到的水平的具体规定。旅游发展战略目标是旅游发展战略的核心，根据旅游发展战略目标确定旅游发展战略指标，围绕旅游发展战略目标，进行旅游资源开发策划、旅游产品策划、旅游市场营销策划等。战略目标是到一定时期旅游发展所达到的状态，用定量指标和定性指标来界定。战略目标可以是发展所达到的状态，也可以是通过规划所控制的状态，一般包括经济、社会和环境三个方面。

3. 战略重点

战略重点是指一个区域的旅游产业在特定时期内，具有关键性作用的战略部署和战略行动，往往是那些涉及旅游产业全局发展以及长远发展的重大问题，主要针对战略规划期内旅游产业发展面临的主要矛盾以及存在的主要制约因素。一般来说，区域旅游产业发展的战略重点，是根据一个区域在一定时期内的自然条件状况、社会经济现状、旅游产业发展战略目标和旅游产业发展模式来制定的。

4. 战略措施

战略措施是指实现战略目标的方法和手段，包括战略方针、战略步骤、战略部署等。战略目的和战略方针是战略行动的方向、目标与纲领、准则，但还不是行动本身，只有通过战略措施，才能将其付诸实施，使其得以贯彻和落实。因此，战略措施是任何一个具体战略都不可缺少的重要组成部分。实现旅游产业发展战略目标的对策、途径和手段主要为：旅游资源的开发、旅游产品的发展、旅游设施的建设、旅游市场的开拓、旅游产业结构的调整、旅游人才的培养以及资金的筹措等。

（二）制定发展战略

1.制定依据

（1）社会经济发展水平。社会经济发展水平是影响和决定一个国家或地区旅游发展战略的基础条件。一方面，社会经济发展水平的高低会对旅游产业的发展提出不同的要求，即经济发展水平较高，居民收入水平也高，旅游需求也强烈，要求旅游业快速发展；经济发展水平低，国内或地区居民旅游需求虽然薄弱，但为了促进经济的发展，吸取外汇，积累资金，而要求发展入境旅游。另一方面，经济发展水平会对旅游产业的发展形成制约，即与发展旅游业相关的其他产业能为旅游业提供多大的支持。如果经济发展水平高，这种支持就比较有保证；如果经济发展水平低，这种支持就会很有限，从而制约旅游产业的发展。所以在制定旅游目的地发展战略时，尤其是考虑战略目标时，必须考虑不同时期社会经济发展对旅游业提出的要求和提供支持的程度。

（2）旅游资源。一个国家或地区的旅游资源状况是其旅游产业发展的前提条件，对制定旅游发展战略有直接影响。如果旅游资源丰富，品种又齐全，就可以提供多种类型的旅游产品，满足各种不同的旅游需求，同时由于开发潜力大，其旅游产业的发展后劲也大，因此在制定旅游经济发展战略时，其战略考虑也就可以放宽、放远。相反，若旅游资源不够丰富，又比较单一，如一些岛国的主要旅游资源就是阳光、沙滩、海水等，其旅游产业的发展会受到一定的限制，旅游目的地发展战略也会区别于前一类型的国家或地区。

（3）旅游产业发展。不同的发展阶段意味着旅游产业发展的基础不同，进一步发展的要求也不同，这对旅游发展战略的制定也有影响。一般来说，旅游产业若处于初期发展阶段，其发展速度要快，需要的基础设施投资也大，旅游产业的发展主要表现为数量型增长；旅游产业若处于中期发展阶段，其发展速度相对减缓，所需投资仍然较大，但与初期发展阶段相比将有所减少，而且其发展开始注重质量和效益，表现为从数量增长向质量提高转换，从速度型向效益型转换；进入成熟阶段的旅游产业，各种基础设施已经配套，各种接待设施也已完善，服务质量和管理水平也较高，产业体系健全，经济运行畅通，旅游产业的发展主要表现为低速度、高效益和高质量的效益型增长。

2.制定原则

旅游发展战略，一是根据规划目的地的实际情况提出的，二是根据旅游规划编制人员的分析、研究提出的。

（1）因地制宜、实事求是的原则。旅游开发模式，地方文化与特色营造，资源分布与结构优化，资源特点与开发优选等，都要注意切合当地实际。合理利用景区资源，将民俗风情、特色文化有效融合，创建场景空间，遵循场地环境的生态性和原生性，科学布置项目节点及业态，提升旅游者的体验。不同的地形地貌、资源条件，体验设计突出当地的文化原真性、旅游趣味性、舒适性，清水出芙蓉，天然去雕饰，将人工美与自然美高度统一，做到顺应自然、点染自然，带给旅游者异质体验和非凡感受。

（2）循序渐进、量力而行的原则。制定旅游发展战略要注重循序渐进、量力而行，遵循由易到难、逐步提高的顺序。根据旅游目的地的实际发展水平制定旅游发展战略，循序渐进地发展。

（3）高瞻远瞩、适度超前的原则。在制定旅游发展战略时应持有大局观，做到高瞻远瞩，不能只看眼前的发展情况，应对后续发展作出大致规划。同时可适度制定一些超前的发展战略，推动原旅游目的地的发展，促进经济发展，提高发展效益。学习贯彻党的二十大精神，把旅游业高质量发展融入中国式现代化新实践，着力完善现代旅游业体系，不断提升旅游业整体实力和竞争力。

（4）注重效益、协调发展的原则。坚持旅游与区域经济共同、可持续发展原则应体现在规划的始终。坚持提高利用效率，同时协调发展，协调是指维持系统内的各个组成部分与环境的协调有序和相对平衡。在发展旅游目的地时，不能只注重效益的发展，环境保护等协调、同步发展才是推动可持续发展的支撑。

第三节　红色旅游目的地开发与规划

红色旅游主要是以中国共产党领导人民在革命和战争时期建树丰功伟绩所形成的纪念地、标志物为载体，以其所承载的革命历史、革命事迹和革命精神为内涵，组织接待旅游者进行缅怀学习、参观游览的主题性旅游活动。红色旅游景点指以革命纪念地、纪念物及其所承载的革命精神为吸引物，组织接待旅游者进行参观游览，实现学习革命精神，接受革命传统教育和振奋精神、放松身心、增加阅历的旅游目标的景点。党的二十大报告指出，弘扬以伟大建党精神为源头的中国共产党人精神谱系，用好红色资源，深入开展社会主义核心价值观宣传教育，深化爱国主义、集体主义、社会主义教育，着力培养担当民族复兴大任的时代新人。

一、红色旅游目的地的开发

红色旅游资源的充分开发和利用，对经济发展有着重要促进作用，在助力第三产业壮大、推动传统产业转型升级、完善产业结构等方面都扮演着重要角色，能够在有效弘扬优秀红色文化精神的同时，将文化效益转变为经济效益，实现乡村振兴。红色旅游日益成为爱国主义教育和社会主义核心价值观传播、传承的创新载体。近年来，红色旅游越来越热，而且年轻旅游者正在成为主力人群，新时代的红色旅游发展面临新机遇、呈现新特点、承载新使命。

（一）开发重点

红色旅游是一种特殊的旅游形式，相对于一般的旅游活动，它更多地包含爱国主义和革命传统教育的内容。简而言之，红色旅游的爱国教育和历史教育意义深远。红色旅游以红色资源为载体进行各种主题性活动，这些资源一般具有存量大、内容丰富、分工细、针对性强的特点。因此在开发红色旅游资源时，应有针对性。

1. 突出红色氛围

在红色旅游景区整体设计布局方面突出红色文化，并且以人物雕塑、文化小品、浮雕墙、唱红歌等方式来突出红色氛围。旅游者进入红色旅游景区，就能感受到这种浓厚的红色文化气息，犹如身临革命战争年代，从而接受爱国教育。新阶段发展红色旅游的核心就是要进行红色教育，以中国共产党历史为主要教育内容，充分利用各地丰富的红色遗址、红色人物、红色故事等资源，抓住各种发展机遇，聚焦中国共产党百年奋斗历程和伟大成就，打造精品红色旅游线路，创新红色旅游发展模式。

2. 强调文化主题

红色旅游景区强调红色文化与民俗文化两个方面。在设施、建筑、展现形式、旅游活动设计等各个环节突出其文化主题，将红色文化渗透到整个红色旅游景区中，同时展现当地独特的民俗文化。红色文化是红色旅游发展的灵魂，这是红色旅游发展必须遵循的根本原则。红色旅游不同于其他形式的旅游产品和业态，必须擦亮"红色底色"，充分发挥红色教育功能，把红色资源利用好、把红色传统发扬好、把红色基因传承好。

3. 坚持科学发展

在景区的开发过程中，需要坚持"严格保护、科学管理、合理开发、永续利用"的原则，实施科学性的开发，确保对红色旅游资源合理利用与保护，并且要协调旅游开发与区域经济发展的关系，协调局部和整体的利益，并强调环境、社会、经济三大利益的有机统一。

（二）开发问题

红色旅游包含中国特有的元素与文化，我国很多地区都有着丰富的红色资源与深厚的红色文化基础，这些地区的旅游业已经成为我国旅游业的重要组成部分，一直推动着我国旅游业的发展。

同时，这些地区的红色旅游产业也带动了其他产业的发展，得到了各级政府的重视。但近年来，红色旅游在产品创新、发展环境、开发技术及专业人才培养等方面存在一定问题，特别是未考虑网络关注度等因素的影响，导致其发展路线的制定有失科学性，难以促进红色旅游景点、景区的可持续发展。

1. 缺乏整体规划

随着城镇的快速发展，市区和城镇的红色遗产保护面临严峻的考验，一些不规范的批建导致一批红色遗址受到损害，甚至无法修复。在城市建设规划中，红色旅游资源的保护应该作为专项规划，很多地区在开发与利用红色旅游资源的过程中对其破坏严重，其中有两个最为重要的原因：①旅游观光者对文物的破坏，观光者本身没有保护红色旅游资源的意识，常常用手去接触文物本身，致使革命文化、古迹受到严重的破坏。②大部分的红色文化遗址都在较为落后的地区，当地居民的活动对文物的破坏。由于经济不发达，很多居民的意识较为落后，对环境、资源的保护观念也较为淡薄，经常把革命纪念旧物随便处置。由于这些不利因素，我国红色旅游资源的生存环境不乐观。

2. 红色文化资源利用手段单一、展示形式单一

目前已开发、利用的红色纪念馆所呈现的模式相互重复，表现手法一致，特色不突出，缺乏对红色历史内涵的深度挖掘。大多已开发的红色遗址中，都是使用静止的展示方式，复原室内场景，或通过照片讲述，但其中设施不足，旅游者服务设施不完善，旅游者无法和场地有任何共鸣，并且单一的陈述，使整体景点无聊乏味。

红色文化资源利用手段单一、展示形式单一、开发水平不高。一些革命遗址

的保护和开发方式单一，特别是一些地方性的红色文化资源开发，仍然局限于展示"片新化"的信息，对革命历史题材的系列化和深层挖掘不足，主题的时代性特征不明显。在展示形式上，主要采用简单的陈列和布展形式，缺少科学的内容模块设计，内容重复，宣传、表现手法趋同，红色文化资源的吸引力和感染力无法得以充分展现，直接制约了红色文化资源开发的质量和社会效益。

3. 红色文化资源产权归属不统一

红色文化资源的开发和运营产权归属不统一。烈士陵园等纪念设施归民政部门管理，一些革命活动旧址、纪念馆等归文物部门管理，一些农村的遗址则多属村民个人所有。产权归属的复杂性增加了保护的难度，也成为引入市场和社会机制，形成多元主体参与开发的制度障碍。产权归属的复杂性增加了红色文化资源保护的难度，特别是个人使用的红色文化资源的保护状况令人担忧。目前，我国不同省份的红色文化资源的产权归属都不一样，其中包含文化保护部门、旅游开发部门、文化发展部门、民政部门等，太多部门管理导致管理方式不一。

（三）开发模式

1. 创新开发

红色旅游发展在取得巨大成就的同时，也面临一些问题需要研究解决，迫切需要推进红色旅游创新发展，围绕"突出红色主题、凸显教育功能、提升内涵品质、推进创新发展、实现转型升级、带动扶贫致富"目标，迫切需要推进红色旅游发展理念的创新、发展载体的创新、体制机制的创新、市场需求的创新、技术手段的创新等。而在创新发展中，要始终贯穿"红色"，把红色资源利用好、把红色传统发扬好、把红色基因传承好，这既是指导思想、基本原则，也是出发点和落脚点，弱化了"红色"，发展红色旅游就会偏离方向，这也是衡量和检验红色旅游发展成效的一条重要标准。不能让经典景区有名无实，确保红色旅游不变色、不变味、不变调，从根本上增强红色旅游的吸引力、感染力、影响力。

2. 促进区域合作

促进红色旅游与其他旅游产品业态的融合，可以形成不同产品相互组合的复合型红色旅游产品体系，提升红色旅游的综合吸引力。促进区域合作，整合形成主题鲜明、内涵丰富的红色旅游精品线路和红色旅游胜地，可以更好地释放红色旅游的教育功能和教育效果，全面提升红色旅游的冲击力和震撼力。促进区域合作，优化红色旅游景区、线路和目的地的旅游服务要素，可以带动相关产业和业态发展，有效提升红色旅游景区和目的地的综合效益和综合竞争力。促进区域合作，加强对红色资源和文化遗存的保护，促进分工和优势互补，可以避免过度依赖红色资源，提升可持续发展能力。加强客源地与目的地之间的区域合作，优化红色旅游客源与资源对接，通过红色旅游进校园、进社区、进单位、进企业等，可以更好地发挥教育基地的功能。

3. 深入挖掘红色旅游资源

红色旅游资源分为有形和无形两类。一般的景区在遗址、故居、遗物、书籍等有形资源挖掘方面都做得比较到位，在歌曲、标语、诗词等无形资源挖掘方面做得不够到位。从目前的大多数红色景区来看，基本上还停留在走马观花的观光旅游时代，展览、展示是红色景区最主要的功能，而互动体验的项目则普遍欠缺。

延安在挖掘无形红色资源方面就走在全国前列，这些年来，延安把当地红色文化提炼为延安精神，以延安精神为核心主题，开发了一系列红色旅游产品，取得了良好的市场效益和社会效益。在大多数红色景区建成之后，经营管理者就认为红色文化已经充分展现在景区的各个角落了，并且认为自己对红色文化的了解已经到位了。实际上，这是一种静态的红色文化研究思维。关于红色文化的研究应该是一个动态的过程。不管在什么时候，不管红色旅游取得了什么样的成绩，都不能放松对红色文化的研究，只有加强研究，才能让红色景区的经营管理者不断地为景区创造出新产品、新服务，从而不断地吸引消费者到来。

二、红色旅游目的地的规划

红色旅游正在成为越来越多旅游者的出游选择。同时，各地红色旅游也面临文化内涵挖掘不够深入、形式单一枯燥、精品意识不强等问题。讲好红色故事、增加文化内涵，创新发展形式、促进业态融合，成为推动红色旅游高质量发展的关键所在。红色旅游目的地的规划可以更好地加快红色旅游目的地的发展速度。

（一）规划发展战略

1. 打造"红色 +*N*"模式，整合开发红色旅游资源

对于旅游产品而言，其组合类型的丰富程度与其综合吸引力成正比。对于红色旅游资源丰富的研学旅游目的地，红色旅游资源开发应与周边同类型旅游资源以及民俗旅游资源、生态旅游资源、乡村旅游资源、地质探险旅游资源等其他类型的旅游资源有机结合，形成具有独特性的旅游产品，最大限度地发挥红色旅游

资源的吸引力。

2. 坚持正确的党史观，注重主题主线的系统性

要认真贯彻落实习近平总书记在党史学习教育动员大会上提出的"三个必然要求""六个教育重点"和"四项工作要求"，对于红色旅游产品的开发、红色旅游目的地的打造和研学旅行产品的设计等，都要坚持正确的党史观，准确把握党的历史发展主题主线、主流本质和内容的系统性，深度挖掘红色旅游资源背后的中国精神和中国力量。作为一种以爱国主义与革命传统教育为宗旨的旅游产品，红色旅游应该围绕红色主题，营造氛围、深化体验、寓教于游，切不可随意让"产业化""市场化"削弱了文化主题和公益性质，使其背离了开展红色旅游的"初心"。

3. 强化红色教育属性，创新旅游产品形式

以红船精神、井冈山精神、改革开放精神、抗震救灾精神、抗疫精神等中国共产党在各历史时期锻造形成的伟大精神为主线，创新性地将情景式、行动式、互动式相结合，加强红色研学资源的生动性，让参与者身临其境，在潜移默化中达到教育目的。利用高科技载体，以各地红色景区的诸多纪念馆为依托，利用声、光、电技术，以史为据，开发出虚拟历史场景等体验型项目，构建红色旅游参与体验系统，让参与者更直观深切地感受中国共产党的精神伟力，让革命薪火绽放新的光芒。

（二）规划营销策略

1. 产品策略

要深挖红色旅游产品文化内涵，注重产品的新颖性与参与性，加强产品的组合营销。立足今天的旅游市场，用大众的旅游消费心理喜好来重新认识和发掘红色旅游资源的市场价值，在坚持红色旅游资源中的正确的政治方向的基础上，将红色旅游资源所蕴含的普遍价值点与现代旅游消费热点碰撞对接，开发具有广泛市场吸引力的旅游产品。

2. 营销策略

"互联网＋旅游"的兴起给红色景区的旅游产业带来新思路，各地的博物馆、纪念馆等开始注重引入互联网、VR、全息投影等新技术，在技术的辅助下更直观、生动地呈现历史事件和场景，让红色历史"活"起来。游客可以通过沉浸式体验获得内心的震撼，从"旁观者"变成"参与者"。

三、红色旅游目的地的发展战略——以延安红色旅游发展为例

（一）延安红色旅游发展状况

延安，是举世瞩目的中国革命圣地和国务院首批公布的 24 座历史文化名城之一。境内旅游资源富集，有唐代宝塔、宋代石刻等 12 处历史古迹；延安是中国红色旅游景点最多、内涵最丰富、知名度最高的红色旅游资源富集区，有枣园、杨家岭、王家坪、南泥湾等众多闻名中外的革命旧址。2003 年，延安被国家旅游局评定为"中国优秀旅游城市"，是全国爱国主义教育、革命传统教育、延安精神教育的三大教育基地。

自 2006 年以来，延安依托红色旅游资源的优势，强力推进实施"红色旅游兴业"战略，把旅游资源作为发展的第一资源，把旅游产业作为决胜未来的第一产业，以"民族圣地，梦里延安"作为形象口号，倾力打造"全球炎黄子孙朝圣地、全国红色旅游首选地、黄河自然遗产观光地、黄土风情文化开发传播地"。2023 年，延安共接待游客 4 198.77 万人次，综合收入 330.7 亿元（《2023 年延安市国民经济和社会发展统计公报》）。

（二）延安红色旅游发展存在的问题

1. 经济基础薄，基础设施滞后

旅游项目开发、建设难，配套设施建设还很不完善，难以支撑旅游经济的健康发展，旅游产业发展投入较少。

2. 旅游整体功能较弱，旅游产品单一，产业链短小

首先，红色旅游仍停留在旧居游览、橱窗展示上，展品多为革命时期的文件和工作、生活等中有纪念意义的用品，缺乏具有文化特色的旅游产品。红色文化内涵挖掘不深，游览形式以静态参观为主。其次，旅游主题单一，主题活动过后，旅游者骤减，时效性较强；旅游产品较单一，综合功能不强，忽视了陕北自身具有的民俗文化和黄土高原的生态资源。

3. 资源利用率低，闲置现象严重，红色旅游资源缺乏有效整合，未发挥其辐射作用

虽然延安红色旅游资源丰富，但景区、景点开发与利用有限，大部分景区、景点无法体现和承接革命精神；景点参与性和学习体验型的旅游项目少，"走马观花"现象严重。另外，红色旅游资源尚缺乏有效的整合和开发，红色旅游资源的开发简单化、程式化，景点形式雷同。整体规划不足，旅游规划、项目开发、宣

传促销、产品研制开发等工作滞后，"红色之都"对周边的辐射作用发挥不足，周边各县各自为政，造成红色旅游资源浪费。

（三）开发策略

1. 深度挖掘文化内涵，精心谋划旅游项目

一方面，将红色文化与红色资源有机融合，邀请党史研究专家、规划专家，以及各方面专业知名人士对延安红色文化进行深度挖掘，同时对红色旅游资源进行深度开发，合理规划布置、翻建维护等，还原历史真实，营造红色环境，通过红色旅游资源实现对红色文化的外化。另一方面，充分汲取以往策划经验，反思不足，面向全世界邀请旅游规划师、建筑设计师、美学家、雕塑家、民俗学家等，策划包装一批具有知名度和影响力的开发项目，并要确保策划项目有市场、有收益、带动性强。

2. 加大营销推广力度，提升知名度和影响力

就当前情况而言，首先，要将宣传革命旧址与宣传延安精神有机结合起来，将延安精神作为延安红色旅游资源开发的重点品牌，对品牌内涵及延伸做细致的探索、挖掘，对营销宣传形式做多层次的思考、实践，寄延安精神这个品牌内涵于延安革命旧址、红色旅游景区这些红色资源之中，将"民族圣地、红色延安"的主题形象推向全国，从而提升延安精神与旅游资源的融合力和知名度。其次，要利用好一切有利的营销推广资源。要构建立体营销推广模式，实现多种传播媒介的相互补充、交相发力。最后，大力举办红色主题文化活动，增强红色旅游的吸引力。继续广范围地举办红色旅游文化节，组织开展一批大型专题文化活动，大力支持各剧组拍摄宣传延安精神的革命影视片，鼓励编写出版延安红色旅游书籍等，多渠道增强延安红色旅游资源的趣味性和吸引力。

3. 创新特色旅游产品，延伸旅游文化产业链条

要本着以文化内涵、地域特色、有收藏价值为核心的思想，面向全国征集延安红色旅游商品和纪念品的设计与开发方案，采用市场运作的方式，将延安红色旅游商品优势寓于特色商品之中，把红色旅游商品打造成特色品牌，销往全国，推向世界。

4. 推进区域战略合作，形成规模发展良好局面

一是自觉把延安红色旅游放在全省、全国乃至全世界的旅游大格局中去谋划、去开发。二是要与各大关联资源建立起良性互动机制，把全国各地红色旅游经典

景区连点成线，连线成面，按照形象共塑、市场共促、信息共享的要求，发挥联合宣传促销的优势，着力提升红色旅游在全国旅游市场中的影响力。三是深入研究全国红色旅游发展的形势、政策体系，以及相关保障措施，通过完善相关税费优惠及政策扶持措施来鼓励红色旅游事业发展，为红色旅游的持续、健康发展提供良好的政策环境。

本章小结

旅游目的地开发与规划是一个系统性工程，涉及旅游资源的开发、规划、营销和管理等多个方面。旅游目的地的发展演化经历了从探索阶段到复苏阶段的六个阶段，每个阶段都有其特点和挑战。空间结构模式则包括凝聚模式、放射模式和扩展模式，这些模式反映了旅游目的地内部形态和结构的多样性。旅游目的地开发包括特色旅游资源开发、特色旅游产品研发和特色旅游项目设计。同时，资源整合作为提升旅游目的地竞争力的关键策略，涉及空间层次整合、共生整合等多个层面。此外，市场背景分析对于旅游目的地开发至关重要，涉及旅游市场分析和旅游市场定位。旅游目的地规划包括资源导向、市场导向、产品导向和形象导向规划模式，以及体验导向、旅游产业融合导向等现代规划模式。本章特别关注了红色旅游目的地的开发策略，分析了延安旅游发展面临的问题，并提出了相应的解决对策。

即测即练 拓展阅读

思考题

1. 简述旅游目的地开发和规划的概念。

2. 旅游目的地的发展演化阶段及空间结构模式有哪些？

3. 旅游目的地规划的模式有哪些？

4. 简述旅游目的地的发展战略主要内容。

5. 我国红色旅游目的地开发的重点和面临的问题是什么？

6. 如何制定红色旅游目的地开发策略？

第四章 旅游目的地服务管理

学习目标

1. 理解服务、服务包、服务企业、服务质量的概念，熟悉服务包的构成和服务质量的维度，了解服务企业的运营特征。

2. 理解旅游服务的概念与构成，掌握旅游目的地服务的概念、构成和特征，了解旅游目的地服务的影响因素。

3. 掌握旅游目的地核心服务体系概念、构成和特征，了解旅游目的地核心服务体系的管理。

4. 掌握旅游目的地保障服务体系概念和构成，熟悉旅游目的地信息、安全、交通、设施、行政、环境等服务体系的服务内容与发展策略。

能力目标

1. 能够运用服务的相关概念阐释旅游服务和旅游目的地服务的构成与特征。

2. 能够从旅游需求视角对旅游目的地的核心服务体系中的食、住、行、游、购、娱等要素进行统筹安排和优化布局。

3. 能够从旅游需求视角，基于旅游目的地的保障服务体系的服务内容，结合信息化的时代特征，提出相应的改进方案。

4. 能够结合服务质量相关测评方法和指标体系，设计问卷以调查某一旅游目的地的旅游服务质量。

思政目标

1. 熟悉旅游服务和旅游目的地服务的构成，培养学生认知事物发展规律的系统观。

2. 收集国内旅游目的地服务的相关案例并展开讨论，培养学生提升旅游目的地服务质量的责任心与使命感。

3. 梳理我国旅游目的地核心服务和保障服务的发展历程，激发学生的爱国心、自信心和专业认同感。

思维导图

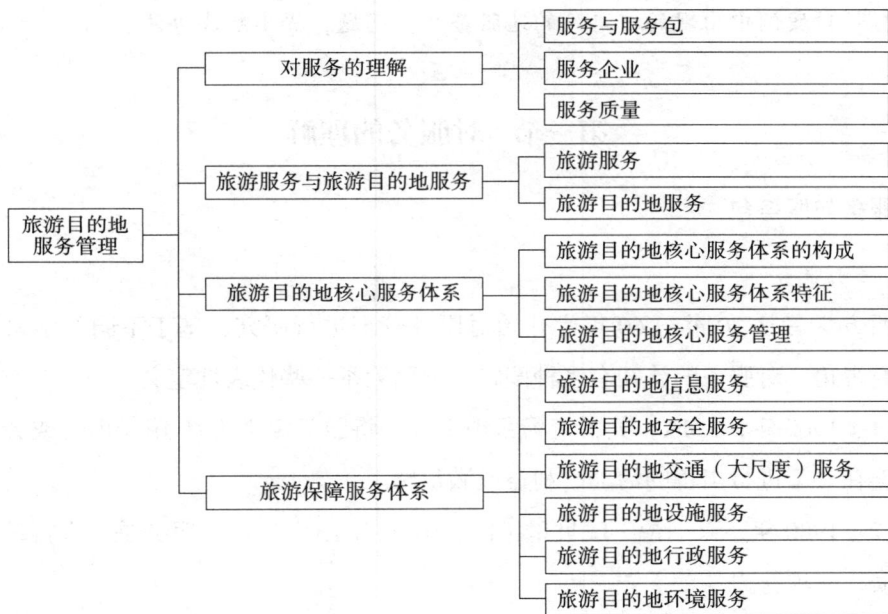

导入案例

2021年4月21日，一个旅行团到达湖南省张家界市某翡翠城，导游先是诱导游客购物，后来干脆直接要求游客购物，在游客未按要求购物后，导游怒斥游客："不买干什么报这种团，是骗吃骗喝吗？"而且在游客表示要"投诉"时，导游回应说："你们投诉一下试试！"态度极其嚣张。

近年来，这样粗暴的旅游服务频出，如"雪乡"天价宰客、游客景区购物后发现是假货等，旅游目的地服务质量之差令人瞠目结舌。除此之外，旅游目的地其他旅游服务质量问题也令人担忧。如有的景区厕所脏臭，洗手池水龙头不出水；跟团游的时候临时增加行程或者减少行程，旅游时间都花在路上等。

中国旅游研究院针对 2021 年五一国际劳动节假期进行的专项调查显示，在假期旅游休闲过程中，59.8% 的游客认为应该建设和提供更多的硬件设施，24.5% 的游客认为应该提供更加舒心的服务，16.4% 的游客认为硬件设施水平和服务水平均需提升。

资料来源：陈磊，孙天骄 . 旅游服务质量提升：让游客游得放心舒心开心 [N]. 法治日报，2021-06-29.

思考题：

1. 何为旅游服务质量？何为旅游目的地服务质量？

2. 旅游目的地服务质量包括哪些内容？

3. 针对案例中出现的旅游目的地服务质量问题，提出解决办法。

第一节　对服务的理解

一、服务与服务包

（一）服务

西方学者从 20 世纪 60 年代开始对服务管理进行研究，基于不同的学科背景和研究视角，对服务的认知有多种阐释，下面列举一些代表性定义。

（1）1960 年，AMA（美国市场营销学会）将服务定义为："用于出售或者是同产品连在一起进行出售的活动、利益或满足感。"

（2）1980 年，莱纳德·L. 贝里（Leonard L. Berry）提出，服务是一次行动、一场表演、一项努力。

（3）1984 年，菲利普·科特勒（Philip Kotler）等提出，服务是一方给另一方提供的一种无形的行为或利益，它不会导致任何所有权的转移，它的生产（提供）过程可能会与物质产品相联系，也可能不与它们相联系。

（4）1990 年，北欧学者格隆鲁斯（Gronroos）将服务定义为："服务是指或多或少具有无形特征的一种或一系列活动，通常（但并非一定）发生在顾客同服务的提供者及其有形的资源、商品或系统相互作用的过程中，以便解决消费者的有关问题。"

（5）1996 年，译斯曼尔和比特纳（Zeithaml and Bitner）认为，服务是事件、过程和结果。

（6）A.佩恩在分析和梳理各国营销组织与学者对服务定义的基础上，将服务定义为："服务是一种涉及某些无形性因素的活动，它包括与顾客或他们拥有财产的相互活动，它不会造成所有权的更换。条件可能发生变化，服务产出可能或不可能与物质产品紧密相连。"

综上，随着时间的推移，有关服务的定义不断深化，但学者仍然对服务的定义未达成共识。尽管如此，我们还是可以从上述表述中剥离出一些共性特征。首先，服务中一定包含服务行为，是一方为另一方提供服务的活动；其次，服务是用来交易的，顾客花钱接受服务，服务提供者通过为顾客提供服务而获利；再次，服务过程中使用或凭借的物品，转让的是其一段时间内的使用价值，而不是所有权；最后，服务的价值有大小之分，可通过服务质量进行衡量。

（二）服务包

在现代经济社会中，顾客购买的服务产品中常包含无形产品（纯服务）和有形产品（辅助物品），纯服务或者纯物品几乎是不存在的，然而实际上，近乎纯服务的产品和近乎纯物品的产品在生产与流通过程中又有较大区别，需要予以区分，因此，我们按照物品和服务在整个服务产品中所占的比例将服务产品划分为服务主导型产品和物品主导型产品。以销售服务主导型产品为主的企业被称为服务型企业，以销售物品主导型产品为主的企业被称为商业企业。

为了进一步区分服务主导型产品和物品主导型产品，我们通常把服务主导型产品称作服务包（service），在服务包中，顾客购买主要内容是企业提供的服务，我们称之为显性服务；顾客在购买显性服务的过程中，还要购买一些起辅助作用的物品，我们称之为辅助物品；同时，为了营造良好的消费环境和氛围，服务企业需要提供必要的设施、设备，我们称之为支持设施；另外，为使服务活动顺利进行，获得顾客的信任，还需要提供一些必要的辅助性服务，我们称之为隐性服务。

1. 显性服务

显性服务是顾客购买服务产品的直接目的和本质利益，是服务产品的核心要素。它表现为服务活动的结果或效用，顾客可以直接感受它的大小、优劣。如顾客游览旅游景区后，关于景区人文故事和风景建筑的记忆。

2. 辅助物品

辅助物品是顾客在消费服务的过程中购买和消费的物质产品，或是顾客自备的物品，比如餐厅的餐具、酒店提供的洗漱用品等。

3. 支持设施

支持设施是在开展服务活动之前必须到位的物质资源，主要包括建筑空间、物理环境和基础设备。如酒店的建筑物、床、电器和被子等，旅游景区的景观、卫生间等。

4. 隐性服务

隐性服务是顾客在消费显性服务的过程中，所体验到的模糊的精神感受。它表现在消费服务的过程中。如景区游客中心提供的各种咨询服务，旅游目的地文化和旅游局提供的各种旅游资讯服务等。

二、服务企业

以销售服务主导型产品为主的服务企业，主要生产行为是服务行为，主要业务是销售服务产品。这与商业企业、制造企业的生产过程和生产行为显著不同，具有以下较为典型的运营特征。

（一）顾客参与服务过程

服务是一种发生在服务设施环境中的经历，在服务过程中，顾客可以发挥积极的作用，顾客的知识、经验、动机乃至诚实都会直接影响服务系统的效果。这一点与传统的制造企业中顾客不作为参与者不同。顾客参与是服务活动的根本特征。对服务企业而言，顾客既是生产系统的原材料，又是生产系统的输出结果，它将一个初始的顾客加工成一个具有一定满意度的顾客。

（二）服务的生产和消费同时发生

制造企业可以利用库存来分离生产和销售，可以先生产、后销售。而服务企业的生产和顾客消费同时进行，服务提供者借助支持设施和辅助产品提供服务，它一方面需要转让支持设施和辅助产品一定时间内的使用价值，另一方面又在服务劳动中与顾客发生沟通、互动，服务产品不能贮存，这是服务管理的显著特征。

（三）服务能力的易逝性

服务产品属于定制产品，服务企业按照顾客的需求生产产品，服务产品在生产之前一定是卖出去的，服务企业的产值即是服务企业的营业收入。对服务企业来说，生产能力的充分利用意味着收入增加，而生产能力的闲置意味着浪费。因此，为提高生产能力的利用效率，服务企业需要及时、快速地对顾客需求作出反应。在客流量处于高峰时增加人手以提高生产能力，在客流量处于低谷时减少人手以降低生产能力。

（四）场所的选择取决于顾客

服务企业的位置选择主要取决于服务的对象。对于需要顾客亲临现场接受服务或者服务人员前往顾客所在地的企业，由于路程时间和费用的存在，必须权衡设施的固定成本和顾客（或服务者）的路程成本，因此营业场所距离目标市场越近越好；对于不需要顾客亲临现场或者不需要服务人员亲自上门的服务企业，出于成本考虑，服务企业可以选择郊区。

三、服务质量

（一）服务质量与顾客满意度

由于服务具有无形性、顾客参与生产过程、生产与消费同步等特征，对服务的评价存在诸多困难，服务价值的大小、优劣与顾客主观感受密切相关。因此，顾客满意度成为衡量服务质量的标尺。然而事实上，顾客满意度并不等同于服务质量，除服务质量外，顾客满意度的高低可能还与价格、个人因素和场景因素有关，服务质量是顾客满意度的必要条件而非充分条件，服务质量低，顾客肯定不会满意。

（二）服务质量包含结果质量和过程质量

顾客评价服务质量是一个模糊和复杂的过程，主要通过对服务企业提供的服务产品价值大小的感知和服务过程中精神层面的感知两部分来实现。服务企业提供的服务产品价值大小的感知即是服务产品的结果质量，服务过程中精神层面的感知即为过程质量。对结果质量的评价，主要是对客观结果和导致结果的技术水平及其应用能力的评价；对过程质量的评价，主要是对人际关系技巧、服务态度等的评价。过程质量不能代替结果质量。Carl Swell（卡尔·塞维尔）在《终身顾客》一书中指出，对人友善只占服务质量的 20%，提升服务质量的关键在于设计出好的服务系统，如果顾客不需要你的产品，你笑得再灿烂，也无济于事。

（三）服务质量的维度

研究表明，顾客对服务质量的评价并非单一维度。服务营销学家瓦拉瑞尔·A. 泽丝曼尔（Valarie A. Zeithaml）等提出的服务质量五维度模型具有较为广泛的代表性，也广为学者们接受。这五个质量维度分别如下。

1. 可靠性

可靠性指准确、可靠地提供所承诺的服务的能力，它意味着服务企业是否能够按照其承诺办事，顾客愿意和信守承诺的服务企业打交道，因此服务企业的服务承诺要言行一致。

2. 响应性

响应性指对顾客请求、询问、投诉等进行处理时的专注、快捷和自发性，它意味着服务企业在服务过程中是否能够急顾客之所急、想顾客之所想。响应性一般表现在顾客获取帮助、答案或关注之前的等待时间上，以及满足顾客需求所提供服务的柔性和能力上（冯俊等，2010）。

3. 安全性

安全性指服务人员的知识、谦恭态度及其赢得顾客信任的能力。当顾客感知到服务包含高风险或者自己感觉没有能力评价服务产出时，该维度特别重要。安全性和可靠性有点相似，可靠性是依据履行承诺的结果来评判服务质量，而安全性则是依据各种履行承诺的前置条件来评价服务质量。如景区导游的讲解水平，顾客会通过讲解员是否具有导游资格证书及其等级进行评判。

4. 移情性

移情性指服务企业给予顾客的关心和体贴，即所谓个性化和人性化的服务。该维度的主要目的是让顾客感觉到被尊重。比如在酒店服务过程中，服务人员能够直呼顾客的姓名或职位，掌握顾客的饮食偏好等。

5. 有形性

有形性指设备、工具、人员和书面材料的外表，依据社会知觉效应中的“晕轮效应”，由于服务的无形性特征，顾客常用有形证据来佐证服务质量的优劣，有形证据成为顾客评价服务质量的重要依据和线索，因此，服务企业必须做好无形服务的有形化工作。如景区人员的工作服及其演出道具均是有形证据。

第二节　旅游服务与旅游目的地服务

提高旅游服务质量是提升旅游目的地旅游竞争力和吸引力的重要手段，对提高目的地游客的重游意愿和塑造旅游地品牌形象意义重大，因此，旅游目的地服务管理至关重要。

一、旅游服务

（一）旅游服务的界定

旅游业是服务性行业，旅游从业人员为旅游者提供的旅游产品主要是一种无形的服务。旅游者在食、住、行、游、购、娱等方面与旅游从业人员的互动活动，构成了旅游者的旅游经历。旅游业为旅游者提供服务的过程或者旅游者享受旅游服务的过程被称为旅游服务。旅游服务构成了旅游产品的核心部分，是旅游活动的灵魂。旅游服务的存在是旅游活动得以顺利开展的基础，旅游服务质量的好坏直接影响着旅游者对旅游活动的总体印象和评价。

长期以来，旅游服务的概念一直比较笼统，学术界没有达成一致的共识。其具有代表性的概念有以下几个。

（1）世界旅游组织（1998）将旅游服务界定为由旅游企业为游客提供的一切服务，包括旅行过程中的服务和旅游相关服务，涉及文化、金融、商业、娱乐、餐饮等12个类别的服务。

（2）张文建（1999）在总结国内学者观点的基础上，分别从供给和需求两方面对旅游服务进行界定。从旅游者视角，他认为旅游服务是旅游者在旅游准备阶段、旅游过程中、旅游结束后延伸过程中与旅游企业所发生的互动关系，这种互动关系使旅游者获得了经历与感受，但没有获得所有权；从旅游企业视角，他认为旅游服务是旅游企业向旅游者提供的一种无形的互动活动，它转让的只是一段时间内的使用价值，而不是所有权。

（3）李应军等（2019）将旅游服务界定为："用提供活劳动的形式，保证旅游者在整个旅游活动期间对各种旅游环境、设施、设备及活动项目获得充分利用和享受权益的综合性经营活动。"

综上，虽然有关旅游服务的界定，研究视角和表述均存在差异，但不难发现，这些概念是对服务内涵的旅游行业移植。旅游服务是服务的一部分，也是无形服务和有形的物质产品的结合，无形服务是旅游服务的核心与灵魂，旅游服务的实现需要借助有形的物质产品，有形的物质产品是旅游服务实现的基础和前提条件。我们可以用服务包的概念对旅游服务予以分解，旅游服务包括旅游显性服务、旅游支持设施、旅游辅助物品和旅游隐性服务四个部分。

（二）旅游服务的构成

依据旅游功能系统模型（Gunn，2002），旅游系统由旅游者、信息和促销、交通、吸引物、服务五个要素构成。旅游服务是旅游系统的核心内容之一，旅游服务是旅游系统的一个子系统，仿照旅游系统理论和服务包的内涵，我们也可以对旅游服务系统进行拆解，旅游服务系统由客源地旅游服务系统、客源地－目的地出行服务系统和旅游目的地服务系统三部分构成。

1. 客源地旅游服务系统

客源地旅游服务一般发生在旅游决策阶段。旅游者产生旅游需求后，首先会主动查阅一些旅游目的地旅游产品的相关信息；其次会依据掌握的信息进行筛选、比较，最终确定旅游目的地及旅游方案；最后会根据需要进行预订，如预订机票、酒店和景区门票等。

2. 客源地－目的地出行服务系统

客源地－目的地出行服务主要包括旅游交通服务和其他服务，旅游交通服务是帮助旅游者从旅游客源地到旅游目的地实现空间位移的旅游交通系统。如航空交通服务、铁路交通服务、水路交通服务、公路交通服务和沿途服务区等。其他服务包括旅游保险服务、外汇服务和免税购物服务等。

3. 旅游目的地服务系统

旅游目的地服务系统是旅游服务系统的主要构成因素，旅游目的地是旅游服务的发生地，旅游目的地服务是指旅游者在旅游目的地停留期间，为顺利完成旅游活动而接受的由旅游企业及相关服务部门所提供的服务产品的集合，这些旅游企业与相关服务部门相互联系、相互影响。

二、旅游目的地服务

（一）旅游目的地服务的构成

依据服务包的构成要素，旅游目的地服务系统主要包括旅游核心服务体系、旅游保障服务体系、旅游支撑服务体系。旅游核心服务体系主要包括旅游企业或相关部门为旅游者在旅游活动中提供的核心服务所组成的服务系统，如旅游餐饮服务、旅游住宿服务、旅游交通服务、旅游购物服务和旅游娱乐服务等；旅游保障服务体系主要是指旅游目的地行政管理部门或其他组织为旅游者在旅游目的地活动中提供诸如以信息、安全、环境、保障、行政服务、政策法规等为主体的服务体系；旅游支撑服务体系是指旅游者在旅游目的地活动，除了旅游企业满足其基本旅游消费需求，旅游目的地其他产业作为支撑产业，提供相关服务来帮助旅游者顺利完成旅游活动，这些其他产业便构成了旅游支撑服务体系。

依据旅游提供的服务方式不同，旅游目的地服务可分为旅游硬件配套服务体系和旅游软件管理服务体系。旅游硬件配套服务体系是指为旅游者提供诸如交通网络、建筑主体、食材产品、电子设备、服务设施、基础设施等硬件设施的服务；旅游软件管理服务体系是指为保障旅游者享受旅游服务、获得完美的旅游体验而制定、落实的旅游企业经营的各项规章管理制度、行政管理部门的各项政策法律法规、社会公共治理约定、旅游行业组织的服务规范和标准、旅游企业及管理部门的统筹协调规划等，以及旅游产业及其他支撑产业中的各类软件管理服务。

（二）旅游目的地服务体系特征

旅游服务具有服务的无形性、不可储存性、不可转移性、生产和消费的同时性、服务质量的不稳定性等特点，同时旅游目的地服务体系也具有其自身特征，包括综合性、系统性、需求导向、统筹规划等。

1. 综合性

旅游目的地旅游活动的复杂性决定旅游服务的综合性，旅游者的旅游活动由多个产业部门、多个社会经济体系环节参与完成。旅游目的地服务覆盖面广、过程复杂，从旅游核心服务体系到旅游保障服务体系，再到旅游支撑服务体系，从旅游服务系统横向涉及面到纵向涉及过程，它综合了国民经济的各大产业部门和社会管理系统。

2. 系统性

旅游目的地服务体系各要素之间相互影响、相互制约，形成具有典型"污水定律"特征的旅游服务系统。不管哪个服务环节出现服务质量问题，都会波及旅游目的地服务体系中的其他服务行业，出现连锁反应，最终影响旅游者对整个旅游目的地服务系统的感知和评判。因此，为旅游者提供愉悦的旅游体验，需要旅游目的地服务体系中每个行业和每个企业共同努力、通力合作。

3. 需求导向

旅游本身就是需求经济，没有旅游者就没有旅游业，当然也就不可能有旅游服务，旅游目的地服务体系的运营与管理均围绕旅游者的旅游活动来展开。旅游满意度是判断旅游服务质量的重要标准，提高旅游满意度是旅游目的地服务系统的各行业的一致目标。各行业需要依据旅游者不断变化的需求而更新生产内容和服务流程。

4.统筹规划

正是由于旅游目的地服务系统典型的"污水定律"特征，旅游目的地各行业、各部门为了在旅游服务过程中避免"污水"而必须统筹规划、通力合作。此外，旅游目的地服务系统建设除了要遵从市场原则，还要考虑各部门之间服务的有效衔接和供给能力。比如2015年延边美食旅游突然火爆，大量游客涌入，虽然餐饮接待能力尚可，但酒店的接待能力严重不足，出现许多旅游者露宿街头的现象，虽然美食服务质量尚可，但旅游者对延边的旅游服务抱怨不休。

（三）旅游目的地服务的影响因素

1.社会经济文化

旅游目的地服务系统建设需要良好的社会经济基础，旅游目的地服务系统涉及多个层面的基础设施建设、服务设施配套建设、城市管理水平、社会生活水平等。同时，旅游目的地服务系统建设需要大量的资金和先进的技术支持，旅游目的地对服务系统的投资建设直接决定了旅游目的地的旅游接待能力。与此同时，旅游目的地科技发展水平、社会管理水平、价值观念等也为旅游目的地服务系统建设提供更多的科技助力、智力支持和人文滋养。

2.旅游消费需求

旅游典型的需求经济特征使得旅游需求决定旅游供给的内容和能力。随着旅游需求的不断变化，旅游目的地服务系统的生产内容、运营方式和服务流程均会发生变革。因此，旅游消费需求影响旅游目的地服务系统。

3.旅游产业结构

旅游目的地服务系统所涉及的产业结构主要包括旅游核心产业和旅游支撑产业，旅游核心产业结构决定了旅游目的地服务系统的核心功能，是旅游服务包的显性服务因素；旅游支撑产业结构则决定了旅游产业链的延伸和旅游整体环境的塑造，是旅游服务包中的支持设施和辅助产品，属于旅游目的地服务系统中的有形展示部分。旅游者依据有形展示降低旅游服务风险，并以此作为无形服务优劣的佐证。

第三节　旅游目的地核心服务体系

旅游目的地核心服务体系主要向顾客提供基本的旅游服务，也就是平常我们所说的食住行游购娱六要素，是旅游目的地服务系统的核心功能和显性服务因素。

一、旅游目的地核心服务体系的构成

（一）住宿服务

住宿服务是凭借有形的设施、设备和无形的服务为顾客提供休息与接待服务的总称。旅游者外出旅游，住宿是其最基本的需求，而旅游饭店的核心功能便是提供住宿，旅游饭店的数量和服务质量即住宿服务通常是衡量一个国家或地区旅游业发展水平的重要尺度。饭店以一种特殊的商品形式，使人们愿意花更多的钱，去享受在家庭和其他地方享受不到的东西，并通过提供贸易场地、会议场所、住宿、餐饮、娱乐等优质服务获取利润。

（二）餐饮服务

餐饮服务是将物质产品、专业人员的技术与服务人员的服务技能有机结合的旅游服务形式。餐饮服务主要分为两种：一种是宾馆、饭店、度假村等饭店系统中附带的餐饮服务，如中西餐厅、咖啡厅、自助餐厅、风味餐厅、酒吧等；另一种是独立经营的餐饮系统，如餐桌服务式餐厅（提供点菜、上菜、巡菜等围绕餐桌的服务）、柜台式服务餐厅（饮料站、小餐馆、茶点咖啡屋等）、自助式餐厅、快餐厅、外带式餐厅等。不同类型的旅游餐饮企业构成了旅游目的地的餐饮服务体系，旅游者在消费餐饮时，不仅关注菜肴质量，而且会留意就餐的氛围和环境，以及服务人员的服务技巧、服务态度等。因此，旅游餐饮服务要在保证食品安全的情况下，突出地方特色文化和人性化、个性化的服务理念。

（三）交通服务

这里的交通服务是指城市内和旅游景点之间的小空间转移服务。一般来说，旅游目的地交通服务分为大和小两个尺度。大尺度旅游交通是指旅游目的地区域内部城市交通，主要是指旅游景区之间的各类公共交通系统。小尺度旅游交通主要是景区内部的交通服务，如缆车、电瓶车、滑竿、轿子、雪爬犁、勒勒车等。景区内部交通服务既要具有运输功能又要具有娱乐功能，此外，还要具有地域特色。

（四）景区服务

旅游景区服务承担了旅游者完成旅游体验的主要责任，旅游景区服务直接影响旅游者对旅游目的地的满意度。旅游景区服务主要体现在景区门票服务、旅游者服务中心服务、景区解说服务等方面。提高旅游景区服务质量，首先，完善景区门票查询、预订系统，方便旅游者进行门票预订、咨询和购买。其次，构建景区智慧解说系统，一方面注重提升向导式媒介人员文化素质和专业素养；另一方面强化自导式媒介的智慧性，利用现代移动互联网技术，运用可携带的移动终端作为载体提供电子导游服务。最后，建设智慧旅游者服务中心，完善旅游集散、宣传促销、旅游接待、文化服务功能等，让旅游者在休息与放松的同时快速获取景区的各类信息。

（五）娱乐服务

娱乐服务是在旅游活动中为旅游者提供的放松精神、平衡身心、增长知识或有益健康活动的总称。娱乐服务本身可以成为一种旅游服务产品，如广州长隆欢乐世界、深圳方特欢乐世界、上海迪士尼等主题公园将娱乐活动与游览服务完美结合，成为旅游吸引物的重要补充。娱乐服务要突出地方性、文化性、时尚性与参与性。

（六）购物服务

购物服务是旅游活动的重要组成部分，有时也成为重要的旅游吸引物，如香港是著名的购物天堂。购物服务的内容主要包括旅游工艺品、文物古玩、旅游纪念品、土特产、旅游食品、旅游日用品等。购物服务在旅游消费中富有弹性，若产品开发力度不够，就会影响旅游购物服务的整体发展。在开发旅游购物商品时，要注重旅游购物商品的纪念性、地域性、艺术性、便捷性和实用性。同时要注意配套服务。例如，旅游购物服务需要考虑对易碎物品的包装服务和邮递服务。

（七）旅行社服务

旅行社服务属于中介服务，它以旅游线路设计的形式将旅游住宿服务、旅游餐饮服务、旅游景区服务、旅游交通服务、旅游娱乐服务和旅游购物服务整合在一起捆绑销售，是连接旅游者与其他旅游企业的重要载体，是协调各旅游供给企业关系的中坚力量。中介服务是消费者与供给者信息不对称状态下的产物，我国旅游者消费经验的积累和互联网经济时代的到来等，拓展了交易时间，丰富了交易品类，加快了交易速度，减少了中间环节，使得旅行社服务内容和服务方式发生了较大变化，如旅游产品销售平台化，旅行社的集中度将不断提升；垂直分工和纵向一体化将成为未来旅行社产业体系发展的两条主线；旅游产品和服务质量逐步成为传统旅行社优胜劣汰的决定性因素等。

二、旅游目的地核心服务体系特征

（一）复杂性

旅游目的地核心服务包含旅游者在旅游目的地旅游活动的全过程，由于旅游活动过程的相继性和关联性，旅游六大要素产业之间形成了"一着不慎，满盘皆输"的关系纽带，使得旅游目的地核心服务呈现出复杂性与综合性。此外，旅游目的地核心服务的无形性也决定了其复杂性，旅游目的地核心服务强调细节化、人性化、标准化等，其服务构成和要素经过分解后，其复杂性将直接影响旅游目的地核心服务质量。

（二）细节化

细节决定成败，旅游目的地核心服务极其重要又极其复杂，这就决定了旅游目的地接待服务需注重细节，每一个环节、每一道服务程序、每一位旅游从业者都能从细节出发，塑造精品化旅游产品、提供细节化旅游服务。

（三）人性化

旅游目的地核心服务体系建设应坚持以人为本，始终为旅游者、当地居民、旅游经营者服务，在旅游服务设施、旅游服务细节、旅游服务质量等方面，均应以人为核心，从旅游者的需要出发，设计贴近旅游者实际需求的项目和服务，方便旅游者开展旅游活动。如青岛市智慧景区建设，旅游者可以"一部手机游青岛"，旅游者进入景区全面推行刷脸入园模式，利用人脸识别技术，实现刷脸无障碍快捷入园，提升了旅游者游览的体验。

（四）满意程度最大化

旅游目的地核心服务体系建设坚持以人为本，也是为了实现旅游者满意程度最大化。从需求与供给的角度来说，旅游目的地作为旅游供给方，最终的目的是满足旅游者不断增长的旅游需求，以此来获得盈利。只有旅游者的旅游需求充分得到满足，才能实现旅游目的地系统盈利最大化。因此，旅游者满意程度最大化也是旅游目的地核心服务体系的重要特征之一。

三、旅游目的地核心服务管理

（一）人性化与标准化相结合

旅游目的地核心服务基本上针对旅游者提供，在服务流程设计、服务设施建设过程中，需要最大限度考虑到旅游者需求的因素，一切为旅游者服务。同时由于旅游目的地核心服务体系构建较为复杂，环节较多，涉及产业部门较广，为更加有序、高效地提供旅游服务，政府管理部门和行业组织应制定更加细致、科学的旅游行业各部门服务标准。旅游目的地核心服务管理将人性化与标准化相结合，以提升旅游者满意度。

（二）多元化与个性化相结合

随着时代的发展和科技的进步，旅游活动形式趋向多元化，为旅游者服务的旅游目的地核心服务体系也需要与时俱进，提供多元化服务。互联网改变了旅游目的地核心服务的场所，互联网时代的到来加速旅游目的地核心服务企业的产业结构变迁，并形成新的商业模式。另外，随着"90后""00后"等逐渐成为旅游的主力军，追求旅游个性化也逐渐凸显，具有个性化和特色化的旅游产品、旅游服务备受旅游者青睐。因此，在新时代条件下，旅游目的地核心服务内容和服务方式需要多元化与个性化相结合。

（三）完善旅游目的地核心服务标准

推进旅游目的地核心服务相关标准制定与修订工作。完善旅游目的地核心服务标准，推动各层级旅游标准协调发展。提高旅游目的地核心服务标准的制定与修订水平，增强旅游目的地核心服务标准的科学性、先进性、有效性和适用性，对接国际规则体系，不断提高旅游标准国际化水平。重点加强旅游新产品新业态、在线旅游服务等领域的标准制定。加大标准宣传力度，提高全行业的标准意识和认识水平。推进文旅融合背景下的旅游标准化试点工作，确定一批标准化示范单位，以标准化引领旅游服务质量提升。

（四）加强旅游服务质量监测和评价

加强旅游服务质量评价指标、模型和方法研究，建立以旅游者为中心的旅游服务质量评价体系。加快建立区域、业态、企业等旅游服务质量监测机制，推进监测结果应用，督促引导社会各方提高旅游服务质量水平。加强旅游服务质量数据归集和共享，探索在主要旅游服务场所推广旅游服务质量评价二维码，建设旅游服务质量大数据平台。

第四节　旅游保障服务体系

改革开放初期，我国旅游接待设施比较缺乏，旅游交通、食宿等成本高昂，旅游者出游除了考虑旅游目的地吸引力，更多地考虑旅游目的地的接待能力和出游成本。旅游者出游方式以参团旅游为主，旅行社为旅游者安排整个旅游行程，旅游者对旅游保障服务的感知甚少，对旅游保障服务及其质量要求也不高。为此，旅游管理部门主要提供旅游核心服务。伴随着自助旅游（包括自驾车）的兴起与普及，旅游者对旅游公共服务信息、旅游公共交通、旅游安全保障、旅游行政监管和旅游宣传教育等旅游保障服务的需求日益增长，对旅游保障服务质量的关注度和要求日益提高。除了旅游目的地接待能力、旅游成本、旅游目的地资源吸引力，旅游保障服务质量日渐成为旅游者出游考虑的重点内容之一。

目前，国内以政府为主导的旅游目的地服务保障体系在服务内容和服务方式上基本等同于旅游目的地公共服务系统，主要包括旅游目的地信息服务、旅游目的地安全服务、旅游目的地交通（大尺度）服务、旅游目的地设施服务、旅游目的地行政服务和旅游目的地环境服务。

一、旅游目的地信息服务

旅游目的地信息是与旅游目的地相关的文本资料、影音资料、各类图形图表和统计数据等信息的总称。旅游目的地信息服务管理是旅游信息的发布主体或者平台提供的关于旅游目的地的各类信息及对于信息内容和质量的监督与管理。旅游目的地信息服务是指向旅游者提供的旅游目的地各种信息，包括旅游交通信息、旅游景点信息、旅游目的地概况、旅游安全环境信息等。在旅游决策过程中，旅游者需要收集多个旅游目的地的相关信息，并以此为依据对各个旅游目的地进行筛选、评价，最终实现旅游需求与旅游消费的转换。从这个过程可以看出，旅游目的地信息服务不仅影响着旅游决策结果，还在一定程度上决定了旅游者对旅游目的地的旅游期望感知，因此，旅游目的地信息服务的质量对旅游目的地至关重要。

信息化时代下，旅游大数据对旅游者、旅游目的地的影响广泛而深远。旅游者利用互联网、移动手机等记录着自己的需求爱好、体验评价、社交关系、行为轨迹，并因他人发布的网络游记、攻略、评论、照片等产生对某旅游目的地的旅游意愿或是将其作为出游计划的重要参考，网络社交媒体等信息平台正在逐渐成为旅游目的地形象投射及传播的重要渠道，旅游信息对旅游目的地管理者和从业者的影响日益显著，他们通过接收和利用网络上的多元信息，在实际的管理、运营和服务等方面不断进行调整和改进。因此，加强旅游目的地的信息服务管理显得尤为关键和紧迫。需要加强旅游目的地信息网络化和智慧旅游建设，实现旅游信息的集成和"一站式"信息服务管理，旅游者只需要利用相关网络平台或移动网络终端就能完成相关旅游信息的查询，以及景点餐厅、酒店、交通工具的预订与购买。重视信息服务质量管理，例如，旅游地图涵盖内容详尽、准确且适用并时常更新；旅游宣传册内容翔实、特色突出、设计美观，兼具实用性和纪念性。

二、旅游目的地安全服务

旅游安全是旅游者在旅游过程中的人身、财产和心理安全等一系列安全的总和。旅游目的地安全服务是指为保障旅游者的旅游活动安全、有序进行，消除不安全因素，提供安全、稳定的旅游环境。由于旅游活动的复杂性和综合性，再加上旅游安全因素是旅游者作出旅游决策最重要的影响因素，因此，需要旅游经营者、管理者和旅游者等利益主体认真对待，提升安全意识和责任意识，构建完善的安全管理体系。旅游目的地安全服务包括旅游安全信息体系、旅游安全法治体系、旅游安全预警监控体系、旅游安全应急处置体系和旅游安全保险体系等。

旅游目的地安全服务问题出现的原因主要有三个方面：①旅游者自身，比如一些冒险型旅游者为了追求刺激，不遵守旅游活动中的安全警示规定擅自行动，从而导致旅游安全问题的发生。②旅游目的地安全服务管理不力，如旅游设施施工不当、缺少维修、超负荷运载等；旅游目的地抱有侥幸心理，对旅游安全不重视，缺少相应的预防和应急措施等。③其他，如气象灾害、泥石流等自然灾害，价格欺诈、强买强卖、抢劫、失窃等。

旅游目的地安全服务问题多集中发生在旅游景区。一方面，旅游景区具有旅游者流动性强、逗留时间相对较长和人流相对集中等特点；另一方面，导致旅游安全事故的因素复杂，它可能是管理失误、设施老化、自然灾害等多方面作用的结果，因此，景区安全预防应该系统化、精细化，进行安全综合预防。此外，旅游安全事故对旅游目的地的负面影响较大，旅游安全因素是旅游者作出旅游决策最重要的影响因素，一旦出现旅游安全事故，势必冲击旅游目的地的旅游经济，甚至会损害地方形象和国家形象，影响国际关系。

三、旅游目的地交通（大尺度）服务

遵循旅游者"旅行要快，游览要慢"的需求心理，公共交通需要将景区串联起来，合理布局，使得旅行时间或感知的旅行时间缩短。国外在旅游目的地交通服务管理方面的建设值得我们借鉴：首先，科学地规划旅游交通。发达国家十分注重交通，不仅提前做好规划统筹安排，而且在政策、资金投入方面都会优先发展交通。同时，在交通规划、道路设计方面，各级政府都会充分考虑本地居民和外来旅游者的需要，科学设置，从而为本地居民和外来旅游者提供便利的交通服务，真正实现旅游公共交通与公交系统的有机融合。其次，构建立体的交通网络。网络化、立体化是发达国家旅游业的共性，这种网络格局可以减少换乘时间，降低车流、人流拥堵的频率和时间，能够实现旅游者短时间内快速流动。最后，注重旅游节点交通建设。旅游节点作为旅游目的地提供旅游中途综合服务的单元，多依托现实城镇而建，主要提供交通、餐饮、住宿、购买等服务，是旅游目的地发展旅游的基础支撑，它的布局与建设应该从旅游目的地实际地理空间出发，结合旅游目的地的旅游线路合理分布。

四、旅游目的地设施服务

　　旅游目的地设施、设备是旅游目的地为旅游者提供游玩、休闲和体验服务的硬件部分，是构成景区固定资产的各种物质设施。旅游者的旅游活动离不开旅游设施的辅助，优质的旅游目的地设施是服务旅游者和发展旅游业的基本物质条件，是旅游目的地无形服务质量的"有形展示"。

　　旅游目的地设施管理内容主要包括以下方面。

　　（1）负责旅游目的地设施、设备的配置。

　　（2）保证旅游目的地设施、设备正常运转和使用。

　　（3）旅游目的地设施、设备的检查、维修保养与修理。

　　（4）旅游目的地设施、设备的更新改造。

　　（5）旅游目的地设备的资产管理。

　　（6）旅游目的地各种能源的供应管理。

　　（7）对旅游目的地一定规模的建设项目及设施改造的管理。

　　（8）设施、设备材料及零配件的采购管理。

五、旅游目的地行政服务

　　旅游目的地行政服务主要是指旅游目的地的经营管理主体为了指导旅游目的

地的服务管理而制定的旅游行业规范与标准、旅游从业者教育培训服务及旅游消费保障服务等标准体系。近年来，我国各级政府和各有关部门加大了旅游行政服务管理力度，如开展旅游网络信息对新技术的运用研究；建立专业化与社会化、政府救助与商业救助相结合的旅游应急救援体系，推动旅游责任险的落实；制订完善的旅游集散体系建设指导方案；推行旅游应急投诉体系；建立旅游开发环评制度；开展"旅游服务"公益流动课堂培训；完善全国旅游志愿者服务招募机制，建立志愿者服务团队等。

六、旅游目的地环境服务

对旅游目的地而言，旅游环境不仅包括旅游生态环境、旅游卫生环境，还包括旅游社会人文环境、旅游景观环境和旅游服务氛围等方面。

旅游生态环境主要涉及旅游目的地整体自然环境、旅游景区局部环境、城市微观环境等。整体自然环境包括自然环境监测，如大气、温度、极端天气、污染物排放等；旅游景区局部环境包括景观植被、水体环境、空气质量、旅游流、景区容量等；城市微观环境包括城市绿化、绿地系统等。旅游卫生环境是指旅游目的地在卫生方面的条件和状况，包括旅游厕所、垃圾处理、医疗卫生和环境卫生等。旅游社会人文环境是指影响旅游存在和发展的各种社会因素，包括旅游地的文化习俗、历史古迹及居民对旅游开发的态度和承受力等。旅游景观环境是指旅游目的地各种人工旅游设施、自然旅游设施、园林景观所呈现出来的景观情况。旅游服务氛围是由旅游目的地的旅游经营服务、社会管理、旅游政策、旅游区管理所形成的。

旅游生态环境服务主要体现在政府和旅游企业等相关部门制定合理的旅游规划布局方案和景区容量控制办法、对旅游生态环境进行评估和保护等方面。旅游卫生环境服务主要体现在自然环境卫生、游览环境卫生、工作人员卫生及餐饮卫生、旅游者卫生行为的管理等方面。旅游社会人文环境服务主要体现在对文物和历史文化景观、特色民俗风情等进行保护、管理，注重旅游活动区域文化氛围的营造，加强地域文化的开发与保护等方面。旅游景观环境服务主要体现在景观的规划设计与当地文化的融合方面。旅游服务氛围主要体现在服务质量与态度、旅游设施的完善与便利、旅游政策与管理的规范性、社会管理与公共服务的高效性以及文化氛围与地方特色的营造等方面。

🔍 本章小结

本章主要围绕旅游目的地服务管理的理论与实践展开，首先从服务的基本概念入手，深入探讨了服务、服务包、服务企业以及服务质量的内涵和特征，并详细分析了服务包的构成要素和服务质量的评价维度。针对旅游服务的特定领域，阐述了旅游服务的定义、构成，并探讨了旅游目的地服务的概念、构成和特征，以及影响旅游目的地服务的关键因素。详细讨论了旅游目的地核心服务体系，包括食、住、行、游、购、娱等六大要素，并分析了这些服务的管理和优化策略。同时，也探讨了旅游目的地保障服务体系，包括信息、安全、交通、设施、行政、环境等服务体系的服务内容与发展策略。本章强调了从旅游需求的视角对旅游目的地服务体系进行统筹安排和优化布局的重要性，并指出了基于服务质量测评方法和指标体系设计问卷调查旅游服务质量的实践意义。

🔍 即测即练　　🔍 拓展阅读

🔍 思考题

1. 服务包的构成要素有哪些？

2. 服务企业有哪些运营特征？

3. 简述旅游服务的构成。

4. 简述旅游目的地服务的构成、特征及其影响因素。

5. 简述旅游目的地核心服务体系的构成、特征及其管理策略。

6. 简述旅游目的地保障服务体系的构成。

7. 在信息化时代下，旅游目的地保障服务体系的服务内容和服务方式应该如何转变？

第五章 旅游目的地形象管理

学习目标

1. 了解旅游目的地形象的概念。

2. 熟悉旅游目的地形象的形成过程。

3. 掌握旅游目的地形象的主要特征以及旅游目的地形象策划程序与方法。

能力目标

1. 了解旅游目的地形象内涵的基本认识及研究意义。

2. 熟悉旅游目的地形象的形成及结构，可以据此对旅游目的地形象进行具体分析，进而推动旅游目的地的发展。

3. 掌握旅游目的地形象的主要特征，能够按照旅游目的地形象策划的基本程序，用科学、有效的方法使旅游目的地形成有口皆碑的鲜明形象。

思政目标

学生通过对本章的学习，在加深对旅游目的地形象认识和理解的基础上，进一步了解"美丽中国"战略目标、"绿水青山就是金山银山""十四五"旅游业发展规划等国家方针政策，更为深切地感受到在新时代背景下，旅游目的地形象建设和管理给旅游目的地发展带来的积极效应，为"美丽中国"建设助力。

🔍 思维导图

```
                          ┌─────────────────┐   ┌─────────────────────┐
                          │ 旅游目的地形象的 ├───┤ 国外概念            │
                          │ 内涵与概念      │   ├─────────────────────┤
                          │                 ├───┤ 国内概念            │
                          │                 │   ├─────────────────────┤
                          │                 ├───┤ 旅游目的地形象内涵的基本认识 │
                          └─────────────────┘   └─────────────────────┘
                          ┌─────────────────┐   ┌─────────────────────┐
 ┌───────────┐            │ 旅游目的地形象的结├───┤ 旅游目的地形象的形成与结构 │
 │ 旅游目的地 │            │ 构、特征及研究意义│   ├─────────────────────┤
 │ 形象管理   ├────────────┤                 ├───┤ 旅游目的地形象的主要特征 │
 └───────────┘            │                 │   ├─────────────────────┤
                          │                 ├───┤ 旅游目的地形象的研究意义 │
                          └─────────────────┘   └─────────────────────┘
                          ┌─────────────────┐   ┌─────────────────────┐
                          │ 旅游目的地形象策划├───┤ CIS理论与形象策划   │
                          │                 │   ├─────────────────────┤
                          │                 ├───┤ 旅游目的地形象策划的程序与方法 │
                          └─────────────────┘   └─────────────────────┘
```

🔍 导入案例

新疆积极推动旅游目的地形象升级　全面促进旅游活力释放

2020 年，新疆维吾尔自治区文化和旅游厅发起"世界之美　尽在新疆"互联网营销活动及"情定新疆"高端旅拍事件营销活动。一方面，全方位展示新疆世界级旅游资源，构建新疆"世界级旅游目的地"的新形象；另一方面，重点挖掘旅拍市场，把新疆打造为中国新一代高端旅拍目的地。

构建世界级旅游目的地新形象

为更好地展示新疆世界级的旅游资源，新疆维吾尔自治区文化和旅游厅甄选了包括塔克拉玛干沙漠、阿尔泰山、赛里木湖等在内的 14 个媲美世界景观的打卡地，制作了 14 张"在新疆，遇见最美……"系列海报。

新疆维吾尔自治区文化和旅游厅推出"世界之美　尽在新疆"主题创意宣传视频，为用户动态化、立体化展示新疆的旅游资源，并通过微信朋友圈进行了广告投放，覆盖新疆本地，以及北京、上海、广州、深圳、天津、成都、重庆、西宁、酒泉、银川、太原、呼和浩特等核心城市，让重点目标客群更好地了解大美新疆，提高用户出行概率。

新疆维吾尔自治区文化和旅游厅邀请《歌声的翅膀》主演及创作人七位艺人，作为 2020 年"世界之美　尽在新疆"新疆文化旅游公益推广人，对新疆旅游进行宣传推广。几位艺人共同发声，借助名人效应，引发更多人关注新疆旅游，引起大众的强烈反响和广泛关注。

深度挖掘市场，树立高端旅拍行业标杆

多元化的自然景观和人文风情，孵化出更多旅拍的可能性。新疆维吾尔自治区文化和旅游厅向广大游客发出"情定新疆"的邀约，邀请游客来新疆体验一次不同凡响的旅拍之旅，还推出 20 个精选的网红旅拍打卡点，"手把手"教游客怎么拍。

新疆维吾尔自治区文化和旅游厅策划打造了一个"情定新疆"旅拍创意宣传视频，通过大片场景，展示新疆壮美的自然景观、特色的地域风情，为游客提供更为直接、极致的视听体验，塑造、传达新疆旅拍胜地形象，激发受众到新疆旅拍的欲望。视频同步在朋友圈进行广告投放，同时也吸引到疆内核心媒体、全国重点媒体及知名旅游达人的报道与转发，将"情定新疆"活动推向高潮。

新疆维吾尔自治区文化和旅游厅在聚焦旅拍产品线路的研发和包装的基础上，推出"情定新疆"伊犁河谷之恋、"情定新疆"阿勒泰纯净童话、"情定新疆"喀什帕米尔之心三条高品质旅拍产品线路，促成产品在 10 家平台上线及售卖，将新疆的旅拍资源变现为实际的流量，真正实现了产品的落地销售转化。

新疆成为黄金周旅游热门目的地

"世界之美 尽在新疆"互联网营销推广活动及"情定新疆"高端旅拍事件营销活动，传播覆盖超过 3.3 亿人次。在游客端，充分展示了新疆世界级旅游资源的魅力，提升了大众对新疆旅游的好感度和向往度；在行业端，树立了新疆高端旅拍市场先行者和创新者的标杆形象，助力新疆高端旅拍市场崛起。

营销活动两步走，有效地激活了周边及全国市场，释放了新疆旅游消费活力，推动了新疆旅游稳步发展。中秋和国庆双节期间，全区累计接待游客 1 535.43 万人次，实现旅游收入 84.13 亿元。

资料来源：新疆维吾尔自治区文化和旅游厅，2020-10-21.

思考题：

1. 在本案例中，哪些举措促进了旅游目的地的发展？

2. 上述举措给你带来了哪些思考与启发？

第一节　旅游目的地形象的内涵与概念

旅游目的地形象（tourism destination image，TDI）最早由 Myao 于 20 世纪 70 年代明确提出，并逐渐成为旅游研究领域的热点话题，其含义较为丰富。

一、国外概念

国外学者对旅游目的地形象内涵的认识大致经历了三个阶段。

（1）最初主要是源自认知视角。Hunt（1971）认为旅游目的地形象是个体或人们对于居住地之外的地方所持有的印象，主要受公众媒介对这个目的地的描述、报道的影响，是纯粹主观的概念。Crompton（1979）从认知层面进一步丰富了 Hunt 对旅游目的地形象的定义，他认为旅游目的地形象是个体对某个旅游目的地的信任（beliefs）、观念（ideas）、印象（impressions）以及期望（expectations）的总和。Gartenr（1986）认为旅游目的地形象是个体对旅游目的地可利用的属性或活动的感知。Embacher 和 Buttle（1989）认为旅游目的地形象是个人或群体对旅游目的地了解后形成的主意或概念。Dadgostar 和 Isotalo（1992）认为旅游目的地是个体对某个旅游目的地的总体印象或态度。Tapachai 和 Waryszak（2000）将旅游目的地形象与旅游者的期望利益和消费价值相联系，概括为旅游者对旅游目的地的感知或印象，包括功能性的、社会性的、经济性的、认知的及旅游目的地有条件的利益。

（2）在认知视角的基础上，一些学者开始将感情视角逐渐纳入对旅游目的地形象的认识上。Fakeye 和 Crompton（1991）认为旅游目的地形象是潜在游客在大量整体印象中选择少数印象的基础上的精神构建发展。Lawson 和 Baud Bovy（1997）则认为旅游目的地形象指的是个体或群体对一个特定的地方的了解、印象、偏见、想象以及情感思维的表达。

（3）Gartner（1993）在前续主观层面对旅游目的地形象定义界定的基础上进行了更深入的研究，指出旅游目的地形象的发展通过认知、感情、意动三个等级相互关联组成，旅游者实地游览会对这三部分进行验证和再评估。Danaher（1996）也持有相同的观点，他指出要从认知、情感和意动三个角度全面理解旅游目的地形象的含义。Tasci，Gartner 和 Cavusgil（2007a）认为旅游目的地形象指的是由旅游目的地的思维、观念、情感、视角和意愿形成的交互系统，并强调其在评价旅游目的地营销成功与否过程中所起到的重要作用，指出学界广泛认同旅游目的地形象是衡量旅游目的地发展的一项重要指标。

二、国内概念

我国对旅游目的地形象的研究可追溯至 20 世纪 80 年代，彼时企业形象识别系统（CIS）方兴未艾，新观念的引入和实践激发了从事旅游研究的经济学家、地理学家、心理学家和社会学家对旅游目的地形象问题的关注与思考。

20 世纪 90 年代初期，王克坚在其主编的《旅游辞典》中将旅游形象定义为"旅游者对某一旅游接待国或地区总体旅游服务的看法"；白祖诚（1993）在北京旅游研讨会上指出"必须研究北京旅游形象的建设这个课题"；金卫东（1995）较早提出了城市旅游形象问题；陈传康（1996）将 CIS 理论引入旅游目的地形象策划中，并在一系列旅游区规划实践中进行了实际应用研究；李蕾蕾撰写的《旅游地形象策划：理论与实务》是我国第一本系统探讨旅游形象的专著，其从认知心理学、人地感应、主客本体结构等角度对旅游形象进行了较为全面的探讨；保继刚（1999）在其专著中提出了与旅游形象类似的"感知环境"的定义，即人们把进行旅游决策时收集到的各种信息摄入脑中形成对环境的整体印象；陆林（2001）从遗产类旅游产品和现代类旅游产品两个侧面探讨了文化学范畴的旅游形象理念识别。

关于旅游目的地形象含义的界定，学界目前暂无公认的定义或概念。

宋章海（2000）认为旅游目的地形象意指人们对旅游目的地总体的、抽象的、概括的认识和评价，是对旅游目的地的历史印象、现实感知和未来信念的一种理性综合。

黄震方和李想（2002）将旅游目的地形象定义为旅游者对旅游目的地了解和体验所产生的印象的总和。

卞显红（2005）认为旅游目的地形象指的是人们对作为旅游目的地的此目的地的总体认识与评价，强调应该把旅游目的地的整体形象放在旅游界面上谈其对旅游的影响，而并非仅指旅游目的地的旅游形象。

高静等（2006）认为旅游目的地形象即旅游者对旅游目的地的感知。

谭红日等（2021）将旅游目的地形象定义为旅游者对某一旅游目的地的综合感知和评价，是提升内在与外在的精神和价值的隐形价值。

张朝枝和陈钢华（2022）认为旅游目的地形象意指由旅游目的地的各种旅游产品（吸引物）和因素交织而成的在旅游者心目中的总体印象。

三、旅游目的地形象内涵的基本认识

根据对旅游目的地形象内涵的不同理解，可以得出以下基本认识。

（1）旅游目的地形象的主体是人。形象的形成体现了人的主观性。旅游目的地形象是人对旅游目的地的认知，也是人对旅游目的地产生的情感反应。旅游活动的参与者赋予了旅游目的地以意义，可以说离开了人便无所谓旅游目的地形象。

（2）旅游目的地形象具有群体的共享性与差异性。旅游目的地形象通过旅游目的地的民俗民风、服务态度、旅游基础设施等诸多特征来体现，同时具有社会和文化属性，使外界对旅游目的地持有较为普遍的大致认知。但同时，由于人的主观性，个体会结合自己在心理层面的认知、所处社会环境的影响等要素对旅游目的地的相关信息进行分析，进而形成不一而同的旅游目的地的总体印象。

综上所述，旅游目的地形象是指旅游者或潜在旅游者对旅游目的地的整体认识和评价，是旅游目的地通过旅游产品（吸引物）和服务呈现在旅游者或潜在旅游者面前的总体印象。

第二节　旅游目的地形象的结构、特征及研究意义

一、旅游目的地形象的形成与结构

旅游目的地形象的形成贯穿旅游者在旅游出发前、过程中和完成后的整个过程。

Fakeye 和 Crompton（1991）将该过程中的形象总结为原生形象、引致形象与复合形象。旅游者在决定出游之前，受已有教育经历和在平时生活中接触到的与旅游目的地相关的各种信息的影响，可能在头脑中已经形成了各个旅游目的地的大致形象，即原生形象。一旦旅游动机触发，旅游者便会有意识地主动收集各可选旅游目的地的信息并进行加工、比较和选择，进而生成此次出游较为明确、具体的预期，即引致形象。旅游者在实地出游过程中，通过旅游目的地的自然、景观、符号等感官要素和旅游目的地服务、氛围及居民社群意识精神等知觉过程要素形成对旅游目的地的实地感知形象，此类形象通常会直接影响旅游者满意度和对出游记忆的形成。旅游完成后，旅游者在原生形象和引致形象的基础上，结合个体实地感知形象对旅游目的地形象进行回顾，进而形成印象深刻的复合形象。

在此基础上，我们可以将旅游目的地形象的结构归纳为认知形象（perceptual/cognitive image）、情感形象（affective image）和总体形象（overall image）三部分。认知形象即个体对客观对象固有的知识和观点。认知形象层面的旅游目的地形象指的是旅游者或潜在旅游者通过对来自旅游目的地信息的处理而形成的对旅游目的地的整体知觉，包括"原生形象"和"引致形象"。情感形象强调个体对客观对象的感受，尤其体现在旅游者出游过程中的感官感知和知觉感知上。认知构成是

情感形象的基础，情感反应源于旅游者对客体的认知和感受。认知要素与情感成分相结合便形成了总体形象。

二、旅游目的地形象的主要特征

（一）复杂性

虽然产品形象研究历史源远流长，但总体而言，形象不仅复杂且难以管理，地域性、吸引性、综合性、动态性这些旅游目的地基本特征作用其上，使得本就内涵丰富的旅游目的地形象变得更为复杂。此外，由于各种各样的信息因子影响着旅游目的地形象，要形成一个理想形象已变得比以往任何时候都困难。

（二）多样性

旅游目的地形象由不同的要素构成，各要素或直接或间接地反映出旅游目的地形象的身份认同。与此同时，各种相互联系的信息中介也共同规定了或抽象或具体的旅游目的地形象。

（三）相对性

形象是指一个人或一个团体对一个特别的地方所可能持有的所有客观知识、印象、偏见、想象与感性思考的表达（Lawson and Baud Bovy，1997）。一方面，旅游目的地形象通常是非常主观的，并往往因人而异；另一方面，在对旅游目的地形象进行审视、评估时，我们往往采取比较的方法，所以对旅游管理者而言，不仅需要关注自身的旅游目的地形象，还要关注那些核心竞争者的旅游目的地形象（Ahmed，1991；Bonn et al.，2005）。

（四）动态性

大多数旅游目的地形象研究都侧重于某个时间点上的形象测量，然而，形象并不是静止的，它往往随时间而变化（Gallarza et al.，2002）。旅游目的地形象随旅游者需求、交通条件、政策导向等因素动态演变，其结构功能亦随之调整，反映时间与空间的多样性。

三、旅游目的地形象的研究意义

随着社会经济的快速发展、生活水平的不断提高、资讯与信息的不断膨胀，我们对生存和生活的认识也在发生着不同程度的变化，从"物质文化需要"逐渐向"美好生活需要"过渡。一方面，人们对消费的需求日益丰富，在消费过程中面临前所未有的选择难题；另一方面，市场上充斥着大量的同质商品和伪劣商品，使人们无奈陷入进退两难的消费窘境。现代社会的繁荣发展将"形象"推上舞台，"形象力"逐渐替代了"商品力"和"销售力"等传统要素在市场中的重要角色，其作为产品、企业和地区发展的核心竞争力将"眼球经济"推向了现代社会蓬勃发展的浪潮中。

作为人们"美好生活需要"中关键一环的旅游业也在社会飞速发展的进程中蓬勃发展着，成为越来越多的国家与地区向好发展的支柱型产业之一。随着我国旅游市场的日益成熟，旅游形式和旅游产品不断丰富，旅游对经济的重要影响越发不言而喻。与此同时，全球化和全球通达性的持续提升使得旅游市场的竞争日趋激烈，供当代旅游者选择、决策的旅游目的地可谓不胜枚举。通常，旅游者需要对不同旅游目的地反复比较，并借助自身对旅游目的地的脑海中的印象——因为他们对这些旅游目的地的认知实际上是非常有限的——来协助完成决策（O'Leary and Deegan，2003）。在此背景下，无论是在业界还是在学界，越来越多的企业家和研究者发现，旅游目的地形象已经成为吸引旅游者的关键因素。旅游者对旅游目的地形象的认知影响着旅游者的旅游决策、目的地选择、主观感知和后续行为，只有树立正确、有效的旅游目的地形象，才能保证稳定的客源和持续的经济活力。同样，形象的推动效应对旅游目的地知名度和美誉度的提升至关重要，切实助力旅游目的地的演进与发展。换言之，旅游目的地的发展已经进入形象主导的阶段。

第三节　旅游目的地形象策划

在体验经济时代，"感受型消费"已经成为颇受消费者青睐的消费模式，"眼睛"与"心灵"的需求成为消费主体，当下社会已然进入形象消费阶段。对于旅游目的地而言，更是如此。旅游者对旅游目的地形象的认知是影响旅游活动的重要因素，只有形象鲜明、真实可信的旅游目的地才会为消费者所认可，进而受到广大旅游者的欢迎。旅游目的地形象策划战略可以充分展现旅游目的地的魅力，提升其知名度和美誉度，使其在激烈的市场竞争中脱颖而出，既赢得了人们的口碑，又带动了地方的发展。

一、CIS 理论与形象策划

我国旅游理论界对旅游目的地形象塑造的关注始于 CIS 理论在区域旅游目的地形象研究方面的引入。CIS（corporate identity system）即"企业形象识别系统"，亦称"企业形象战略""组织识别系统"或"企业识别系统"等，其主张对企业（组织）理念、企业（组织）文化、企业（组织）行为和企业（组织）视觉要素进行统筹设计和策划，强化其传播效果，塑造良好的品牌个性形象，提升其知名度、美誉度和竞争力。

完整的 CIS 一般由 MI（mind identity，理念识别）、BI（behavior identity，行为识别）和 VI（visual identity，视觉识别）三部分组成。其中，MI 是 CIS 的内核和灵魂，也是 CIS 的最高决策层，作为一个组织或企业区别于其他同类的精神形态和定式，所有的行为活动和视觉表现都是围绕着 MI 展开推行的，奠定了整个系统的理论基础和行为准则。BI 是 CIS 的骨骼和肌肉，它以动态识别的形式呈现，通过一系列有目的的活动（包括对内的组织管理、教育规范，对外的公共关系、营销活动、文化活动等）直接反映企业（组织）理念的个性和特殊性，实现企业（组织）的使命和目标。相较于动态的 BI，VI 相当于一种静态的识别模式，通过图案、色彩以及声像文字等具体的视觉传达设计来表达理念，给人们留下深刻的视觉印象，在整个系统中最具传播力和感染力。VI 包括基本要素（企业名称、企业标志、标准字、标准色、宣传口语、企业造型等）和应用要素（办公事务用品、生产设备、产品包装、广告媒体、交通工具、服装、旗帜、招牌等）。

CIS 通常根据企业（组织）特有的个性和内涵来策划、设计形象要素，为其所专有，使之与其他企业（组织）区别开来。CIS 强调形象的序列化和整体性，将企业（组织）所有的形象要素有机整合，并按照一定的标准和规范形成系列，使其形象表里一致、协调统一，从而具有更为强烈的感染力和渗透力。可以说，注重对企业（组织）的理念、行为和视觉等要素进行统筹设计和策划，塑造良好的品牌个性形象，提高竞争实力的 CIS 在某种程度上适用于所有的组织形象策划，这就涉及应用在旅游目的地的发展中。

二、旅游目的地形象策划的程序与方法

（一）旅游目的地形象调研

社会经济的飞速发展意味着市场每时每刻都在进行更迭变化，增长的空间越

发狭小，消费者的需求越发灵活多样，旅游市场占有率的竞争越发激烈，产品的不断迭代使企业不得不重视其投入产出比。在此背景下，对旅游目的地形象策划的市场调研尤为重要。

　　旅游目的地形象调研的内容十分广泛，方法也较为丰富。一般来说，由于调研目的的不同，调研内容和方法也会有所不同。通常旅游目的地形象调研的内容主要包括三个方面：①旅游目的地形象客体的实态调研，由于人的主观性和客观环境等因素的影响，旅游者对旅游目的地的了解程度和喜爱程度各不相同，具体体现在旅游目的地的知名度和美誉度等方面。②旅游目的地形象本体构成要素的调研，这里主要指的是认知层面的影响，即已经形成的各种与旅游目的地形象相对应的感知要素，其既包括视觉性的、听觉性等具体的实体要素，也包括符号性的、需要人进一步感知的抽象要素。③旅游目的地形象主体的信息来源调研，即旅游者和潜在旅游者对旅游目的地形象形成过程中的各种信息来源，包括获取信息的渠道和传播的媒介等，在信息喷发的当下，信息的作用不可小觑。

　　常见的旅游目的地形象调研的方法有知名度 – 美誉度矩阵[①]、期望 – 实绩模型[②] 和开放式问卷调查等，其中开放式问卷调查法最为普遍。开放式问卷调查又称无结构型问卷调查，由问卷设计者提供问题，问卷项目的设置和安排没有严格的结构形式，被调查者可以自行构思、自由发挥，根据自己的意愿发表意见和观点。

（二）旅游目的地形象定位

1. 旅游目的地形象定位的主要影响因子

　　旅游目的地形象定位主要受旅游者、旅游目的地和信息三方面的影响。

　　（1）旅游者。旅游者一般包括个体和群体两个层面。个体层面主要包括心理特征和社会统计学特征；群体层面主要指的是旅游者的相互影响、主客关系影响和旅游地其他人员的影响。

　　（2）旅游目的地。旅游目的地主要包括旅游目的地自身的状况、旅游目的地间的形象遮蔽效应和客源地与旅游目的地之间的距离三个层面。旅游目的地自身的状况即其在地脉、文脉等方面的特征，既包括旅游资源、设施服务、自

---

① 陈钢华，孙九霞. 现代旅游消费者行为学 [M]. 广州：中山大学出版社，2019.

② OLIVER R L. A cognitive model of the antecedents and consequences of satisfaction decisions[J]. Journal of marketing research，1980，17（4）：460–469.

然文化环境和政治经济因素，又意指其整体特征，是旅游目的地综合性的表现。旅游目的地间的形象遮蔽效应是指在旅游市场激烈的竞争中，处于相邻区位、相似地理空间或同一文化传统影响下的目的地在形象、资源、营销和管理等方面彼此之间有可能存在一定的可替代性，从而模糊或混淆目的地形象，阻碍或延缓目的地发展。目的地只有在充分了解自身和替代性竞争对手状况的基础上，有效实施形象差别化战略，构建区别于替代性竞争对手的旅游目的地形象，才能在旅游者心目中留下深刻、鲜明的印象，进而提升其在旅游市场中的吸引力、竞争力和影响力。客源地与目的地之间的距离主要包括精神文化距离和时空距离。具体而言，精神文化距离指的是旅游者感知的主客间文化距离及精神距离。文化具有相似与相异双重属性，一定限度内的相似会让主客双方感到熟悉、亲切，一定范围内的相异则会使主客双方感到新鲜、刺激。受主观性影响，旅游者选择的观看视角不同，对目的地的既有认知也不相同，其所生成的精神距离会进一步影响目的地形象的塑造与形成。时空距离即旅游目的地与客源地之间的时间距离和空间距离。目的地的可进入性是时间距离的主要体现，空间距离则主要表现为旅游者对目的地形象的认知随距离变化而不同。通常来说，距离越远，人们对其认知水平越低、越片面；相反，距离越近，人们对其认知水平越高、越全面、越真实。但于旅游者而言，情况恰恰相反，距离的增长模糊了旅游者的理性认知，难以实地感知的暂时性限制激发了旅游者的想象力，遥远的地方也因其遥远、陌生而变得魅力无穷。

（3）信息。旅游目的地形象的有效传播是实现其意义的关键，旅游者对信息的收集、驾驭、过滤、筛选及处理是影响目的地形象的重要因素。此外，信息不仅包括教育、家庭和经历等个人信息，还包括人际、公共传媒、舆论口碑等公众信息，也包括宣传手册、广告促销等商业渠道的信息。旅游者往往通过对其掌握信息的最终处理形成对目的地形象的整体感知。

2. 旅游目的地形象定位的方法

（1）领先定位。依托目的地独一无二、不可替代的事物或特色试图占据旅游者心中目的地形象阶梯首位并树立领先的形象。这种方法主要适用于具有垄断性旅游资源的目的地，实际应用范围较为有限。

（2）比附定位。"避开第一，守住第二"是比附定位法的核心，通过与占据旅游者心目中第一位的目的地形象相比附，避免与其正面交锋，确定第二位的形象和地位。例如，因城内水道纵横交错曾被定位为"东方威尼斯"的苏州，就是利用了威尼斯在旅游者心中树立的良好的水城度假胜地的形象。

（3）逆向定位。利用旅游者心目中排名前列的目的地形象引起旅游者的关注，并对其对立面或反面进行宣传，进而开辟出可以让旅游者普遍接受的新的目的地形象阶梯，在旅游目的地形象市场竞争中占有一席之地。

（4）空隙定位。完全脱离原有的目的地形象阶梯，以填补旅游者心目中的空隙为目的，打造出全新的形象阶梯并占据该形象阶梯的第一位。

（5）重新定位。旅游目的地的发展会因为其生命周期、人为干预或不可抗力等因素失去在旅游者心目中已经建立的稳定形象，以新代旧可以促使目的地尽早适应旅游发展的新需要。

（三）旅游目的地形象设计

1. 旅游目的地形象口号设计

旅游目的地形象口号是旅游目的地核心理念的生动表达，寥寥数语间蕴藏丰富的内涵，以通俗易懂的方式勾勒出目的地形象的核心理念。

全面调研目的地情况进而明确目的地发展方向是进行旅游目的地形象口号设计的基础，主题诉求的挖掘与明晰则是其中之关键。旅游目的地形象口号设计的主题诉求可以大致分为资源文化诉求、情感认知诉求和综合整体诉求。

（1）资源文化诉求。旅游资源是目的地发展旅游的基石，文化赋予资源以灵魂。资源文化诉求强调对山水人文景观的诠释和对历史文化情怀的表达。

（2）情感认知诉求。根据马斯洛需求层次理论，人的需求不只限于生理和生存，人还有友情、爱情、亲情等情感诉求。目的地可以借此进行主题定位，进而满足旅游者的内心需要，激发其出游动机，引发其情感共鸣，提升目的地在旅游者心目中的形象和地位。

（3）综合整体诉求。随着社会的快速发展，目的地不断演进，其所承载的内涵也在持续丰富，目的地尤其是一些大都市的综合属性越发凸显。整体性强的主题词虽然较为抽象，但意旨广泛，体现了更为突出的包容性，而包容性恰恰是当下部分旅游者的迫切诉求。

在进行旅游目的地形象口号设计的过程中，要始终遵循以下原则。

（1）集中优势。旅游目的地形象口号是目的地地脉、文脉等地方性特征的精辟表达，地方性特征内容多元、层次丰富，若将这些特征一一罗列，虽面面俱到，但会散失其亮点，无法让旅游者产生好奇和关注，难以形成竞争比较优势。所以在进行口号设计时，一定要集中凸显目的地形象的主要优势，形成聚焦效应，进而在旅游者心目中留下深刻印象。

（2）把握整体。旅游目的地形象口号可以设计一系列不同的方案，但必须具有时空统一性，紧紧把握住目的地形象主题，以目的地整体形象为中心进行统筹规划，不断加强旅游者对目的地形象的认知。

（3）凸显个性。口号是目的地定位的载体，应该以精辟、生动的语言凸显旅游目的地的个性，这点在市场同质化日趋严重的背景下越发重要，旅游目的地形象口号一定要别具一格、画龙点睛。有的放矢是个性凸显的另一种表现，即目的地形象口号的设计要有针对性，既要能够反映旅游市场需求的热点，又要考虑到客源市场的不同需求。

（4）与时俱进。目的地形象口号要有时代的气息，紧扣时代发展要求，在内容上要紧跟旅游发展趋势，把握需求市场变化的脉搏，对旅游目的地形象定位作出相应的更新，从而实现有效沟通。

（5）引人入胜。旅游目的地形象口号要具有较强的艺术性和感召力，实现有效传播。艺术性一方面要求语言简洁且富有寓意，运用简洁通俗的语言高度浓缩旅游地的特质，传递内涵丰富的寓意，激发旅游者的好奇心和想象力。另一方面则表现在其表现形式的多样上，通过不同的句式、语音、辞格等表现手法让旅游者回味无穷。感召力通常以旅游者的情感需求为基石，运用"感性"的语言，以情动人，引起旅游者的情感共鸣，化冲动为实践。

2. 旅游目的地形象标识设计

视觉是人类最主要的感官之一，人类接收外界的信息85%的外在表现形式，更容易为大众所接受。对旅游目的地形象设计而言，标识主要包括旅游目的地形象标志和吉祥物。

标志作为目的地形象的载体可以帮助目的地获得较高辨识度，创造出目的地的直观印象，是形象设计的核心，也是目的地精神理念的符号化表达。标志设计能够体现目的地的"别具一格"，具有很强的象征性和识别性。在设计时，既要考虑到目的地的地脉、文脉特征，又要考虑目的地居民特征和旅游者诉求，通过对标准字、标准色、标准图案和辅助图案等设计元素由具象到抽象的处理，传播目的地形象。目的地形象标准字可以加强人们对目的地的识别，标准色是展现给旅游者和当地居民首要的城市视觉要素之一，充分体现目的地形象的理念和文化，标准图案和辅助图案则是目的地视觉识别系统各个要素的延伸，可以较为灵活地丰富目的地形象。

吉祥物素有"幸运之神"的美誉，承载着福寿安康、平安喜乐、好运吉祥等文化内涵，深受人们的推崇和欢迎。吉祥物兼具情感互动和生命力特征，拙中藏巧、朴中显美，具有较强的符号性和象征性，传播范围广、宣传效果好。对旅游目的地形象而言，吉祥物运用人物、器物、动植物等形象，以借喻、比拟、双关及谐音等表现手法使人感到可爱、纯真，拉近主客距离，增添城市的亲和力和生命力，实现旅游目的地形象的有效传播。

3. 旅游目的地形象广告设计

旅游目的地形象广告是人们了解目的地的重要窗口，是传播目的地形象的主要工具，通过引导、刺激、创造旅游者消费需求提升目的地的竞争力和影响力。在进行旅游目的地形象广告设计的过程中，应该遵循以下原则。

（1）形象生动，富有创意。一则优秀的广告在设计时往往通过生动形象的语言、扣人心弦的情节和引人入胜的画面激发人们的想象力，在旅游者心中树立起鲜明的目的地形象。在强调形象生动的同时，还应注意到旅游者对新奇的渴求，不能因循守旧、墨守成规，只有在信息内容和表现形式上不断完善、推陈出新，才能够抓住旅游者的眼球。

（2）主题突出，内容真实。主题是广告的灵魂，贯穿整个设计过程。旅游目的地形象广告的主题必须能够反映目的地的特征和优势，实现目的地旅游发展的目标。真实性是广告的生命线，只有内容真实、实事求是，目的地才有机会获得旅游者信任，形成良好的口碑，切勿只顾效果、夸大其词欺骗旅游者。

（3）言简意赅，便于传播。一般来说，语句简洁、朗朗上口的广告词更容易在人们心中留下深刻印象，得到更为广泛的传播。

此外，在进行旅游目的地形象广告设计时，还应考虑到广告的公共性价值。从本质上讲，旅游目的地形象广告是针对本地公共性资源展开的营销活动，一般由地方政府所主导。广告的受众看似只有旅游者，为旅游者提供了多种选择，使他们的旅游活动充满了无限可能，但因其所表现的更多是颇具地方性的旅游资源，当地居民便自然成为最直接的受益群体。旅游目的地形象的传播不仅可以给经济带来实惠，还能够增强当地居民的凝聚力和自豪感。

本章小结

当下社会已经进入形象消费的阶段，毋庸置疑，生动鲜明的旅游目的地形象是使目的地在越发激烈的旅游发展竞争中脱颖而出的关键。旅游目的地形象内涵丰富，国内外学界对其概念的界定暂未达成共识，但就旅游目的地形象的主体是人且具有群体的共享性与差异性这一观点基本达成了共识。本书中的旅游目的地形象指的是旅游者或潜在旅游者对旅游目的地的整体认识和评价，是目的地通过旅游产品（吸引物）和服务呈现在旅游者或潜在旅游者面前的总体印象。

旅游目的地形象的形成贯穿旅游者在旅游出发前、过程中和完成后的整个过程，并由认知形象、情感形象和总体形象三部分构成。复杂性、多样性、相对性和动态性是旅游目的地形象的主要特征，影响着旅游者的旅游决策、目的地选择、主观感知、后续行为及目的地的发展。

旅游目的地形象调研、定位与设计共同构成了旅游目的地形象策划的基本程序。其中旅游目的地形象调研的内容一般包括目的地形象客体的实态调研、本体构成要素的调研和主体的信息来源调研；其定位主要受旅游者、旅游地和信息三方面影响，常用方法有领先定位法、比附定位法、逆向定位法、空隙定位法和重新定位法；口号设计、标识设计和广告设计是旅游目的地形象设计的主要着力点。

即测即练

拓展阅读

思考题

1. 试述旅游目的地形象内涵的基本认识。

2. 旅游目的地形象的主要特征有哪些？其具体体现在哪些方面？

3. 如何进行旅游目的地形象策划？

4. 在设计旅游目的地形象口号的过程中，要始终遵循哪些基本原则？

第六章　旅游目的地营销

学习目标

1. 了解旅游目的地营销的内涵、特点和营销参与主体；旅游目的地营销绩效评价依据和影响因素。

2. 熟悉品牌化的内涵、运作流程和品牌识别系统的设计。

3. 掌握旅游目的地市场细分的内涵、划分指标、营销策略及目的地市场选择的影响因素。

能力目标

1. 了解旅游目的地营销绩效的评价指标体系和影响因素，能够初步对旅游目的地营销绩效进行分析。

2. 熟悉品牌建设的特点，通过对典型旅游目的地品牌的分析，能够熟练地设计旅游目的地品牌识别系统。

3. 掌握并学会运用旅游目标市场细分依据，具备选择目标市场和制定相适应的营销策略的能力。

思政目标

1. 了解旅游目的地营销对旅游目的地的正面影响和负面影响，培养学生正确的认识论和方法论。

2. 熟悉旅游目的地品牌识别系统的特征和制作方式，提高学生对区域文化的识别与传承能力。

3. 掌握旅游目的地目标市场的营销策略，培养学生因地制宜、求真务实和开拓进取的精神。

思维导图

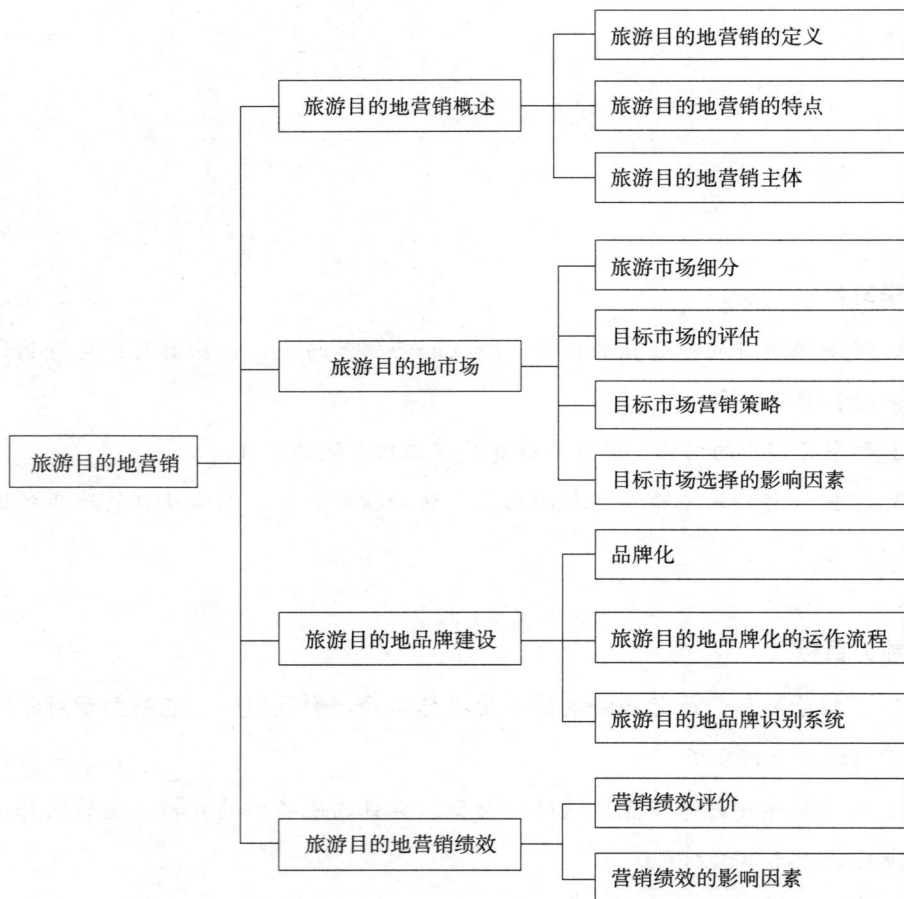

导入案例

新加坡圣淘沙家庭度假目的地

新加坡圣淘沙作为家庭度假目的地而闻名世界。圣淘沙名胜世界集吃喝玩乐购及住宿于一身，无论是年轻时尚的人独自游玩，还是全家出游、企业晚会，都可以在这里进行。圣淘沙是云顶新加坡耗资 65.9 亿新元（300 多亿元人民币）兴建发展的项目，坐落于圣淘沙岛，闻名世界。它的占地面积约为 49 公顷，是一个综合性的度假城。圣淘沙拥有东南亚首个环球影城主题乐园、新加坡海事博物馆及水族馆、多家风格迥异的度假酒店、名胜世界会议中心和多家名厨餐厅及时尚零售店等。

新加坡圣淘沙是新加坡南部的近岸离岛，它是一座世界级的城市型海岛度假区，主要以娱乐休闲度假综合体为爆发点。"圣淘沙"在马来文里的意思是"和平安宁"，圣淘沙最开始只是一个在第二次世界大战时被英国作为军事基地的小渔村。20 世纪 70 年代，新加坡政府才想要将原本的军事基地转型为商业区，逐步成为现在的旅游胜地。

圣淘沙不仅有海洋、沙滩这样的休闲场所，也有历史遗迹、博物馆这样的文化场所，同时还有会议厅这样的办公场所，可以说它是世界上最著名、涉及方面最广的度假海岛。

圣淘沙的植被是它作为一流景区的优势，植被以天然林为主，其绿化率达到80%。随着时间的推移，这里已经形成了稳定的群落，这些群落主要分布在岛的中部地区。

政府根据天然的植被优势来进行旅游开发，所以政府在中部地区的开发以占地面积少、建设规模小的服务设施和具有游览内容的开发项目为主。不仅如此，在整座岛屿的中心部分，还有着两个国际锦标赛级别的高尔夫球场，分别是北部的色拉逢高尔夫球场和南部的丹戎高尔夫球场，它们大约占据全岛 1/3 的土地。像大型停车场、酒店、度假村、圣淘沙接待中心和游客离境中心等这样的占地面积大、规模大的建设项目，则主要布局在岛屿的周边，因此整座岛就具有"中部留白，周边密集"的一个特征。这样的布局使游览动线呈现"由外向内伸入"的态势。这样的布局把逗留人数多的景区放在外围，不仅对交通有利，而且便于人流疏散，使游客有更好的旅游体验，同时也更加便于对生态的保护。

资料来源：旅游目的地营销案例分析。

思考题：

1. 新加坡圣淘沙在选择目标旅游市场时的主要影响因素有哪些？

2. 新加坡圣淘沙旅游营销中的不同利益主体间的关系有哪些？

　　旅游目的地是旅游产品的集合体，旅游目的地在某一主题下发掘和组合旅游产品，确定客源市场，塑造旅游目的地整体形象，从而增强旅游目的地的综合竞争力。随着旅游产业的发展，旅游已从旅游资源的竞争发展到旅游产品的竞争，并向旅游目的地品牌 IP 快速推进，旅游目的地营销已经成为旅游目的地发展和管理的重要环节。

第一节　旅游目的地营销概述

一、旅游目的地营销的定义

　　国内外学者根据旅游目的地的发展阶段和制度背景不同，对旅游目的地营销的概念认识也有不同的切入点。

　　从目标市场角度看，伦德伯格（Lundberg）认为目标市场在旅游目的地营销方面具有非常重要的地位，表现在：确定目的地能够向目标市场提供的产品及其总体形象；确定对该目的地具有出游力的目标市场；确定能够使目标市场信任并抵达目的地的最佳途径。

　　从旅游目的地的市场与旅游产品相互作用的角度看，吴必虎（2001）认为除了第一市场营销、第二市场营销和机会市场营销，还应包括建立目的地产品与这些市场的关联系统，保持并增加目的地所占市场份额。

　　从旅游目的地形象角度看，赵西萍（2002）认为旅游目的地营销就是要提升旅游目的地的价值和形象，使潜在旅游者充分意识到该地区与众不同的优势；开发有吸引力的旅游产品，宣传、促销整个地区的产品和服务，以刺激来访者的消费行为，提高其在该旅游目的地中的消费额。

　　从消费者角度看，王国新（2006）认为应在确定的目标市场上，通过传播、提升、组合目的地的关键因素，改变消费者的感知，建立目的地形象，提高旅游消费者满意度，进而影响到消费者行为，达到开发市场需求、开拓旅游市场的目的。舒伯阳（2006）认为旅游目的地营销作为目的地全面吸引游客注意力的工程，基本理念是产品营销向综合营销跨越，营销运作机制从分散的个别营销向整合营销传播提升。

　　从旅游业主体角度看，袁新华（2006）认为旅游目的地营销是以旅游目的地的区域为营销主体，代表区域内各种相关机构、所有旅游企业和全体从业人员，以一个旅游目的地的整体形象加入旅游市场激烈的竞争中，并以不同方式和手段传播旅游信息，制造兴奋点，展示新形象，增强吸引力，引发消费者注意力和兴奋点的全过程。

邹统钎（2017）将旅游目的地营销概括为向旅游者提供旅游目的地相关信息，突出旅游目的地形象，并打造景区吸引物；通过向潜在群体和目标群体进行营销从而吸引其注意力，诱发其对旅游目的地的向往，进而产生旅游消费。

综上所述，旅游目的地营销是以旅游目的地所在区域为载体、以本地的旅游产品为吸引物，旅游目的地组织通过树立高质量的品牌形象和价值向目标市场营销，吸引和刺激旅游者前往旅游目的地产生主动性的消费行为。这一概念包含以下几个基本要素。

（1）旅游目的地营销的主体是组织，这里的组织是区域性或跨区域性的旅游组织，不仅包括旅游目的地的政府部门，还包括旅游企业等多主体。

（2）旅游目的地营销的客体是旅游市场，其包含旅游客源地市场和旅游目的地市场。旅游客源地市场是指旅游产品的经常购买者和潜在购买者所在区域；旅游目的地市场是指旅游业中的景点及吃、住、行、游、购、娱等相关配套设施，通过旅游目的地产品开发和形象塑造，来拓展市场范围，建立市场关联，提高自身的市场竞争力。

（3）旅游形象和品牌是旅游目的地的主要营销手段。旅游目的地组织的任务一方面是塑造区域独特的旅游形象和品牌，另一方面是协调本地区旅游企业、旅游产品等方面的营销活动。

二、旅游目的地营销的特点

（一）多元化的营销组织

旅游目的地营销主体一般是政府组织，还包括部分旅游企业，它们把旅游目的地的各种旅游要素综合起来，通过独特、积极的形象塑造营销目的地。但是由于营销内容的综合性、市场的复杂性，旅游企业和当地居民在营销中起到积极作用。这主要体现在旅游企业的优质服务和当地居民的友好性会形成良好的目的地口碑形象上，结合政府组织的营销活动，能够形成不同层面的"关系营销"和"整合营销"。

（二）综合性的营销内容

旅游目的地营销是一项多目标活动，包括：向旅游者提供准确、及时的信息；

树立鲜明的目的地特色形象，并以有效的手段和途径实现向目标市场的传播；为当地居民和企业以及其他利益相关者提供便利；提高目的地居民的自豪感；在目标市场中促销旅游吸引物等。

（三）数字化新媒体的营销渠道

随着数字化时代的发展，与旅游目的地传统的线下营销相比较，数字化新媒体具有互动性、个性化、全方位数字化等特点，利用物联网、大数据、云计算等技术整合线上资源与线下资源，使以之为依托的旅游目的地营销不再局限于促销，而是可以涵盖更多的营销要素、承担更多的营销任务。旅游目的地营销可以从新媒体上收集丰富的旅游市场信息，如旅游者发表的游记、旅游攻略、旅游点评，通过手机空间定位获取的旅游客流数量和构成。根据这些信息，旅游目的地营销决策者可以优化旅游产品设计、更新旅游目的地形象、改进旅游目的地管理、优化旅游产品销售渠道、提高旅游目的地营销的针对性。

新媒体对旅游目的地营销的影响，不仅包括传播旅游目的地的形象广告、发布价格信息、旅游事件营销和危机公关，还包括旅游产品网上展示、在线虚拟旅游、借助网络社交媒体的人员推销等方面，从而激发旅游需求转化为旅游消费。

（四）多利益相关者参与

旅游目的地营销多为利益相关者参与的活动，包含政府旅游组织、旅游企业、行业组织、目的地居民等，并且利益相关者之间关系复杂。目的地营销组织在开展营销活动时，需要协调各方利益，平衡各利益相关者目标及目的地资源的可持续性关系。

通过分析发现，旅游目的地营销不仅是吸引更多的旅游者来旅游目的地访问，以此手段来增加目的地收益的简单的促销工具，而且是实现区域发展目标、使旅游供给合理化以实现目的地战略发展目标的途径。与此同时，其还具有提升旅游目的地形象、拓展旅游客源市场等长远效应。

三、旅游目的地营销主体

在不同的旅游目的地营销主体的主导下，旅游目的地在营销理念、营销方式和营销机制方面有着很大的区别，这对于旅游目的地营销模式的选择有较大的参考作用。

旅游目的地发展水平、区域尺度范围与行政界线等都有所不同，其营销活动的规模和层次也不同。可依据旅游目的地营销组织的性质将其进一步划分为旅游主管部门、旅游企业和多元化的旅游营销主体三个类型。

（一）以旅游主管部门为主体的政府部门

一般情况下，不同级次的旅游组织分别对应各自管辖范围内的目的地营销活动。旅游目的地营销一般由区域旅游组织进行，在一些采取行政主导型旅游发展模式的地区（国家），可能由政府旅游行政管理机构承担旅游目的地营销组织的职责。在我国的旅游目的地营销实践中，政府是旅游目的地宣传的主力军，实行的是一种政府主导型的营销组织体制，目的地层面的旅游营销基本上由政府文化和旅游管理部门即各级文旅厅、局负责完成。章尚正（2005）将之比喻为一种由上至下的"火车头"组织形态。

总而言之，旅游主管部门可以借助行政力量，将内外部资金、信息、人力等各方面资源整合起来，形成一个功能强大的营销平台，一方面对外形成总体形象，通过搭建的旅游信息化平台，以网络的方式向客户、中间商发布信息，并构建电子商务平台；另一方面能有效地加强政府部门与旅游企业之间，以及旅游企业之间的沟通，起到了参与者与组织者的作用。

（二）以旅游企业为主体的非政府部门

依据旅游企业的服务阶段不同，将其进一步划分为以旅游中间商为主体的目的地营销组织和以旅游供应商为主体的目的地营销组织。

1. 以旅游中间商为主体的目的地营销组织

其有两种常见的形式：一种是目的地旅游主管部门或旅游企业与中间商合作开展宣传攻势，将周边存在替代关系的目的地客源吸引到本地；另一种是中间商根据自己在全国或地区的战略布局，将所有目的地区别对待，有重点地对少数几个目的地进行推广。后一种形式尤其值得重视，它避开了来自目的地本身的干扰，完全以中间商自身为营销主体，这与旅游主管部门的目的地营销是有本质区别的。

2. 以旅游供应商为主体的目的地营销组织

作为单个的旅游供应商，基本上不具备旅游目的地营销的能力，但以旅游联合体为主要形式的旅游供应商组合则有能力完成这一工作，并且具有独特的优势。旅游联合体是一个目的地区域内的多家旅游企业，以一定的形式组合而成的合作性松散型组织，常见的有"酒店＋旅行社＋景区"，"酒店＋景区＋航空公司＋旅行社"等形式，多半是整合旅游资源，实现产品优势互补、分工互补、客源共享、降低沟通成本，增强联合体成员企业的整体市场竞争力。

（三）多元化的旅游营销主体

由于政府负责的单一主体营销模式存在一定的弊端，研究者强调旅游目的地营销中公共部门与私人部门之间合作关系的重要性，并分析了主要利益相关群体在目的地营销中的地位和作用。高静（2007）认为，目的地多元化营销主体包括政府旅游管理部门、各类旅游企业、旅游行业组织以及专业旅游营销机构。其中，政府旅游管理部门在主体多元化的旅游目的地营销中扮演领导者和召集者的角色，负责制订目的地营销战略和计划，发起、协调、维护各类营销主体之间的合作关系；各类旅游企业则负责实施具体的营销计划和营销活动，发挥旅游目的地营销主体的作用；旅游行业组织是联结政府与企业的桥梁。熊元斌（2010）认为，区域旅游公共营销的主体是多元化的目的地利益相关者群体。其中，政府是核心主体，发挥领导作用；旅游企业和旅游行业协会是基本主体；当地居民、媒体等其他利益相关者是补充主体。梅楠（2010）认为，一个完整的旅游目的地联合营销网络的主体包括拥有本地区旅游资源的企业、本地区政府与行业协会、第三方推广与传播机构、旅游服务销售商以及互补旅游目的地的政府与主导企业。其中，拥有本地区旅游资源的企业是资源的拥有与构建者，本地区政府与行业协会是主体效用的整合者，第三方推广与传播机构是信息传播者，旅游服务销售商则是价值创造者与分配者，互补旅游目的地的政府与主导企业是协同效用的提供者。

第二节　旅游目的地市场

市场起源于交换，是社会生产和社会分工的产物。人类学家布罗尼斯拉夫·马林诺夫斯基在《西太平洋上的航海者》一书中介绍了一种称为"库拉"的礼仪性赠与交换系统，这种原始的交换系统是一种带有义务性的文化行为，具有强制性的契约性质，它主要用来满足传统经济生活的正常运转需求，兼有交往、游乐与风俗活动的功能。随着交换频率的增加和交换场所的固定，市场得以凸显。随着社会生产和分工的不断发展，市场的概念内涵变得愈加丰富。林南枝（2000）认为市场有狭义与广义之分，狭义的市场是指商品交换的场所，而广义的市场体现为影响、促进商品交换的一切机构、部门与买卖双方的关系。Kotler（2001）认为经济学家用市场来泛指一个特定产品或某类产品进行交易的卖方和买方的集合。高鸿业（2012）

认为市场指的是从事物品买卖的交易场所或接洽点，本质上是物品买卖双方相互作用并得以决定其交易价格和交易数量的一种组织形式或制度安排。综上所述，从营销学的视角看，卖方构成产业，而买方构成市场，即市场是由某一类产品的现有买者和潜在买者构成的集合。市场主要突出消费者的现实与潜在需求，构成市场的要素包括人口、购买愿望及购买力，这三个要素相互制约、缺一不可，只有当人口多、购买力高、购买动机强时，才能构成现实的理想市场。市场是企业营销活动的出发点和归宿点，发现市场、占领市场是市场营销活动的核心。

旅游市场（tourism market）是一类特殊的市场。不同学科背景的研究者对其的定义存在差异。从经济学视角看，旅游市场源于以旅游者为一方的旅游需求和以旅游经营者为另一方的旅游供给之间的交换。其中，狭义的旅游市场指旅游产品交换的场所，广义的旅游市场指旅游产品交换关系的总和，它涉及旅游目的地、旅游者和旅游经营者。从营销学视角看，旅游市场通常指旅游客源市场，即某一特定旅游产品的购买者和潜在购买者的集合。

一、旅游市场细分

市场细分（market segmentation），通常又称市场分割，是旅游目的地营销中的核心概念之一，19世纪50年代中期由美国著名市场学家温德尔·R. 斯密（Wendell R. Smith）首次提出这一概念。市场细分指营销者根据不同消费者在人员特征、需求、利益追求、购买习惯等方面的差异，将整体消费者市场划分为若干不同消费者群的过程。

自20世纪70年代Cohen（1972）、Plog（1974）、Perreault（1977）等开展旅游市场细分（tourist market segmentation）研究以来，旅游市场细分就备受学界的广泛关注，成为最热门的研究主题之一。旅游市场细分是旅游市场选择和旅游市场定位的前提得到了人们的一致认可，旅游者的欲望、购买实力、地理环境、文化、社会、购买习惯和购买心理特征的不同，决定了旅游者之间的需求存在着广泛的差异。因此，企业可以根据旅游者特点及其需求的差异性，把一个整体市场加以细分，即可以划分为具有不同需求、不同购买行为的购买者群体。

Cohen（1974）认为对旅游动机的调查更容易将旅游理解为一种社会现象和心理现象，并有助于实际管理。旅游动机指影响人们选择旅游目的地的心理因素，通常将这些心理因素称为推动因素。不同的学者对动机指标的选择不同，Goeldner

（2003）将这些指标分为生理方面、文化方面、人际方面和声望方面四类；Pearce（2005）将这些指标分为摆脱枯燥、放松、人际关系、增加知识和自我发展五方面；Jang（2006）认为，推力因素可分为求知、放松和家庭，拉力因素可分为自然和历史环境、成本、设施、安全和可进入性等。相比旅游者人口特征和地域特征两方面的指标，旅游动机和消费行为两方面的指标更能反映旅游者的心理和行为规律，采用这类指标更能有效地预测旅游者的需求，有利于企业经营管理。通过分析发现，影响旅游市场细分的因素很多，可将旅游市场细分的指标归纳为以下四类：人口统计特征（包括年龄、性别、收入、教育、游伴等）、地理因素、消费者心理因素（包括旅游目的、旅游动机、生活方式等）和消费行为（包括观光、消费、购物行为等）。

（一）按人口统计特征进行市场细分

根据描述人口一般特征的人口等级变量，如年龄、性别、收入、职业、教育、宗教、种族或国籍等，将消费者市场划分为不同的消费者群。由于以人口统计特征变量细分市场，人口统计资料较容易获得，比以其他变量细分市场更容易衡量，因此，该标准适用范围比较广泛，有助于揭示旅游客源地的人口变化趋势和旅游需求发展动向，许多消费者市场都是按这一标准划分的。

（1）按年龄细分。人们在不同年龄阶段，由于性别、性格、爱好的不同，他们对同种消费品的需求往往存在很大的差别，因此，按年龄变量可对某种产品的消费市场进行细分。Lumsdon（1997）按年龄将旅游市场细分为儿童市场（4~11岁）、青少年市场（11~18岁）、年轻夫妇/团体市场（18~30岁）、老年市场（55岁以上）。

（2）按性别细分。许多商品在用途上就存在较为显著的性别性，而在购买行为、购买动机和购买角色上也存在着差别。

（3）按收入细分。可自由支配收入一般是决定旅游者出游的重要条件之一，但数据很难厘清，所以按旅游者收入水平来衡量。收入水平的不同决定着消费者的购买力和消费习惯。这一般表现为高收入旅游消费者会选择购买高价的较为豪华的旅游产品，低收入旅游消费者一般选择购买大众型的旅游产品，可依据变量的不同将旅游市场划分为高收入旅游市场、中等收入旅游市场、低收入旅游市场等。

（4）按家庭生命周期细分。家庭中家庭成员的年龄、婚姻和子女状况不同，家庭购买力和商品偏好会有差别，主要表现在七个阶段（表6-1）。

表 6-1   家庭生命周期不同阶段的购买力和商品偏好

阶段名称	主要特点
单身阶段	年轻、单身、无经济负担，具有新型消费观念
新婚阶段	年轻夫妻、无子女，经济条件好。对旅游产品的购买力强
满巢阶段 I	年轻夫妻，有 6 岁以下子女，处于家庭用品购买的高峰期，家庭消费多用于购买儿童用品
满巢阶段 II	年轻夫妻，有 6 岁以上未成年子女，经济状况好，购买趋向理性消费，注重档次较高的商品和子女教育投资
满巢阶段 III	年长的夫妇与尚未独立的成年子女同住。经济状况较好，购买旅游产品较冷静和理智
空巢阶段	年长夫妇，子女生活上自立。前期收入较高，购买力达到高峰期，多在医疗保健产品、娱乐及服务性消费上支出增加
孤独余生阶段	单身老人独居，收入锐减。特别注重情感、关注安全保障等

资料来源：刘洋 . 市场营销学 [M]. 杭州：浙江大学出版社，2012.

除了上述四方面，经常用于人口统计特征的变量还有民族、职业、受教育程度、家庭规模、国籍、种族和宗教等。

（二）按地理因素进行市场细分

地理因素包括旅游消费者居住地和旅游目的地的自然特点，如地理区位、人口密度、城市规模与等级等，地理因素易于识别，是旅游目的地市场细分的重要指标。

（1）按洲别、世界大区、国别等划分。世界旅游组织（UNWTO）将国际旅游市场划分为五个大区，分别为欧洲地区、亚太地区、美洲地区、非洲地区和中东地区。

（2）按国内的地理区划和位置划分。按照省、城市划分市场，但有时也会跨行政区域，如我国国内旅游市场方面的环渤海地区旅游市场、粤港澳地区旅游市场、成渝地区旅游市场等。此外，按照地理位置的变量可将旅游市场细分为华北、东北、西南、西北地区或沿海、草原、沙漠、山区等。

（3）按人口密度细分。人口密度影响市场规模的大小，按照人口密度变量可将旅游市场细分为城市、郊区、乡村市场等。

（三）按消费者心理因素进行市场细分

通过分析旅游消费者的人格特点与旅游产品选择之间的关系，进行旅游市场细分。这主要表现在旅游消费者的兴趣偏好、个人观点、信念等方面。结合旅游者人口统计特征进一步划分出不同的旅游市场。这种类型的旅游市场的细分标准通常包括生活方式、人格类型、态度、兴趣、观念、动机等。

（四）按消费行为进行市场细分

采用这种方法对市场进行细分较常用的标准包括购买率、顾客地位及品牌忠诚度等。

（1）购买率。购买率是消费者人群购买旅游目的地旅游产品的频繁程度。依据这一标准，旅游营销者可将消费者市场划分为经常性购买者市场、中等程度购买者市场和偶尔性购买者市场。

（2）顾客地位。顾客地位指的是消费者人群是经常性购买者还是初次购买者，据此进一步将旅游市场划分为经常性购买者市场和初次购买者市场。从观察中发现，多数主要经营观光旅游产品的旅游目的地和组团旅行社，初次购买者往往是主要目标市场，这是因为旅游消费者很少会在短时间内重复购买同一观光旅游产品。

（3）品牌忠诚度。品牌忠诚度是消费者对旅游目的地品牌产生一定的信任、承诺、情感维系，乃至情感依赖而形成。通常需要通过识别旅游者中对其品牌忠诚的顾客有哪些特征，然后向更多具有相似消费特征的潜在旅游消费者开展直接营销。

二、目标市场的评估

目标市场的评估包括选择市场范围、了解市场需求、分析可能存在的细分市场、确定细分市场的依据、为可能存在的细分市场命名、进一步了解各细分市场旅游者的购买行为特征、分析细分市场的规模和潜力。

（一）市场规模和发展潜力

进行市场细分时适度的市场规模有利于达到旅游营销者所期望的销售额和利润，市场细分过于广泛，会增加旅游营销的开支；相反市场细分过于狭窄，不能达到预期的销售额和利润。

旅游营销者针对所划分出来的细分市场，分别分析和评价其销售潜力，并根据各个细分市场销售潜力的大小，对这些细分市场进行排序。从逻辑上来看，市场潜力越大，表明市场占有率越高；市场需求潜力越大，就越值得被选为目标市场。

准确地估计目标市场的发展潜力，正确地选择产品销售的目标市场，做到适销对路。

（二）市场内部吸引力

波特认为，同业竞争者、新加入的竞争者、替代性产品、购买者的力量、供应商这五种力量决定整个市场或任何一个细分市场的长期内部吸引力。若企业仅有市场规模而内部吸引力不足，其旅游营销收益将大打折扣。

（三）旅游组织的经营目标与资源条件

旅游组织所拥有的资源和经营目标应与细分市场的需求相吻合。①若某一旅游细分市场的选择虽然能给旅游组织带来短期的利益，但不利于组织长期目标的实现或偏离旅游组织的发展轨迹，则应慎重考虑；②旅游组织应具备在旅游细分市场上获得成功所需要的资源和能力；③旅游组织应具有市场竞争优势。

三、目标市场营销策略

在旅游目的地市场营销中，可供选择使用的目标市场策略一般分为三种，分别是无差异性目标市场营销策略、差异性目标市场营销策略和集中性目标市场营销策略。

（一）无差异性目标市场营销策略

旅游目的地主体通过营销调研与分析，认为所有旅游消费者对自己的产品或服务有共同的需要而不存在差异，则往往会决定以同样的价格、同样的促销方式和同样的销售渠道，面向所有的旅游消费者开展经营活动。对于将所有的旅游消费者都作为自己的同一目标市场，运用同一套营销组合去吸引和招徕广大旅游消费者的经营策略，视为无差异性目标市场营销策略。

该策略适用于能够大规模生产、品牌质量好，需要广泛的分销渠道的旅游产品，国内外高等级城市作为旅游目的地，大都采用无差异性目标市场营销策略。在旅游企业中，旅游交通业面向所有乘客提供同样的交通代步服务，以同样的票价面向所有消费者提供旅行服务，在这里，旅游交通企业提供的是无差异性目标市场营销策略。

对于旅游目的地来说，选择无差异性目标市场营销策略，有助于降低成本，实现规模效益，增强旅游产品在市场上的竞争力；有助于节省有关市场细分工作的调研和促销开支；有助于树立旅游产品的市场形象。

对于旅游目的地主体来说，选择无差异性目标市场营销策略客观上也会存在不足之处，主要包括：旅游目的地的旅游产品和服务无法满足旅游者消费多样性使用条件；旅游目的地主体中的旅游企业采用同一策略时，则会导致激烈的市场竞争，引发价格战，最终结果是纳什均衡；从旅游目的地供给而言，运用无差异性目标市场营销策略会忽略规模较小的细分市场，丧失可能的市场机会。

（二）差异性目标市场营销策略

在对整体消费者市场进行细分的基础上，将所有细分市场作为自己的目标市场，或者选择其中多个细分市场作为自己的目标市场，针对每个目标市场的需要和特点分别设计相应的产品或服务，并以不同的营销组合方式分别面向各个目标市场人群开展旅游营销，提高旅游目的地在目标市场中的地位，这种目标市场营销策略便是差异性目标市场营销策略。

该策略适用于人力、物力、财力雄厚，资源品位和市场容量适应市场需求，具有相应水平和数量的管理人员的旅游目的地，世界上发达国家的绝大多数旅游目的地和旅游企业采用差异性目标市场营销策略。

差异性目标市场营销策略是相对理想的目标市场营销策略，它的优势包括：有助于适应和满足不同旅游消费者的需要，扩大旅游目的地主体的销售规模、提升品牌吸引力；有针对性地提供服务，有助于促成目标消费者对目的地产品的重复购买，有助于培育顾客忠诚；有助于增强经营者对市场的适应能力和应变能力，减少经营风险；有助于旅游目的地接待设施的充分利用，降低旅游季节性导致的不利影响。

尽管差异性目标市场营销策略广受推崇，但它也存在一些不足之处，反映为旅游营销者要针对不同的目标市场人群分别开展调研，需要有针对性地开发产品，制定不同的营销组合，因而会增加旅游目的地经营者的生产成本和市场营销费用。

（三）集中性目标市场营销策略

一些规模较小的旅游企业，实力较弱、营销能力有限，往往在整体旅游消费者市场中选择一两个具有经营价值且不被同业竞争者所看重的空隙市场作为目标市场，将自己的全部资源和能力集中针对这一两个空隙市场开展专门化经营。这种目标市场营销策略称为集中性目标市场营销策略。

这种策略的优点在于：市场规模较小，有助于旅游营销者了解目标客户的需要，并掌握旅游目标市场的需求变化情况；产品设计相对单一，易于发挥经营者的生产潜力；利于尽快树立旅游品牌形象，获得稳定的投资收益率，降低营销成本和费用。

其缺点也比较明显，体现为目标市场狭窄，一旦该市场人群的需求或旅游者的兴趣发生变化，则会陷入困境，市场风险较大。

四、目标市场选择的影响因素

（一）产品实力

旅游目的地主体的实力雄厚，组织能力和营销能力强，在面向广大旅游消费者市场开展经营活动时，应采用差异性目标市场营销策略。相反，如果企业规模较小、供给能力有限，无力与重量级的竞争者在同一客源市场上抗衡，则可发掘空隙市场，采用集中性目标市场营销策略。

（二）产品特性

根据产品特性和差异程度来制定旅游目的地营销策略，旅游产品在性能、特点等方面差异性不大、变异性小，且购买者对这些旅游产品的差别不太重视，可将上述产品视为同质产品。对于这一类产品宜采用无差异性目标市场营销策略。相反，旅游产品的品类多样化、选择性较强，则一般适宜选择差异性目标市场营销策略或集中性目标市场营销策略。

（三）市场特征

如果旅游消费者对旅游目的地的产品或服务的需求或兴趣基本相同，购买动机差异不大，购买量较大，则适合选择无差异性目标市场营销策略。相反，如果旅游消费者对旅游目的地的产品或服务的需求或兴趣差异较大，则可考虑选择差异性目标市场营销策略。

（四）产品的生命周期

处于投入期和成长期的新产品，市场营销的重点是启发和巩固消费者的偏好，最好实行无差异性目标市场营销策略或针对某一特定子市场实行集中性目标市场营销策略；当产品进入成熟期后，市场竞争激烈，消费者需求日益多样化，可改用差异性目标市场营销策略，以开拓新市场、满足新需求、延长产品生命周期。

（五）竞争者营销策略

如果竞争对手采用无差异性目标市场营销策略，企业则应选择差异性目标市场营销策略，利用差别优势争取主动；如果竞争对手采用差异性目标市场营销策略，企业用无差异性目标市场营销策略将很难与之抗衡，则应在市场细分基础上进一步采用集中性目标市场营销策略或差异性更大的目标市场营销策略。当然，如果旅游目的地企业的实力优于竞争对手，则可采用与之相同的策略，依靠实力去击败对手。

第三节　旅游目的地品牌建设

旅游目的地品牌化是目的地形象建设的目标和核心，只有目的地的形象形成了品牌效应，才能真正实现成功的营销。目的地品牌化的出现，主要是由其所面临的现实市场和营销环境所驱动的，包括全球旅游业竞争的激烈、旅游消费者行为的日趋成熟和挑剔、目的地之间可替代性增强、相似的目的地促销技术和紧张的目的地营销经费等。

一、品牌化

近年来，一些学者将社会环境、企业环境、营销策略、品牌产品综合融入品牌的构建中。卡普菲尔（Kapferer，1992）将品牌的度量分为六个因素：品牌构架、个性特征、文化因素、关联性、反应性、自我形象。其中，品牌构架就是指比品牌的有形特征广泛得多的功能和作用；个性特征是品牌给消费者的人格化印象；文化因素表现为企业生产产品的理念；关联性是由于消费者长期重复购买而建立的与品牌的稳定关系；反应性是指品牌的目标顾客的类型；自我形象是对反应性的一种看法。卡普菲尔强调品牌必须遵循一致、连贯的标准。

旅游目的地品牌作为一种象征、口号、符号或这些因素的综合，应该是清晰的、代表一定品质的，而且能区别于竞争者和保持长期竞争优势。朱尔金格罗斯（1999）从应用的角度分析了品牌的构建过程，总结出了旅游目的地品牌构建的重要原则，指出目的地品牌营销管理的内容不仅是品牌形象，还应从理论和实践上通过整合各种市场活动建立统一的品牌。

与企业品牌具有生命周期一样，旅游目的地品牌也具有独特的成长规律。王裕等（2001）总结了旅游目的地品牌的成长规律即品牌经济作为注意力经济的产品特征，旅游目的地品牌的成长与旅游消费者的关注紧紧联系在一起，其成长分为启动、起飞、膨胀和衰退四个阶段。但是旅游目的地品牌的成长并非一定要按部就班地经历这四个阶段，其成长具有不完整性。这是由于品牌在实际运作的过程中，所处的环境、运作策略以及产品性能不同。

　　旅游目的地品牌的构建主要依据本地已开发的和潜在的旅游资源优势，设计主题品牌一定要深入认识本地资源所具备的真正的竞争优势。在确定了旅游目的地主题品牌后，李树民（2002）等提出旅游目的地品牌的构建途径，即一方面是加大营销投入，树立旅游目的地主题形象；另一方面是围绕主题品牌进行资源开发、整合，提高旅游目的地的旅游环境质量。由于旅游目的地品牌具有公共产品的特性，所以品牌的营销投入应由政府支出。邓辉（2002）认为旅游品牌是一个具有复杂结构的多层次系统，主张从主品、名品、精品、新品的四大类构成来划分旅游品牌的品位层次。

　　美国学者杜阿尼·奈普（Dunae Knapp，2004）等在《目的地品牌建议书的科学指导》一书中，提出目的地品牌打造应注意五个关键点：①旅游目的地必须作出承诺。②打造有效的旅游目的地品牌必须始于独立、客观的品牌评估活动。③客观的旅游者调查对打造旅游目的地品牌也是不可或缺的。④每个目的地必须对旅游者作出一个与众不同的承诺，然后经常独立地了解旅游者对品牌承诺的感知、满意度和情感。⑤目的地品牌的打造需要社区品牌团队的协作，而不是某一个人的事情。

　　布莱恩（Blain，2005）认为目的地品牌化是一系列市场营销活动共同作用于创造一个能够积极影响消费者目的地选择的目的地形象。他通过融合品牌、品牌资产、旅游体验、目的地形象、品牌对买卖双方功能等内涵，揭示了目的地品牌化实践的实质，将"品牌化"模式应用于目的地情境而产生一个有着明确界定的目标、运作方法、实施规范和预期市场效果的，整合一系列市场营销活动的动态战略营销过程。

　　黄嘉涛等（2005）认为品牌的构建应考虑三个维度：企业维度、消费者维度和时间维度。企业维度分为：①企业产品的特性。②附着在产品之上的商标、专利、特许权、专有技术。③产品所特有的销售网络或顾客服务系统。④产品的使用者类型。⑤产品所反映的产品生产者追求的价值观念。消费者维度包括功能形象和情感形象。时间维度包括外在因素（政治、经济、社会、竞争形势、消费趋势）和内在因素（产品质量、生产技术、管理水平、组织目标）。

　　冷志明（2005）认为旅游目的地品牌是通过综合、概括、抽象、比较和筛选各种构成要素，从而提炼出的关键特征。他将旅游目的地品牌的形成要素归纳为历史文化、人文山水、民俗风情、宗教文化、艺术文化几个方面。

雷国雄等（2006）提出区域旅游品牌应是一个品牌体系，区域旅游自有品牌、上级区域旅游品牌、所在区域品牌、近邻区域旅游品牌、相同主题旅游品牌都是该体系的组成部分。

舒伯阳（2006）认为旅游目的地品牌的塑造具有客观性，要想成功地打动消费者，需要从消费者的角度出发。从以消费者体验为中心的角度出发，旅游企业要想塑造成功的旅游品牌，须与旅游者联合，共同打造品牌，从而赢得旅游消费者的高度品牌忠诚。

李山等（2006）则指出旅游地品牌是一个"属性—利益—价值"的阶梯，其中定位口号传播的是旅游地品牌的属性，营销口号传播的是旅游地品牌的利益和价值。从消费者决策的角度看，旅游地品牌能够赢得客源市场的不仅是它的属性，还在于它提供的利益和这种利益给旅游者带来的价值感。

陈小洁（2006）从构建区域旅游品牌的主客体要素出发，提出区域旅游品牌"钻石模型"，进而系统地分析政府在推广区域旅游品牌过程中所发挥的主导作用。

二、旅游目的地品牌化的运作流程

品牌关系是旅游目的地整合营销传播的终极目标追求。旅游目的地与旅游者之间要建立品牌关系绝非一朝一夕之功，需要有持续的品牌管理过程来实现这个目标。从宏观的、动态的角度来看，目的地所有的品牌建设与维护活动都可以归置于一个由定位、品牌设计、品牌传播、品牌资产监测四个基本工作环节所构成的框架之中，如图 6-1 所示。

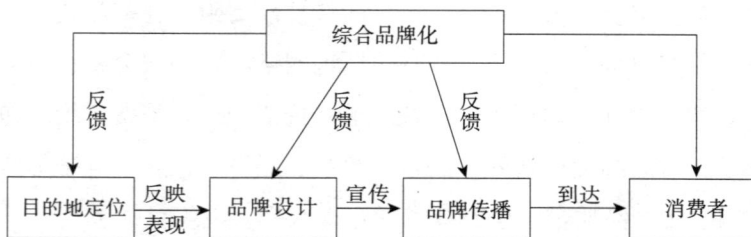

图 6-1　旅游目的地品牌化的基本工作环节

资料来源：曲颖.基于旅游目的地品牌化的定位主题口号评价——以我国优秀旅游城市为例 [D].
天津：南开大学，2008.

（一）目的地定位

所谓定位，就是识别和确定某一产品或服务的重要品质，以便以有意义的方式向消费者展现其有别于竞争产品或服务的特色（内含利益）。就旅游目的地的定位工作而言，其根本任务在于确定该目的地所能提供的各种特质（利益），营销者最希望让旅游消费者了解并记住的是其中哪一特质或哪些利益。在这一基础之上，该旅游目的地所有促销工作的开展都必须协同起来，通过整合营销传播有效地去反映和强化这一定位。

对于旅游目的地而言，定位的主要目标是在潜在旅游者心目中创造一个独特的位置，以使他们了解目的地与竞争者之间的差异，了解目的地如何能够满足他们的需求。定位是目的地品牌化工作中的重中之重，也是目的地营销的基础和灵魂。没有"击中消费者心灵"的定位战略，目的地品牌化就失去了正确的方向，再多的宣传和促销工作也是无谓的。目的地定位是指旅游消费者心中对目的地形象的构建，它主要基于目标市场的心理预期，旨在确定并强调那些能够为旅游者提供独特价值的关键品质。

（二）目的地品牌设计

目的地品牌设计是与目的地定位紧密相连的下一个工作环节，也是目的地品牌化过程中的关键之举。如果没有妥善的品牌设计工作，再强有力的定位战略在促销活动的具体实施中也会变得不知所措。在这一过程中，品牌化属于定位工作的补充性成分。所谓品牌化，依照帕洛格的解释，"就是运用某一标签或（名称）短语去反映定位，以快速而简明地传达所定位内容的基本要义，从而使所提供的利益能够易于（为旅游消费者所）了解和记忆"。换言之，品牌化的直接任务在于设计和表现该旅游目的地产品的形象，以使旅游消费者能够比较容易地记住该旅游目的地的基本特质，从而有助于该旅游目的地建立起自己在市场中的地位。

所谓品牌设计，就是运用名称、口号、标识等表现元素去有效地反映定位概念，从而快速而简明地传达定位内容的基本要义，品牌的核心理念易于了解和记忆。品牌设计的直接结果就是获得一系列用来展示品牌的名称、口号、标识、设计、包装等表现元素，一般称之为"品牌要素"。品牌要素构成了品牌的直接物质载体，是品牌内涵表现的外在形式。当消费者接触某个品牌时，他们首先接触到的就是这些品牌要素。没有品牌要素，品牌就不能够被"识别"，更谈不上传递品牌形象和构筑品牌资产。

（三）目的地品牌传播

在适当的时间、以适当的方式将目的地定位思想以及其他所有目的地方面欲以用来投射本体形象的信息传递给潜在目标旅游者，即"品牌传播"。在品牌传播过程中，目的地营销者会综合使用广告、公共关系、印刷材料、行业展销、人员促销、销售推广、以旅行社为代表的分销渠道等大量营销手段，围绕其"品牌核心个性"进行持久和统一的沟通宣传。目的地的名称、口号、标识等各种品牌要素将以物质载体的形式传播品牌内涵。

（四）目的地品牌资产监测

目的地品牌化主要围绕品牌资产的监测和维护两项工作展开。创立品牌资产所基于的资产或负债大体上可分为五类：品牌忠诚度、品牌知名度、品质认知度、品牌联想和品牌资产的其他专有权——专利权、商标、渠道关系等。通过定期衡量，对品牌资产的五个方面进行监测。通过监测发现，五者的综合能力愈强，则品牌资产愈加稳固，品牌的市场竞争优势愈加显著。旅游目的地营销组织可针对具体问题相应地调整其营销传播工作，甚至直接反馈到品牌要素设计和品牌定位等最为基础的工作环节，从源头上重新确定和控制品牌化的基本方向，以使目的地品牌资产塑造活动能够顺利进行下去。

三、旅游目的地品牌识别系统

（一）旅游目的地品牌名称

里斯认为，在定位时代，要做的最重要的行销决策，便是为产品取个名称，通过名称可将产品所能带来的主要利益传递给潜在消费者，同时强有力的名称将能阻止模仿的竞争者入侵原有的市场领域。在旅游目的地开展旅游营销的过程中，出现频率最高的词汇就是目的地的名称。与一般制造业和产品不同，旅游目的地名称往往早已有之，受政治、经济等因素影响，更换较为困难，尽管如此，仍有旅游目的地成功改变了名称，如湖南省大庸市于 1994 年改名为张家界市，它是中国著名的旅游城市之一。

（二）旅游目的地品牌标识设计

旅游目的地品牌标识在目的地定位中起到了重要的标识符作用，通过特定的符号传播丰富的信息，在旅游目的地营销传播活动中有着极高的出现频率。旅游目的地品牌标识作为一种视觉语言，可通过图案、造型等向旅游消费者传播关于目的地的诸多信息。目的地品牌标识的灵感来源多种多样，大多来自特色的建筑物、独特设计的标志、书法形式、实物图标等。例如中国北京的万里长城、中国广州羊城城徽的五羊石像、法国巴黎的埃菲尔铁塔等，都是旅游目的地使用的既持久又独特的标识。

（三）旅游目的地品牌标识语

仅依靠旅游目的地名称和标识并不足以完整地传达旅游目的地的信息，通过品牌标识语可极大地提升旅游目的地的品牌营销效果。旅游目的地品牌标识语可以是一个短语或一句话，即能够直观地反映目的地的定位思想。通过品牌标识语将旅游目的地可提供的独特利益传达给旅游消费者。这就要求旅游目的地标识语的设计应基于目的地资源及特质、竞争对手、目标市场等展开一系列的科学调查。例如，昆明市 2022 年开展"昆明市城市宣传语和标识征集"活动。

第四节　旅游目的地营销绩效

随着旅游目的地的竞争日益加剧，旅游目的地营销成为旅游目的地竞争的重要手段之一，旅游组织对营销资金的投入也在不断加大。旅游目的地营销组织一方面需要通过绩效评价来获知旅游者数量与支出是否与营销活动直接相关，从而向利益相关者展示职责的完成情况；另一方面还需通过绩效评价发现现有营销工作中的不足，以为日后营销工作的改进提供依据。

一、营销绩效评价

营销绩效评价是旅游目的地营销的重要组成部分。绩效评价可以定义为客观地评估一个组织绩效的系统过程，一般通过与过去的比较、与预定目标的比较、与特定参照目标的比较以及与成本的比较来判定绩效的好坏。它包含三个主要的标准：适宜性、效果和效率。适宜性是指计划目标适应利益相关者目标和优先权的程度，效果指目标实现的程度，效率则是指在一定的时间和金钱成本限定下其结果实现的程度。

旅游目的地营销绩效评价是指为了实现目的地营销目标，运用恰当的评价方法，选取适当的评价指标，对目的地营销的实际效果以及其对目的地发展的贡献和价值进行测定与评估。目的地营销绩效的监测是指对营销计划的执行情况和绩效进行跟踪测量，对照营销阶段性目标及时地检查，通过与实际取得的业绩进行比较，发现差距和问题。

通过目的地营销绩效评价，目的地营销组织可以加强对营销过程的控制，使营销活动朝着既定的目标方向发展，同时发现现有营销工作中的不足，改进营销工作，并为未来的营销工作积累经验；目的地营销组织还可以通过绩效评价展示职责的完成情况，说明经费支出的合理性，维护政府财政支出的严谨性，从而获得利益相关者的支持。

刘丽娟、李天元（2012）综合考虑目的地营销绩效反映的长期性和短期性、经济性和社会性，构建了综合性的旅游目的地营销绩效评价指标体系，如表 6-2 所示。

表 6-2　旅游目的地营销绩效评价指标体系

旅游目的地营销绩效评价指标	财务性指标	旅游收入占 GDP 比重
		旅游税收比重
		销售收入增长率
		旅游者人均消费增长率
		成本收益率
		新增旅游者人均促销费用
	竞争性指标	市场份额
		旅游者增长率
		设施利用率
		相对网络点击率
		营销活动参与率
	消费者指标	购买意图
		感知质量
		旅游者满意度
		旅游者忠诚
旅游目的地营销绩效评价指标	内部营销指标	旅游就业率
		品牌内化度
		旅游者居民比
		东道社区满意度
	其他指标	旅游者类型
		季节性改变程度
		平均停留时间比

资料来源：刘丽娟，李天元. 旅游目的地营销绩效评价指标体系构建 [J]. 北京第二外国语学院学报，2012（11）：53-58.

二、营销绩效的影响因素

（一）投入成本

旅游目的地营销投入总成本影响营销的绩效水平，一般来看，营销投入总成本越高，营销绩效水平越高，但是营销费用支出的增加带来的经济效益也呈现边际效应递减规律。在营销投入成本相对不变的情况下，精准的广告费投入、适当的产品价格提升及营销创新等，也会提高营销绩效水平。

（二）市场份额占有率

旅游市场份额占有率与目的地营销绩效通常成正比。把目的地吸引的旅游者人次占地区或全国的比例作为一个评价指标，通常可以用来反映目的地市场的总体规模。

（三）消费者的认知和行为变化

消费者对旅游目的地的认知和行为变化，影响旅游目的地竞争优势的持久性。主要表现为旅游目的地能否激发旅游消费者的购买意愿、能否达成旅游消费者的满意度、能否维系旅游消费者的忠诚度等。

📖 本章小结

旅游目的地营销是区域性旅游组织通过区分、确定本旅游目的地产品的目标市场，建立本地产品与这些市场间的关联关系，并保持或增加旅游目的地产品所占有的市场份额的活动。在旅游目的地营销中，旅游目的地营销主体占主导地位，在不同主体的主导下，旅游目的地的营销理念、方式和机制存在差别。其中旅游主管部门将旅游目的地内外部资源整合起来，形成功能强大的旅游营销平台。旅游目的地营销离不开市场，而旅游市场的变化决定了旅游目的地营销活动的动态性。旅游者对于旅游目的地的选择也越来越多元化和复杂化。因此，在营销活动中，应评估目标市场，分析目标市场的需求，制定针对性的营销策略。旅游目的地营销的本质是通过各种营销活动逐步确立区域旅游品牌的复杂过程，以达到潜在的旅游者一旦有某方面的旅游动机，就会联想到某类旅游目的地。区域旅游品牌应具有鲜明的地方特色，而不是同质化的旅游目的地，因此应从名称、标识和标识语三方面识别旅游目的地品牌。

 即测即练　　 拓展阅读

思考题

1. 旅游目的地营销组织有哪些?

2. 试述旅游目的地不同利益主体间的关系。

3. 旅游市场细分的依据和标准有哪些?

4. 旅游企业在选择目标市场时应考虑哪些因素?

5. 旅游目的地品牌建设的意义是什么?

6. 尝试为一处旅游目的地创设品牌识别系统。

第七章　旅游目的地节事活动管理

学习目标

1. 了解旅游节事活动策划的内涵、思路、模式、方法及流程，节事活动评估分类、评估内容和评估方法。

2. 熟悉旅游节事活动的特点、主要功能和不同类型节事活动的特征。

3. 掌握节事活动的相关概念及内涵，节事活动策划的含义和特点，节事活动营销原则及形式。

能力目标

1. 了解不同类型节事活动的特点，通过对典型节事活动的分析，能够区分目前节事活动的主要类型。

2. 熟悉节事活动评估的内容和方法，能够应用节事活动评估的主要方法。

3. 掌握并学会运用节事活动策划的实施步骤，具备节事活动策划的能力。

思政目标

1. 了解节事活动对旅游目的地的正面影响和负面影响，培养学生辩证思维能力和批判精神；正确理解地方文化和中华优秀传统文化是节事活动策划成功的源泉；帮助学生树立节事活动可持续发展理念，使策划工作在有利于举办地经济效益、社会效益、生态效益、文化效益的基础上开展，从根源上避免国家和地方办节资源的浪费。

2. 熟悉旅游节事活动文化性的特征，提高学生对中华优秀传统文化的认同感和文化自信心；通过讲授节庆管理方法，树立传承中华优秀传统文化、展现特色文化的行业理念，推进文化自信、自强。

3. 掌握节事活动策划的手段，培养学生因地制宜、实事求是、勇于创新的专业情怀；通过讲授节事活动策划原理，领会地方文化特色是节事活动策划的依托，可持续发展是节事活动策划的目标，并将之贯穿实践，帮助学生树立科学精神、创新意识及正确的价值观。

思维导图

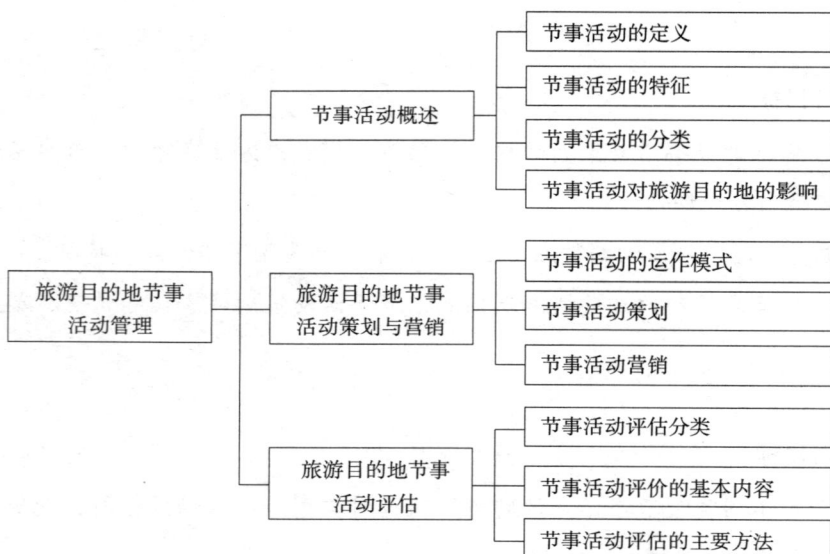

导入案例

青岛啤酒节，"醉"美西海岸

青岛国际啤酒节始创于 1991 年，每年在青岛黄金旅游季节 8 月的第二个周末开幕，为期 16 天。啤酒节由国家有关部委和青岛市人民政府共同主办，是融旅游、文化、体育、经贸于一体的国家级大型节事活动，亚洲最大的啤酒盛会，是彰显青岛城市个性优势与魅力的盛大节日，成为开放、活力的符号，深刻地融入了城市风貌和市民生活之中。

青岛啤酒节，"醉"美西海岸。第 32 届青岛国际啤酒节（云上啤酒节）于

2022 年 7 月 22 日至 31 日在线上举办，圆满成功，以创新形式树立了文旅行业数字化节庆标杆。本届"云上啤酒节"线上精彩呈现、线下全域联动、全民参与共享，特别打造线上"青岛与世界干杯"活动，以直播连线、短视频等方式，同来自俄罗斯、英国、葡萄牙等 12 个国外城市以及 17 个国内城市的知名酒吧互动，真正实现"青岛与世界干杯"。139 万人次参与啤酒狂欢，各级各类平台和媒体总曝光量 16 亿多次。本届啤酒节还组织了 10 场大型直播，包括"知味啤酒节""云游西海岸""主题之夜"等推介活动，国际演艺连线、酒王争霸赛、啤酒文化时装秀等文化演艺活动，以及琴岛雄风拳王争霸赛、电竞嘉年华、街舞大赛等体育赛事，让世界各地的游客在"云端相聚""云上互动"，"身临其境"感受充满啤酒味道的城市热情。

资料来源：中国日报网，2022-08-01.

思考题：

1. 第 32 届青岛国际啤酒节成功举办的原因主要有哪些？

2. 第 32 届青岛国际啤酒节对青岛发展会起到哪些推动作用？

节事活动以极强的表现手法，动态地彰显出旅游目的地的文化、生态、风俗等综合元素，并带给旅游者全新的感官体验，对目的地形象的打造、宣传、建设和旅游者的良好体验都有着不可低估的作用。旅游者在旅游途中的一系列具体消费行为的本质是离开习惯的自然环境或社会环境去消费体验。节事活动通过精心的组织安排，可以为旅游者创造一个日常生活中不易出现的情境，成为一种动态的旅游吸引物。一项成功的节事活动可以给举办地带来丰厚的经济收入、树立旅游品牌、提高举办地知名度、推动当地文化保护与传承。本章对旅游目的地节事活动相关理论进行了梳理，对节事活动的概念、策划、营销、评估及影响进行了详细介绍。

第一节　节事活动概述

节事活动是人们为了一定的目的，在时间与空间上聚集的活动。节事活动在我国具有悠久的历史，是一种承载了信息交流、娱乐休闲、情感表达的社会文化现象。节事活动在旅游目的地发展过程中逐渐成为一种重要的宣传、营销和开发手段。

一、节事活动的定义

"节事"一词来自英文"event"，具有"事件、活动、节庆"等多方面的含义。节事活动是指城市举办的一系列活动或事件，包括节日、庆典、展览会、交易会、博览会、会议，以及各种文化、体育等具有特色的活动或非日常发生的特殊事件。西方国家往往把节日（festival）、特殊事件（special event）、盛事（mega-event）等整合在一起作为一个整体，英文简称为"FSE"；中文翻译为"节日和特殊事件"，简称节事。1984年，美国学者雷奇（Ritchie）首先提出了节事的定义，他认为节事活动是一次性或者重复性举办且延续时间短，目的在于提升外界对当地的认同度，并能够增强吸引力，提高经济收入的庆典活动。

节事活动与地域文化及经济基础息息相关。例如，我国的春节、中秋节、端午节等传统节日；西方的复活节；美国的南瓜节；巴西、墨西哥的狂欢节；西班牙的斗牛节；法国的葡萄节；德国的啤酒节等。各节事不仅吸引大量游客参与，同时也带动各种商家参与其中，酒店、餐饮、交通、购物、娱乐等，所带来的经济效益不言而喻。

节事管理涵盖了精心策划的文化、娱乐、体育、政治和商业等方方面面：从奥运会、世界杯赛事、世界博览会、跨国公司全球巡回展到城市艺术文化节，从公园、广场和历史名胜地的演出到政府的公众聚会，从小型会议、婚礼到万人观赏的比赛，从公司促销节目到各种主题的旅游节等。节事管理以其完美地结合了艺术与科学的独特定位，迅速为人们所关注。如今的节事，在世界上已经被纳入大型"活动管理"（event management）的范畴，进行市场运作，已成为世界性的大趋势。而且，其因丰富的文化内涵而同旅游业密切联系并有机统一。随着文化旅游的不断深入，节事与节事旅游得到了前所未有的发展。知名度高的全球性事件给城市形象定位，给目的地国家或城市的旅游业带来的潜在价值更是难以估算。

二、节事活动的特征

（一）鲜明的地方性

一个节事活动的产生往往依托当地地方特色或文化民俗特色，以地方性为吸引源，由此引发的节事活动带有鲜明的地方特色，这是节事活动容易赢得深度旅游者青睐的根本原因。例如，巴西奥吉里奥狂欢节、苏格兰爱丁堡艺术节和伦敦泰晤士河艺术节，都以"节事活动品牌代言城市"的形象来定义活动的举办地。

（二）浓厚的文化性

节事活动举办地在漫长的历史文化过程中，通过文化的创造、交流和融合逐渐形成了各具地方特色的节事传统，这种独特的地方文化是节事活动举办地具有吸引力的源泉。随着旅游业的发展，节事活动往往将当地的文化展示与旅游促销一体化，以文化特别是民族文化、地域文化、节日文化等作为整个活动的主要特色，甚至逐步演化为以文化节事活动为载体，以旅游和经贸洽谈为内容的全方位的经济活动，这就是"通过文化搭台，达到经济唱戏"的现象。

（三）活动的集中性

节事活动大都集中在某一特定的时间段内，一般有固定的时间期限，活动安排十分紧凑，使节事活动参与者所参与的活动带有明显的集中性特点，若节事活动有魅力，参与者的停留时间一般较长一些。当然，节事活动的时间并不是随意决定的，往往根据当地的历史传统、风俗习惯、气候、旅游淡旺季、交通情况、接待能力、活动主题、经费、策划组织所需要的时间等条件，从实际情况出发来确定。

（四）效益的综合性

一次大型节事活动的举办，既能带来直接的经济效益，又能带来间接的隐形的其他方面的效益，会给举办地的发展带来多方面的好处，给区域旅游发展及当地经济、社会、文化发展带来巨大而广泛的影响。

（五）活动的参与性

节事活动实际就是亲身经历，参与性很强，大众性的文化、旅游、体育、商贸和休闲活动，是建立在大众参与和体验基础上的。节事活动的参与者往往对节事活动的举办地怀有较强的好奇心，他们希望通过节事活动了解一个地区的生活方式。植根于特定地区的节事活动能够为来宾提供欣赏当地风景和探究当地文化的机会。参与者可以通过获得新知识、新技术来提高自己，组织者可以通过服装、食品的享用等方式使参与者对举办地留下深刻的印象。

三、节事活动的分类

（一）按照节事活动的属性分类

节事活动按照属性可分为传统节事活动、现代节事活动和其他节事活动。

1.传统节事活动

在古代，传统节事活动以弘扬民族文化为主，中国有端午节、重阳节、春节、元宵节等，国外有圣诞节、复活节、狂欢节等。在近代，世界各地又涌现出一批受欢迎的节事活动，如各国的国庆节、国际劳动节、儿童节、妇女节、纽约的玫瑰花节、奥尔良的圣女贞德节等。

2. 现代节事活动

世界上有许许多多的节事活动，其多与生产和生活有关。与生产有关的现代节事活动有广州花会，深圳的荔枝节，菲律宾的捕鱼节、水牛节，阿尔及利亚的番茄节，摩洛哥的献羊节，意大利丰迪市的黄瓜节，新墨西哥州哈奇城的辣椒节，西班牙的鸡节等。与生活紧密相连的现代节事活动有潍坊风筝节、上海旅游节、大连国际服装节、上海服装节、青岛啤酒节、浦东国际烟花节等。

3. 其他节事活动

除了传统节事活动和现代节事活动，还有一些会议、展览和体育活动等。特别是体育活动越来越受到广大人民的喜爱，如每四年举办一次的奥运会和世界杯足球赛，各大洲举行的洲际运动会，以及各种专业体育运动委员会组织的世界锦标赛和大奖赛等。举办体育活动，可以提高主办国家和城市的知名度与美誉度，并通过旅游和各种商业活动为主办国家与城市创造更多的财富。对那些自然旅游资源缺乏的国家或地区来说，举办体育运动会还可以创造更多的人文景观，从而吸引更多的旅游者。

（二）按照节事活动的规模和影响分类

节事活动按照规模和影响可分为标志性节事活动、大型节事活动和小型节事活动。

1. 标志性节事活动

这类节事活动规模大、档次高，每年（或几年）举办一次，以弘扬旅游目的地传统文化、促进地方经济建设、推动国际交流为目的。其具有强烈的眼球效应，能够引起国内外媒体广泛的关注，可以迅速提高举办地的国际知名度。在运作上，这类节事活动以全世界为客源市场。如北京奥运会、上海世博会等就是此类标志性节事活动。

2. 大型节事活动

这类节事活动规模比较大，以高档、中档为主，兼顾低档。其可以促进旅游目的地经济、文化建设，推动地区间交流。其具有较强的眼球效应，能吸引国内外媒体的广泛关注，可以较快提高旅游目的地在国内外的知名度。在运作上，这类节事活动以全世界的特定游客和全国为客源市场。如南宁国际民歌节、国际孔子文化节、潍坊风筝节等。

3. 小型节事活动

这类节事活动规模比较小，以中档为主，兼顾低档和大众。其主要目的是丰富当地居民的生活，拓展旅游目的地的旅游内容。其客源市场是当地居民和国内特定旅游者。如北京大兴西瓜节、圆明园荷花节、香山红叶节等。

（三）按照节事活动的组织者分类

节事活动按照组织者可分为政府型节事活动、民间型节事活动和企业型节事活动。

1. 政府型节事活动

政府型节事活动是由政府出面组织的公益性节事活动。例如，由中央政府组织的春节或中秋节的联谊活动、劳动节和国庆节的联欢活动以及诞辰纪念日等；由地方政府组织的贸易洽谈会、旅游节、艺术节、体育活动等。

2. 民间型节事活动

民间型节事活动是由民间团体组织的节事活动，如一些具有民族特色的各类节事，像中国彝族的火把节、傣族的泼水节，法国的狂跳节，意大利的狂欢节等。

3. 企业型节事活动

企业型节事活动是由企业组织的商业节事活动，一般为商业性活动，如投资洽谈会、产品推广活动、打造形象的赞助活动，具体如大连服装节、北京国际汽车展、潍坊风筝节等。

（四）按照节事活动的主题和目的分类

节事活动按照主题和目的分为以下八类。

1. 文化庆典类

文化庆典类包括节日、嘉年华、宗教活动、游行、文化遗产和庆祝。

2. 艺术、娱乐类

艺术、娱乐类包括音乐会、其他表演、展览和颁奖礼。

3. 商业贸易类

商业贸易类包括展销会、酒会、销售会、消费品和贸易展示会、博览会、会议和公众活动。

4. 体育竞技类

体育竞技类包括专业竞技和业余竞技。

5. 教育和科学类

教育和科学类包括讲座、研讨会、代表大会和说明会。

6. 娱乐类

娱乐类包括游戏和体育。

7. 政治 / 国家类

政治 / 国家类包括就职典礼、授职仪式、VIP（贵宾）访问和舞会。

8. 私人活动类

私人活动类包括庆祝人生新阶段的活动、纪念日和社会活动。

四、节事活动对旅游目的地的影响

节事活动能够给举办地带来巨大的经济效益和社会效益，成为经济发展和社会发展的催化剂与助推器。对一个旅游目的地来说，从时间上需要找到文化内涵的具体表现，从空间上需要彰显横向比较之后的鲜明个性。因此，节事活动成为体现旅游目的地历史、彰显鲜明个性、提供娱乐舞台的一个欢乐的"宣泄口"。举办节事活动的目的不仅在于吸引旅游者、消费者、赞助商、承包商等参与者，还在于成功举办后所能带来的多种牵动效应。节事活动对举办地有重要的正面影响，也有一定的负面影响。总体来说，一项成功的节事活动会给旅游目的地带来丰厚的经济收入和良好的社会声誉。节事活动已经和一个地方、城市的形象紧密地联系在一起。

（一）节事活动的正面影响

1. 增加旅游目的地的经济收益

节事活动不仅是一种文化现象，而且是一种经济载体。伴随着产业的升级与转型，第三产业的发展水平已成为衡量区域经济实力的重要指标。国内许多旅游目的地结合地方特色及产业优势，发挥当地会展协会、商贸协会、文旅局等政府部门及非营利组织的统筹协调作用，支持特色化、市场化、产业化节事活动的创办，促进了旅游目的地经济、文化的繁荣。

除此之外，节事活动的举办也使旅游目的地吸引了大批活动体验者、短期观光客和商务参与人员，他们参与节事活动，不但可以形成活动本身经济收益的高峰，而且还会刺激目的地食宿、餐饮、交通、娱乐以及购物等相关领域的短期消费，从而促进整个旅游目的地的经济发展。同时，可观的经济收益又会反作用于当地的节事产业，促进活动举办机制的改良，进一步形成经济与活动的良性循环。

2. 塑造旅游目的地的良好形象

旅游目的地形象是对一个目的地的信任、想法及印象的总和。节事活动对旅游目的地的形象塑造具有重要的作用。塑造目的地的良好形象需要各种因素的相互作用，通过传播之后才能被广大旅游者所接受。关于目的地形象的形成过程，冈恩（Gunn，1972）提出了七阶段理论：旅游者通过日常生活对目的地意境的积累；旅游前对目的地研究后的修正形象；基于有效形象在旅游时间、费用等约束下作出旅游决策；旅游过程中的路标、景观和向导等强化形象；在旅游目的地的体验，如活动、食宿等影响形象；返回途中对形象的评估；返回后产生新的形象，新形象与旅游前的形象可能不一致。

节事活动的举办不仅在一定程度上展示了旅游目的地的人文环境和风土人情，也为活动参与者了解该地提供了一个有效渠道。旅游目的地形象是一个综合的评价指标，它不仅包括目的地的自然环境与人文环境，也涵盖了目的地的政治经济、社会文化、基础设施、环境氛围等其他要素。旅游目的地形象大体可分为原生形象、引致形象与复合形象三类。旅游者在决定出游之前，心中有一系列可以进行选择的旅游目的地，此即原生形象；一旦有了旅游动机并决定出行时，旅游者就会通过各种报纸刊物、电视节目及旅游地宣传手册等收集相关目的地信息并进行比较选择，从中提炼出有用信息并加工形成引致形象；在选择好合适的目的地并实地旅行后，通过出游经历并结合原有知识又可以对目的地形成一个更加综合的形象，即复合形象。由此可以看出，旅游目的地形象的塑造与目的地产品吸引力以及宣传、促销活动密切相关。旅游者前往旅游目的地，大多是围绕当地旅游产品而产生消费行为，因此旅游产品是旅游目的地魅力体现和形象塑造的重要载体。节事活动作为目的地的一种旅游产品能够对潜在旅游者产生特殊吸引，与此同时，参加目的地节事活动又会让旅游者对旅游目的地产生一个新的形象感知，从而使目的地形象得到加强和重塑。

另外，通过各类传播媒介的宣传推广，节事活动可以使旅游目的地得到社会各界的广泛关注，从而增加其知名度，提升其形象。这不仅能扩大目标市场范围，给旅游目的地带来可观的经济收益，还能产生无法估量的社会效益。

节事活动能够突出目的地的鲜活形象，使活动参与者深入了解当地的自然资源与人文环境特色，这些都会给人留下深刻的印象，提高外界对旅游目的地形象的认知度与满意度，从而增强旅游目的地的竞争力。另外，通过活动参与者对节事体验的反馈信息，相关政府部门可以对本地的可利用资源有一个正确的识别与认知，从而扩大客源市场，并有针对性地对节事活动进行包装销售，以此达到节事活动的成功举办与旅游目的形象宣传的双赢功效。成功的赛事可以给城市乃至国家形象带来积极影响，进而促进旅游业的增长、外国投资增加，在国际上获得更大的知名度等，这在多年之后仍可受益。

3. 促进旅游目的地产业转型

随着各类节事的日益发展，节事活动作为一个新兴领域对其他相关产业的影响也逐渐受到各地政府的关注。从宏观角度看，节事活动是促进目的地产业转型的一个良好机遇。首先，政府利用节事活动带动了旅游目的地的环境治理和基础设施建设。在很多地区，会展中心和商务酒店的建设、街道绿化与城市交通更新等都是目的地举办重大节事活动直接促成的结果。其次，节事活动对其他行业和产业具有良好的带动作用。由于节事活动涉及多个领域，需要许多部门参与运作，政府通过举办节事活动不仅能够带动目的地传统第三产业的发展，而且对于旅游、策划、广告、传媒、创意等新兴行业也有不可估量的推动效应。同时，这些影响最终会增加旅游目的地服务业的比重，调整一、二、三产业的比例分值，以此实现旅游目的地的产业转型。最后，节事活动可以增强旅游目的地的市场吸引力，创新地区经济发展模式。所以在目的地战略实施过程中，节事活动就成了地方品牌化的有效手段。

4. 推动目的地旅游产品创新

旅游产品是由一系列单项产品和服务有机组合而成的综合产品，旅游供应商针对目标市场的不同，根据需求提供不同的旅游产品。旅游产品大多是基于目的地的旅游资源进行开发、利用的，大多表现为以短期观光为主的单一性旅游产品，缺少游客的参与及体验。旅游产品的开发应根据市场需求，打破对传统资源的依赖瓶颈，加入可以让旅游者参与体验的动态形式来增强旅游目的地的整体吸引力。从某一个角度出发，依托旅游目的地的节事活动对目的地公共文化资源进行开发和经营而形成文化产品。节事活动一般立足举办地城市的文化传统和风俗习惯，即便是新节事产品的开发设计也能体现出创新点与旧民风的结合。这些具有文化属性的节事因子在旅游目的地长期发展中形成，带有主题的文化性与形态的无形性等特点。节事活动的开展建立在对旅游目的地"软资源"开发的基础上，因此形成了具有文化属性的产品及主题活动。这极大地丰富了旅游目的地的旅游产品类型，创新了原有的旅游产品组合。

节事活动依托节事本身或者旅游目的地一个甚至几个独特的文化主题，在短期内围绕其中的主题或者文化内涵将节事活动产品、休闲娱乐设施、康乐旅游服务等有效结合在一起，通过各种宣传途径吸引目的地居民广泛地参与节事活动，在这一特定的时期内节事活动成为人们文化生活以及休闲活动的一个重要组成部分。与此同时，通过体验性的活动参与，人们会增加对节事活动背景以及文化底蕴的了解，这样在大众领域便自发形成了一张传播网，提升了旅游目的地居民对节事活动的忠诚度。

（二）节事活动的负面影响

1. 挤出效应

如果节事活动的举办恰逢旅游高峰点，则对举办地来说可能会产生适得其反的效果，由此而加剧过度拥挤等一系列问题，或许会影响到举办地的整体旅游形象。紧张的住宿、不便的交通、过高的物价等因素可能会让部分对价格敏感的旅游者在节事活动举办期间回避这些旅游目的地。

2. 文化传统的丧失

当节日和其他特殊事件被作为旅游吸引物进行有意识的开发和促销时，往往导致节事活动本身被过度的商业化所破坏，娱乐或壮观的场面会取代节事活动的内涵。过分商业化和对当地文化的漠视，在短期内可能会聚集一时的人气，但从长期看，可能会导致旅游目的地文化传统真实性的丧失，从而给旅游目的地带来损害。

3. 影响当地居民生活

节事活动期间旅游者增多，带来举办地物价上涨、交通不便，在一定程度上引起旅游目的地居民生活成本上升。

4. 破坏生态与环境

大型节事活动一般都要进行基础设施建设，容易破坏旅游目的地的生态环境，也可能造成资源浪费。同时，节事活动可能会对旅游目的地街道、建筑物等遗产造成一定的破坏和不利影响。节事活动举办后产生的大量垃圾也容易对环境造成污染。

第二节　旅游目的地节事活动策划与营销

节事活动的创新发展必定是一个曲折、进步的过程，必定是一个边探索、边完善、边创新的过程。因此，在节事活动的发展过程中，管理出现问题在所难免。但是，对于节事活动发展过程中出现的问题和不足，不能仅靠其自身的摸索和总结，需要从实践和理论上作出客观分析和理性透视。唯有这样，才能使节事活动在不断解决问题、克服不足中获得新的发展。

一、节事活动的运作模式

（一）市场化运作模式

节事活动首先是一种经济活动，举办的重要目的之一就是要获得良好的经济效益和市场效果。因此，无论是节事活动举办的需求，还是供给方面，都应当遵循一定的市场规律，把节事活动纳入市场经济的轨道，进行市场化运作。可以说，市场化运作模式是节事活动走向市场化的最终极模式。市场化运作模式，一是可以节约成本。在节事活动举办的过程中，时间地点选择、广告宣传方式等工作完全按照市场的需求来做，可以大大地节约成本，避免因行政力量介入造成的不必要的浪费。二是可以做到收益最大化。这里的收益包括参加企事业的收益，包括政府的形象收益，也包括给当地带来的其他社会效益。

（二）政府包办的模式

政府包办的模式曾是一些城市特别是一些小城镇举办节事活动采用得较多的运作模式。政府在节事活动的举办过程中身兼数职，扮演着策划、导演、演员等众多角色。节事活动的主要内容由政府决定，活动场地、时间由政府选择，参加单位由政府行政指派。这种运作模式给政府带来很大的财政负担，而节事活动给城市、社会、当地民众带来的经济效益、社会效益等却大打折扣。

（三）政府主导、社会参与、市场运作的模式

当下，已经有越来越多的地方政府开始引入所谓"三位一体"的办节模式，即政府主导－社会参与－市场（企业）运作的模式，它使地方旅游节事活动从目的到品质都朝着更好的方向发展。这种运作模式下，政府仍旧是重要的主办单位，政府引导作用主要体现为确定节事活动的主题及名称，并以政府名义进行人员召集和对外宣传。社会参与就是充分调动社会各方面的力量来办好节事活动。社会

力量主要体现在选择节事活动主题时的献计献策、节事环境氛围的营造、积极参与各项活动等方面。而市场运作则是城市节事活动的举办过程交给市场来运作。比如节事活动的冠名权、赞助商、广告宣传等方面，都可以采用市场竞争的方式，激励更多的企事业单位参加。这种做法一方面可以提升企事业知名度，另一方面还可以节省大量开支。如青岛国际啤酒节、哈尔滨冰雪节、潍坊风筝节、广州国际美食节、南宁国际民歌节等几个国内著名的大型城市节事活动就是按照"政府引导、企业参加、市场运作"的模式来运作的。

二、节事活动策划

节事活动作为一种社会文化的仪式化表达，其筹办、策划、举办和运作是一个系统工程，前期需要经过周密的准备过程。节事是一种特殊产品，其所依据的文化资源在平时是处于潜在状态的，必须经过节事活动策划开发，它才能由潜在状态转变为可以销售给利益相关者的产品状态。

（一）节事活动策划的内涵

节事活动策划是指以一定的资源条件和市场为基础，对节事活动的主题、内容、举办形式进行事先分析，并作出谋划和决策的一个理性的思维过程。简而言之，节事活动策划就是对节事活动整体战略与策略的运筹规划。节事活动策划不是具体的业务，而是将节事活动目标具体化并形成决策的过程。

节事活动往往是一个地方的地方精神和文脉的最具象、最集中的体现，是一种依据文化资源而定的特殊产品，而这种文化资源在平时是处于潜在状态的，必须经过节事活动策划开发，才能够由潜在状态转变为可以销售给节事活动利益相关者的产品状态。创新和独特是节事活动的灵魂，必须在类似的社会、经济条件下，通过敏锐的分析和大胆的创意，才能够提炼出节事活动的独特卖点和新颖的组织运作模式。在现代商业社会，节事活动可能带来大量的经济、环境、社会效益，若策划运作不当，也可能引起较大的不良效应，需要因势利导扩大正面效应，消除负面效应。

（二）节事活动策划的原则

1.以文化为核心和灵魂

节事活动是一种文化的表达方式，既包含娱乐或休闲的成分，也彰显中华民族特有的生活方式与文化取向。节事活动策划要以文化为核心和灵魂，要紧紧围绕中国传统文化，呈现文化精华，展现文化魅力。节事活动不仅要有文化灵魂，而且要有文化主题统领，通过创造性开发，使隐性的文化资源变成显性活动，让人们得以体验新奇的差异化文化，而且会创造出具有眼球经济效应的文化景观，会创造出满足当前与未来消费需求（互动性、体验性、参与性、休闲性等）的文化旅游项目。

2. 注重市场导向

旅游节事活动策划的市场导向原则包含两层含义：一方面，市场需要什么，策划提供什么，要以现有市场需求为导向，策划适应市场需求的旅游节事活动产品；另一方面，策划提供什么，市场就需要什么，要在准确调查、分析现有市场需求及其发展趋势的基础上，挖掘消费亮点，引导潜在需求转化为现实需要，创造出引领市场潮流的旅游节事活动。坚持旅游节事活动策划的市场化原则，主要从以下几方面入手：主题确定的市场化；操作过程的市场化；评估后操作的市场化。

3. 注重实现大众化

吸引大众参与，聚集人气，使景区的旅游节事活动成为长久的旅游吸引物，促进景区的发展，是举办旅游节事活动的重要目的，这要求旅游节事活动策划遵循大众化原则。

要做到主题的大众化、内容的大众化、形式的大众化、价格的大众化。所谓大众化就是要着眼于基础消费市场，因为基础消费市场具有丰富的客源且相对稳定的状态。

4. 注重创新、突出差异化

要扩大旅游节事活动的影响力，吸引更多的旅游者成为忠实拥护者、参与者，就必须突出节事活动的区域特殊性和差异性。旅游节事活动特色来源于两个方面：一方面是个性，旅游节事活动策划应利用本地的特殊资源，开发出具有个性和特色的节事活动，突出本地魅力。要注意在策划中搞清楚特点和卖点的关系，不是所有个性特点都是卖点。所谓卖点就是人们愿意掏钱消费的特点，要精准找到卖点，才能策划成功。另一方面是创新，做到求新、求异、求变，既可以是节事活动概念、活动主题、活动理念、活动内容、活动形式、举办体制的创新，也可以是标新立异、异想天开，找到或创造出与众不同的新内容。

5. 注重可持续性

旅游节事活动策划应兼顾社会效益、经济效益、文化效益和生态效益，这既有利于旅游节事活动发展成周期性的系列活动，又有利于景区的可持续发展。打造一个优质的节事活动需要分期开发，不断迭代。这样做的好处是可以避免大投入带来的短期收入不平衡的风险，试探市场及旅游者的反应，迅速调整以成为旅游者喜欢的节事活动；通过不断地迭代，持续地丰富节事活动的内涵，沉淀优化产品，形成景区自创的优质节事活动品牌。

（三）节事活动策划的方法

1. 比较分析法

对于策划者来说，通过对自己所掌握或熟悉的某个或多个特定的节事活动（既可以是典型的、成功的节事活动，也可以是不成功的节事活动），进行纵向分析或横向比较，从而挖掘和发现新机会。节事活动的好坏、得失、成败、节约与浪费等，都是相比较而言的，有比较才有鉴别，而且比较后可能会发现各有优点。如中国青岛传统的"国际啤酒节"是感性的、动态的，突出的是饮食、娱乐功能；而"青岛海洋节"则是理性的、动态的，突出的是科技、经济功能，双节的有机结合，使青岛的形象更加光彩耀眼。

2. 头脑风暴法

在节事活动策划中使用头脑风暴法能让与节事活动有关的人员敞开思想、共同讨论，使各种设想在相互碰撞中激起脑海的创造性风暴。节事活动策划采用这种方法时一般以 8~12 人为宜，也可略有增减（5~15 人）。讨论时有两个要求：一是讨论者应畅所欲言，自由表达自己的想法；二是大量的想法中必定包含有价值的内容，综合评价，归纳总结。不许提任何恶意而离谱的想法，不许对他人的想法提出批评，鼓励多提出有关活动策划的设想和灵感创意等。

3. 灵感创新法

灵感创新法主要是利用发散性思维或逆向性思维，对信息进行定向的融合，从而产生新想法。在节事活动策划中，大量创新成果均是在灵感的火花中诞生的。如"海南国际椰子节"的构想是章琦首先提出的，并以《建议海南举办国际椰子节》为题于 1991 年 6 月 5 日在《海南日报》上发表，后来他与其他两位学者分工执笔，形成《关于举办海南国际椰子节的建议》和《让世界了解海南，让海南走向世界——关于海南国际椰子节的设想》两篇文章，递交海南省委省政府，得到多方面的主要领导的支持，取得了一定成功。策划人员只有发挥想象力，激发灵感，才能有所创新，从而制订出可行的节事活动策划方案。

4.运筹学方法

"运筹"的中文意义即运算筹划、以策略取胜。进行节事活动策划时，我们要借助运筹学方法来关注并提高节事活动的质量与效率。在节事活动策划中使用运筹学方法就是要使用分析的、定量的、定性的科学方法，在内外环境的约束条件下，为了实现策划的目标，合理配置整个活动中的人力、物力、财力等资源，统筹兼顾所有环节之间的关系，以使策划方案得到有效实施，达到效益最优化，并体现节事活动可持续发展的长效性。

（四）节事活动策划的工作流程

节事活动策划的工作流程大致分成三个阶段：节事活动前期准备工作、节事活动现场实施工作和节事活动后续总评工作。这是一个从策划到实施再到总结的过程。

1.策划需求调查

收集有关活动的各种资料，包括文字、图片以及录像等活动资料。对收集的资料分类编排、结集归档，进行调查和可行性研究。国家关于节事活动方面的政策和法规、公众关注的热点、历史上同类个案的资讯、场地状况和时间的选择性，都是调查的内容。调查是策划的基础，为策划提供客观、可靠的依据。但是要特别强调的是，千万不要盲目相信调研数据，一定要把数据和经验结合起来。

2.确立策划目标

目标就是策划所希望达到的预期效果，是策划的起点。节事活动策划要确立明确的目标，如果没有目标或者目标不明确，则策划无法开始或者可能导致失误。

3.收集策划信息

信息是策划的基础和素材。成功的策划，是创造性思维的过程及结果，是策划者在头脑中把多种有效信息组合成创意、灵感。每一项成功的策划，都包含策划者对特定信息的思维组合，这些信息会成为拟订初步策划方案的材料。

4.激发策划创意

创意是策划的核心，是创造性的意念。当产生一个绝无仅有而又切实可行的创意时，一连串的相关灵感就会相继产生，策划很快形成，成功也随之一步一步靠近你。

5.拟订初步方案

（1）选定主题。主题是对活动内容的高度概括，是整个策划的灵魂。方案要为广大公众接受，就必须选好主题，主题应避免重复化、大众化。

（2）选定日期。除了固定的纪念日，日期的选择一般较为灵活，但策划时先要将日期确定下来，以便做具体的时间安排，然后将其列入组织计划中。

（3）选择地点。选择地点时必须考虑公众分布情况、活动性质、活动经费以及活动的可行性等诸多因素。

（4）估计规模。估计参与者的人数。

（5）预算费用。计算好活动成本和各项费用支出，使有限的资金发挥最大的作用。

6. 筛选策划方案

策划重大节日与庆典活动时要明确其目的和意义，要精心设计活动的形式和内容，要有独特的创意，根据上述策划原则，筛选最合理、优化的方案，避免落入俗套。

7. 策划方案调整与修正

在选定策划方案后，还要根据节事活动策划的动态性原则对策划方案进行调整和修正，以满足节事活动举办的需求。

8. 实施方案

对策划方案进行具体实施，尤其体现在活动的现场管理之中。

9. 后续工作和评估总结

对活动进行评估，做好节事活动后期服务工作。

（五）节事活动策划书

节事活动策划就是节事活动的策略规划，为了成功举办节事活动，必须对节事活动的整体性和未来性策略进行规划。它包括从构思、分析、归纳、判断，一直到拟定策略、方案的实施、事后的追踪与评估。节事活动策划与计划不同，它有为达到目的的各种构想，这些构想和创意是新颖的，与目标保持一致的方向，有实现的可能。把策划过程用文字完整地记录下来就是节事活动文案。

广义的节事活动策划书可以涵盖经市场调查而产生的可行性研究报告、项目意向书、项目建议书、广告策划方案、宣传手册等，包括围绕某次节事活动的节前、节中和节后所有的策划方案。

策划书的写作很灵活，没有固定的模式，因此这里只介绍节事活动策划书的基本结构和写作要求。

1. 节事活动策划书的基本结构

（1）标题。节事活动策划书的标题通常由三部分组成，即基本部分（如策划书或方案）、限定部分和行业标识。例如，"重庆市首届国际火锅文化节策划方案"，如果按上述三个内容对号入座，则基本部分是"方案"，限定部分是"重庆""首届"和"国际"，行业标识是"火锅文化节"。

（2）文头。在标题下方依次排列的是策划书的名称、策划者的姓名、策划书完成的日期、策划书的目标。策划书的名称与标题相同，策划者的姓名除了策划者的名字，隶属的单位、职位均应写明。策划书完成的日期也包括修改的日期。策划书的目标写得越明确具体越好。

（3）正文。正文由策划书的前言和策划书文本两个部分组成。

策划书的前言包括策划的缘起、背景资料、问题点和节事活动创意的关键等。另外，也可以加上序文、目录、宗旨。序文把策划书所讲的概要加以整理，内容简明扼要，让人一目了然。目录务必能让人了解策划的全貌。宗旨主要是对策划的必要性、社会性、可能性等问题的具体解说。

策划书文本包括基本事项、策划设计、宣传与推广、参加对象和观众组织、组织机构、任务分工、进度安排、经费预算、资金来源、总体协调事项、效果评估等。策划书文本的内容是方案最重要的部分，因策划类型的不同而有所变化，但要做到总揽全局、目标清晰、思路清晰、分工明确、综合协调，力求内容具体、可操作性强等。

2. 节事活动策划书的写作要求

（1）言简意赅。为了在有限的篇幅内把需要介绍的内容全部说清楚，一定要注意在写作过程中不要啰唆。

（2）用词准确。要突出节事活动主题及特色，增强吸引力，避免一些不温不火的语言，尤其是节事活动的创新之处要讲清楚。

（3）实事求是。在介绍节事活动情况时，切忌夸张、言过其实，应多列举事实，如重要的赞助商、历届的口碑与效果等。

（4）重点突出。节事活动的策划程序要写清楚，并突出重点。

（5）注意包装。这主要体现在两方面：①策划书的文章结构与层次要清晰明朗、重点突出，让读者能抓住节事活动的亮点，并有一个清晰的头绪。②在包装制作上，要装订整齐、制作精美，给人赏心悦目的感觉。

三、节事活动营销

节事活动营销，是节事活动策划和组织的一项重要工作，它要回答参与者在现实市场营销活动中提出的各种问题，市场化是节事活动举办的第一原则。为了适应市场的需求和变化，使节事活动取得成功，需要做好节事活动市场营销的工作。这就要在节事活动策划中进行有效的市场调研、精准的目标市场选择和市场定位，制订行之有效的营销计划并坚定地执行和进行效果评估。

（一）节事活动营销的概念

传统市场营销将营销内容概括为"5W1H"（why，who，when，what，where，how），节事活动营销问题也应当从以上六个方面来解答。

1. why（为什么）

这是指节事活动营销的原因。当然，所有的节事活动营销都是为了吸引更多的消费者，获取更大的利益。但在竞争日趋激烈的市场条件下，如何使得所策划的节事活动更具特色、更能吸引公众的注意，并让他们更加积极地参与节事活动，是我们进行节事活动营销的重要原因。因此，为节事活动确定一个吸引人们关注的主题是节事活动营销的重要工作。

2. who（谁来参与）

这一话题要求我们明确三个问题：①根据节事活动的影响范围确定营销对象的范围。②了解受众群体对什么样的节事活动感兴趣、什么样的节事活动能吸引他们的关注。③要按照受众群体是否第一次参加此类节事活动而分别对待。如果是第一次参加，则需要对他们详细解释整个节事活动过程的起源以及它的大致情况。如果不是第一次参加，则需要对本次节事活动与众不同的地方进行强调和解释。

3. when（什么时候举办）

节事活动举办时间安排得是否科学、准确，将直接影响到其参与的人数和质量。选择节事活动举办的时间要考虑节事活动本身的性质、目标市场消费群体、地方风俗习惯等。

4. what（营销什么）

节事活动营销内容应根据特定的理念、目标和对象来确定。如果节事活动营销面向参展商，应注重宣传节事活动的声誉、知名度、经济收益等，让参展商相信节事活动会提升企业形象、打开销路、提高经济收益等；如果节事活动营销面向赞助商，应大力宣传节事活动给他们提供的各种优惠政策，让他们深信自己的赞助会超出预期的效果；如果节事活动营销面向消费者，应介绍节事活动所具有的娱乐性、趣味性和参与性，并突出节事活动的个性和特色，吸引消费者参加。

5. where（在哪里举办）

节事活动举办地点要进行全面的考虑，一般考虑地理位置、交通、旅游、文化、地方财政的支持等。

6. how（怎么营销）

在确定了节事活动营销的主题、目标、对象和内容后，便要选择恰当的营销策略和方法，即究竟采取什么方式去营销。

（二）节事活动营销的原则

1. 娱乐性

节事活动营销成功的关键在于提供某种娱乐活动，促使观众走出家门去体验在家里无法获得的感受，因为所提供的活动是与众不同并专为观众设计的。

2. 兴奋性

兴奋可以给人留下深刻印象。兴奋性是行业领导者、公司新标志推介会或协会周年庆的特征之一，在制订活动营销计划时要充分考虑兴奋性。兴奋应成为承诺的一部分，并确保将这一信息传递给公众。

3. 冒险性

冒险就是做好冒风险的准备或尝试新东西、充满活力和进取心。寻求新动机、进入未知领域的意愿促使营销策划者考虑目标受众的想象力和感受。

（三）节事活动营销的形式

节事活动的最大特点就是具有很强的轰动性。如果没有有效的营销手段，节事活动内容即使设计得再好，也会落入无人捧场的境地，活动也就难以取得成功。节事活动营销常见的形式有新闻推介、广告推介、人员推介、事件推介、宣传品推介、海报推介等。

1. 新闻推介

节事组织者必须高度重视与各类新闻媒体合作，充分整合媒体资源。合作不仅是宣传，还包括联合举办各类活动，扩大影响，促进招商。根据节事的性质，组织者可以有选择地与举办地媒体、重要电视台、知名财经媒体、网络媒体、海外媒体等进行紧密合作。

2. 广告推介

广告推介是节事活动推介的重要手段。广告推介成功的关键在于创意。依据传播媒介的不同，广告可以分为电视广告、广播广告、报纸广告、杂志广告、网络广告、招贴广告、POP（销售点）广告、交通广告、直邮广告等。随着新媒介的不断增加，根据媒介划分的广告种类也会不断增加。每一类媒体都有一定的优点和局限性，认识不同媒体的特性是合理选择广告媒体的前提。

3. 人员推介

人员推介直接有效，并极具人情味。人员推介大多为"一对一"的服务，即由节事活动工作人员通过电话、微信、电子邮件、上门拜访等方式将有关信息送到目标客户手中。特别值得一提的是，在同类节事活动现场宣传自己的节事活动的做法，已被越来越多的节事活动组织者所采用。因为在此种特定场合遇到有价值的目标客户的概率很大，故而可以大大节省辨别筛选目标客户的时间、精力和费用，取得事半功倍之效。换言之，选派人员在同类节事活动现场推荐自己的节事活动，恰如"借东风"，能最大限度地借用别人的客户资源。

4. 事件推介

事件推介往往能收到令人满意的效果。进行事件推介，关键是要有一个好的策划，安排合适的活动内容，吸引大众注意。如历届奥运会的火炬传递就是一个很成熟的"事件"推介。火炬传递到哪里，奥运精神就传播到哪里，非常吸引眼球。

5. 宣传品推介

印刷品是一种能承载大量节事活动信息的特定宣传媒介。节事宣传品印刷精美，图文并茂，汇集了有关节事活动的基本信息。通过向目标受众广泛派发宣传品，能起到很好的广告宣传效果。

6. 海报推介

海报具有很强的视觉冲击力，是节事活动示人的"面孔"。一个专业的节事活动，都会精心设计富有特色的宣传海报。连续举办多届的节事活动更是十分重视历届节事活动海报艺术风格的一致性。因此，好的节事活动海报作品不仅有助于人们了解活动，还是具有很高的欣赏价值的艺术品。

（四）注重品牌营销，打造IP

品牌营销必不可少，IP打造是进阶目标。如果说节事活动内容决定了成功的

70%，那么营销的因素就是甚至超过剩余的 30%。国外的节事活动，无论规模大小、形式如何，都会通过一系列创新形式的营销宣传，在活动开始前就造势，将气氛拉满，刷足存在感。街头创意互动、社交媒体达人推广、新奇有趣的视频短片，甚至政府领导的代言等，都是可以借鉴的前期预热宣传手段。

初步获得一定的市场品牌知名度后，快速进行文创衍生品开发，推出相关影视、动漫作品，具象化精神信仰（如卡通人物形象、虚拟人物形象），再次把节庆活动中想要传递的内涵故事讲给更多的受众听，获得更高阶的情感认同，将 IP 规模化再运营，其效果也就开始显现。

第三节　旅游目的地节事活动评估

节事活动评估是针对一个节事活动，通过对活动前期工作、目的、实施、运作等情况的综合研究，对服务、直接或间接效益、作用和影响所进行的系统的、客观的分析与评价。判断该活动是否成功，总结经验教训，为活动的主办者与承办者提供借鉴，并通过及时、有效的信息反馈，为观众、赞助商、供应商等提供参考。

对于节事活动评估，国内外理论与实际工作者有不同的具体理解，基本上是从活动后评价的角度进行的。

一、节事活动评估分类

（一）事前评估（活动前评估）

事前评估，有时亦称活动项目评估。这种评估通常发生在活动的研究和策划阶段，评估的目的是确定举办该活动可能需要的资源量大小和继续这一活动的可能性，得出是否可以立项的结论。它是在对活动项目的可行性进行研究的基础之上，站在活动项目的起点，根据国家有关的方针政策、法律法规，从经济角度、社会角度和环境角度对活动进行评估，对活动的市场进行调研，对参加人数、大致费用和效益进行研究，预测成功的可能性和未来的发展前景，从而对活动投资的可行性作出判断。这些研究结果是活动的内容之一，是衡量活动是否成功的基准。

（二）监控评估（活动跟踪评估）

监控评估有时又称作"中间评估"或"实施过程评估"，就是在活动的不同执行阶段对活动的进展情况进行跟踪和控制。这种评估的目的通常是检验活动营销、形象、时间等策划的质量，或评估活动在实施过程中的重大变更及其对活动效益的作用和影响，或针对活动中的重大困难和问题寻求对策及出路。如对预算的控制评估，可以节省实际开支，减少花费，降低成本，提高整个活动的收益；对时间的控制评估，可以保证活动按照计划实施，如期完成活动任务。

（三）事后评估（活动后评估）

这是评估最常用的形式，指对已经完成的活动项目的目的、执行过程、效益、作用和影响所进行的系统的、客观的分析。通过定性和定量相结合的总结，评价活动项目的策划、筹备、实施、收尾和运作的情况。衡量和分析活动的实际情况与预测情况的差距，确定有关预测的判断是否正确，找出成败原因，总结经验教训。通过及时、有效的反馈，提高管理和服务水平，同时进行回顾总结和前景预测，为今后改进项目的策划、管理和监督等工作创造条件。

二、节事活动评价的基本内容

从活动项目评价的作用看，其就是把活动实施的结果与前期策划和当初决策时的目标进行比较，检查活动的过程，评价其财务效益、经济效益，总结经验教训，以便迅速、有效地将其应用到新的决策活动中去。

活动评价包括对节事活动的工作评价和效果评价，一般要分析以下基本内容。

（一）节事活动策划评价

对节事活动的策划方案进行评价，评价内容包括以下两个方面。

1. 策划方案评价

策划方案包括节事活动的举办时间、地点、规模、主承办机构组成、活动定位、活动价格、人员分工、活动的品牌形象策划、市场营销策划等，找出它们的优缺点，作为举办机构的备案资料保存，以备下次使用，保证今后筹办类似活动越来越顺利。

2. 目标评价

评价节事活动立项时原先计划中预定的目标的实现程度，是节事活动评价所需要完成的主要任务之一。一般来说，节事活动的目标在立项时就确定了，其评价指标包括宏观指标和直接目的，宏观指标即对地区或国家经济、社会发展的总体影响和作用，直接目的即向社会提供某种产品或服务，指标一般是量化的。节事活动评价要对照原定目标的主要指标，检查活动结束以后的实现情况，确定实际变化之处及分析变化产生的原因，判断目标的实现程度。另外，要在实践中检验原定决策目标的正确性、合理性，通过评价找出原定决策目标的问题，如不明确的目标、过于理想化的目标及不切实际的目标，为下次活动目标的修订提供经验和依据。

（二）节事活动工作评价

节事活动的筹备和实施工作的内容比较广泛，涉及时间进度、推广宣传、现场服务、财务实施等情况，对照立项或可行性研究报告的原定情况进行比较和分析，找出差距，分析原因。节事活动工作评价一般包括以下几个方面。

（1）筹备工作评价：节事活动工作的统筹、准备、协调及各项筹备工作的安排和调整等。

（2）服务代理工作评价：对通过公开招标的服务商、代理商、指定赞助商、旅游代理商、清洁公司、保安公司等的工作进行评价。

（3）宣传推广工作评价：媒体宣传与公关、推广进度安排、宣传渠道的建立、宣传资料的印制与发放、宣传效果、新闻媒体的反应（刊载、播放的次数、版面大小、时间长短）等。

（4）组织结构与人员评价：对构建的组织结构形式、人员组成、工作态度、团队精神、工作效果等进行评价，评价工作人员组合安排是否合理、效率是否高、工作时间是否适中等。

（5）现场管理工作评价：场地选择、舞台音响、后勤管理、物流配送、清洁保安、志愿者管理、现场工作人员管理、突发事件应急措施和各环节的服务，及对这些服务的质量、提供方式等进行评价。

（6）时间管理评价：对节事活动的招商、宣传推广、服务及整体时间进度安排等进行评价。

（7）服务管理工作评价：筹备管理的质量和效率，接待服务的各环节质量、培训、后续工作等。

（8）财务实施评价：对节事活动的预算制定与执行情况、成本、费用支出、时间安排，收益、收款情况，超支原因及其他财务管理问题进行评价。

（三）效益评价与影响评价

1. 效益评价

节事活动的效益评价即财务评价和经济评价，主要的分析指标为内部的收益率、净现值和贷款偿还期等盈利能力和偿还能力，包括成本效益评估、成本利润评估等。

2. 影响评价

节事活动的影响评价内容具体有以下几个方面。

（1）经济影响评价。它主要分析、评价节事活动对所在地区、所属行业和国家所产生的经济方面的影响，评价的内容包括分配、就业、换汇成本、技术进步等。由于经济影响评价的部分因素难以量化，一般只能做定性分析或并入社会影响评价范围。

（2）环境影响评价。它一般包括节事活动的地区环境质量、自然资源利用和保护、区域生态平衡和环境管理等几个方面。

（3）社会影响评价。节事活动的社会影响评价是对节事活动在社会经济发展方面的有形或无形的效益和结果的一种分析，重点评价节事活动对举办国、举办地和社区的政治、文化、经济、生活的影响。

节事活动的持续性评价也是节事活动影响评价的一个组成部分，它指节事活动的既定目标是否还能持续，节事活动是否可以持续地举办下去、是否具有可重复性，即是否可在未来以同样的方式举办同类活动。其影响因素一般包括：本国政府的政策、管理，组织和地方的参与，财务因素，社会文化因素，环境和生态因素，外部因素等。

三、节事活动评估的主要方法

节事活动评估是一个收集有关节事活动目标实现情况的信息的过程，它关系到节事活动组织者的管理水平是否能够不断提高，所以科学的评估方法是决定评价结果客观、系统、准确的最重要的因素，往往采用定性和定量相结合的形式。

（一）调查法

调查法是节事活动评估最常用的有效方法，它既可用来获得定量的数据，也可用来获得定性的描述。由于节事活动期间旅游者的流动性大、旅游者逗留的时间短，一般不可能深入地了解他们。调查法就是对那些不可能深入了解的问题通过调查、访问、谈话、问卷等方法收集有关资料，了解利益相关者的心理和行为的一种方法。

（二）对比分析法

对比分析法是节事活动评价的基本方法，它是在调研完成以后，在分析调查结果的基础上，将节事活动实施前的目标与结束后的实际情况加以对比，测定该活动的效益和影响。通过对比分析，分清对地区的影响中活动的作用和活动以外的作用，评价活动的增量效益和社会机会成本，与活动举办完后的实际情况相比较，从中找出存在的差别和原因。

本章小结

节事活动是借助当地历史、文化或经济资源组织的一次性或重复举办的，主要目的在于加强外界对旅游目的地的认同，增强其吸引力，提高其经济收入的活动。可根据节事活动的属性、影响范围、组织者和节事主题，将其划分为不同类型。节事活动对于旅游目的地而言，既可以成为旅游目的地的动态旅游吸引物，丰富旅游目的地的旅游资源，也可以成为旅游目的地的营销手段，提升旅游目的地的知名度和美誉度，还可以成为推进旅游目的地软硬件建设的"催化剂"。要在明确节事活动目的的基础上开展好旅游目的地的节事活动，注意节事活动的特色、主题和市场化运营等问题。地方政府逐渐引入"三位一体"办节模式，即政府主导－社会参与－市场（企业）运作的模式。注重节事活动的策划、营销与评价。节事活动策划方法主要有比较分析法、头脑风暴法、灵感创新法、运筹学方法。节事活动营销常见的形式有新闻推介、广告推介、人员推介、事件推介、宣传品推介、海报推介等。

 即测即练

 拓展阅读

思考题

1. 旅游目的地节事活动的概念和特征是什么?

2. 旅游目的地节事活动是怎样进行分类的?

3. 旅游目的地节事活动对旅游目的地的影响有哪些?

4. 我国目前旅游目的地节事活动的运作模式有哪些?

5. 旅游目的地节事活动策划设计的基本原则是什么?

6. 节事活动评价的主要方法是什么?

第八章 旅游目的地信息管理与智慧旅游

学习目标

1. 了解信息管理的重要性，智慧旅游的基本情况，旅游目的地智慧管理的层次及平台模块。

2. 熟悉旅游目的地智慧管理的价值和特点，旅游目的地智慧管理的实际运用。

3. 掌握旅游目的地信息管理的结构体系。

能力目标

1. 了解智慧旅游在旅游目的地管理中的应用，并能够及时跟踪发展趋势。

2. 熟悉旅游目的地智慧管理的层次及平台模块，并在实践中能够熟练运用。

3. 掌握旅游目的地信息管理的内容，并能结合具体旅游目的地特点，分析设计旅游信息管理的相关内容。

思政目标

1. 熟悉智慧旅游的基本情况，通过案例分析，研究智慧旅游的发展现状和发展趋势，培育学生的文化自信心和民族自豪感。

2. 掌握旅游目的地智慧管理的手段，融入科学精神的教育内容，培育和践行社会主义核心价值观。

3. 掌握旅游目的地信息管理的真正意义，融入改革创新精神，培养学生的迎难而上的坚韧精神及锐意进取的开拓精神。

🔍 思维导图

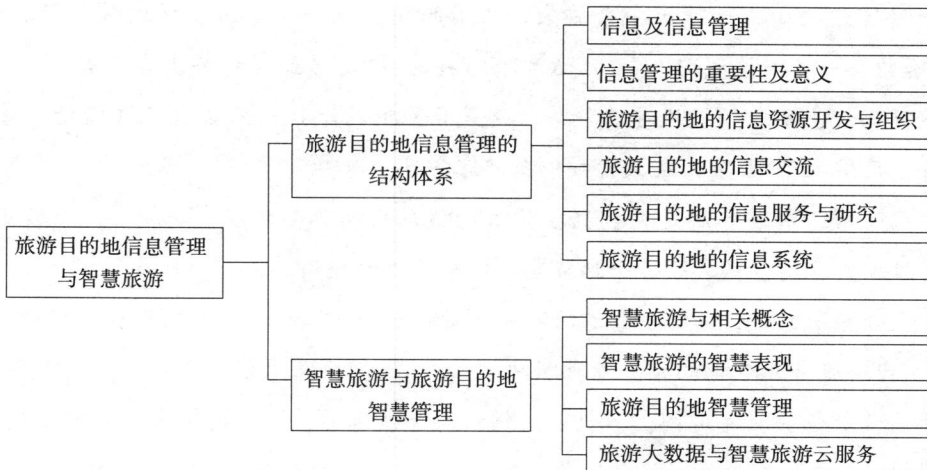

🔍 导入案例

数字化的"诗和远方"更有魅力

一个景区 App，可随时帮助游客解决各类问题；一份大数据报告，能清晰显示客源结构分析结果；一个乡村民宿管理平台，让农户坐在家中实现揽客……近年来，数字技术在文旅领域的应用日益广泛，无论是后台管理，还是对客服务，无不显示着数字化"诗和远方"的独特魅力。

近日，中共中央、国务院印发《数字中国建设整体布局规划》（以下简称《规划》），明确提出，建设数字中国是数字时代推进中国式现代化的重要引擎，是构筑国家竞争新优势的有力支撑。这无疑是数字化发展的又一个重磅政策，文旅业界从《规划》中看到了更多机遇。

挖掘大数据　增添新动能

数字时代，大数据的挖掘和应用是各行各业的热门课题之一。《规划》强调，构建国家数据管理体制机制，推动公共数据汇聚利用，建设重要领域国家数据资源库，释放商业数据价值潜能，加快建立数据产权制度。

在文旅领域，大数据已有广泛应用，如政府部门的智慧旅游公共服务平台，景区、度假区、乡村旅游点等的智慧旅游应用，覆盖了行业监管、客流预测、游客画像、营销推广、预约管理、定制服务等各个领域。

故宫博物院"智慧开放"项目是文化和旅游部资源开发司发布的"2021年智慧旅游典型案例"之一。记者打开故宫博物院的微信小程序，刚一进入界面就看到一只可爱的小狮子探出半个脑袋、眨着眼睛，点一下小狮子便进入对话界面。"可否推荐一条游览线路？""附近都有哪些建筑？""最近的餐饮店在哪？"对于这些问题，小狮子均能迅速回答——这是故宫博物院推出的AI（人工智能）导游服务，已融入了10万余条故宫知识及游客常见问题。

据了解，智慧导游是大数据在旅游领域应用的典型之一。实际上，大数据在吃、住、行、游、购、娱各个环节都有较为广泛的应用。

大众旅游时代，选择自驾游的游客数量日渐增多，数字地图的重要作用愈加凸显。"出游服务是我们的重点业务板块之一。"高德地图文旅业务相关负责人表示，基于海量数据的数字地图，不仅可提供出游导航服务，还可提供一站式聚合服务，除提供开闭园、客流量、停车位等基础信息外，还提供游玩攻略等决策信息。

值得一提的是，大数据不仅应用于对客服务，还能助力行业管理、企业发展。

"我们通过手机信令数据、OTA（在线旅行社）平台数据等，可清晰地看到客流变化趋势。"海南波罗密信息科技有限公司项目总监雷小波说，"通过对大数据的挖掘和分析，建立有效算法和模型，发现规律和趋势，可以帮助企业开发适销对路的产品、做好发展规划，还可以帮助政府做好行业监管、精准制定政策措施。"

美国硅谷数字技术科学家、IBM（国际商业机器公司）高级工程师/科学家凌棕博士也关注到了大数据技术在文旅等领域的应用。他表示，随着信息技术应用的持续高速发展，数据呈现爆炸式增长，文旅领域同样如此，随之而来的海量数据存储和利用问题，亟待引起重视。对业界来说，要从存储硬件和软件两方面共同发力，为未来发展积蓄力量。

创新数字消费　提升游客体验

数字时代，数字消费业态活力十足，VR体验、AR创意、AI导览、数字藏品、数字光影秀等逐渐走进大众生活。《规划》提出，普及数字生活智能化，打造智慧便民生活圈、新型数字消费业态、面向未来的智能化沉浸式服务体验。

近年来，基于VR、AR等技术的数字消费业态日益丰富。南昌VR主题乐园、梦幻黄山文化体验馆、河南洛阳"无上龙门"沉浸体验馆等，依托数字技术，连接古今、融通文旅，释放出了创新活力，备受游客青睐。

"VR、AR技术在文旅行业有着巨大的创新潜力和应用价值，能够为观众提供更加生动有趣、个性化的文旅服务和产品。"乐构未来（北京）科技有限公司创始人包嘉会表示，依托VR、AR技术可以打造颇具"科技范"的文旅场景，如在博物馆中，扫描文物或展板，立刻呈现出文物的历史背景、制作工艺、相关故事等信息，甚至可以虚拟重建历史场景，增强观众的代入感；在人文景区中，扫描建筑或地标，立刻呈现出景区的历史文化、民俗风情等，还可通过虚拟游戏或剧本杀，让观众参与景区相关故事和情境。

此外，基于数字技术的旅游演艺项目也遍地开花，武汉"夜上黄鹤楼"光影演艺、甘肃敦煌"乐动敦煌"文旅演艺、西安"夜谭·白鹿原"光影秀、山西运城鹳雀楼光影演艺、山东长岛"梦寻仙山"光影演艺……"数字＋光影"营造出奇幻氛围，吸引了大众目光。

"未来，以文化为内核的沉浸式文旅体验将会是文旅行业创新发展的方向之一，也是数字消费业态创新方向之一。"良业科技集团品牌负责人张海晏表示，我国夜间消费潜力巨大，尤其城市夜游保持了良好的增长势头，以数字光影为代表的数字消费业态，融合了文化、科技、时尚元素，为大众夜游增添了更多精彩。

数字赋能乡村　旅游升级发展

乡村振兴离不开数字技术的加持，乡村旅游同样需要融入数字技术。《规划》提出，推进数字社会治理精准化，深入实施数字乡村发展行动，以数字化赋能乡村产业发展、乡村建设和乡村治理。

各地实践表明，数字技术不仅能提高乡村旅游管理效率，更重要的是可以助力乡村旅游"触网"，更好融入城乡旅游经济圈乃至全国旅游大市场。

在山东省曲阜市尼山镇鲁源新村，当地依托紧邻尼山圣境景区的区位优势，大力发展民宿产业，并建起了数字化管理平台，对全村住宿、餐饮、交通、停车等进行统一管理，让行业监管、客流调配、营销推广等实现数字化，让民宿经营户既省心又获利。

在重庆市开州区桐林村，当地依托数字技术打造"认养农业"，市民通过手机便可轻松查看"自家"果树的生长情况；在开州区三峡乡村牡丹园，市民游客线下购买一盆牡丹，线上还能获得一盆"数字孪生牡丹"，并可通过微信小程序记录牡丹生长的点滴，增添一份乐趣。

"依托数字技术，乡村旅游在营销和管理上都能有所突破。"北京数字创意产业协会副秘书长曾贞表示，营销上，可利用 VR、AR 技术助力乡村 IP 的打造和推广；管理上，可借助大数据、LBS（基于位置服务）等信息技术，平衡淡旺季，进行拉新和疏流。

"数字乡村是我国乡村振兴的战略方向，是建设数字中国的重要内容，也是乡村旅游发展的关键。"携程集团副总裁王韦表示，随着数字化技术的进一步发展，把数字化渗透于乡村旅游产业的应用场景、公共服务和管理系统，将有效促进乡村旅游在更大范围和更高水平上实现高质量发展。

资料来源：中国旅游报 /2023 年 /3 月 /20 日 / 第 001 版 李志刚 .

思考题：

1. 大数据在旅游管理中的应用与挑战？

2. 数字化转型对乡村旅游发展的影响？

智慧旅游给旅游业带来了全新的发展方式。采用智慧旅游的方式，旅游者在旅游途中可以享受更大的灵活性和自由度，同时旅游企业也能提升自身的行业竞争力，从而增强旅游产业的整体竞争力。科学技术的不断进步可以有效地为可持续发展的决策提供依据和手段，建立健全规范、高效、有序的旅游目的地信息管理机制，充分发挥信息引导作用，这对实现旅游目的地的可持续发展有着特殊的意义。

第一节　旅游目的地信息管理的结构体系

信息是旅游业发展的基础。旅游者在旅行前需要了解旅游目的地的信息，到了目的地以后的主要活动依然是了解这方面的信息。随着旅游业日趋复杂、旅游者日趋成熟、旅游者的要求日趋多样，客观上这就使得这种信息的提供与服务越来越重要，也越来越困难。如果旅游目的地的信息易于获得，就可以降低在策划和组织旅游活动时所需要的寻找费用，从而也使旅游业的市场交易容易达成。

从目前的研究来看，关于旅游目的地的信息是否容易获得，已经成为衡量目的地旅游业是否成功的一个关键性的因素，也是衡量旅游者是否满意的一个重要因素。早在 1985 年，柏杜就曾提出建议说，向旅游者提供信息既会影响到他们对旅游目的地的选择，又会影响到他们在目的地旅游的满意程度，还会影响到他们以后的再次来访。克劳茨等也强调说，旅游目的地的信息是否易于获得，对旅游者是否满意有着极其重要的意义，并认为应当最大限度地发挥信息的作用。所以说，旅游目的地信息的提供与传播既是旅游供应商义不容辞的责任，又是旅游目的地管理组织的重要工作之一。

一、信息及信息管理

（一）信息的含义

信息是事物存在的方式和运动状态的表现形式，这里的"事物"泛指存在于人类社会、思维活动和自然界中一切可能的对象。人作为信息感知主体，其所感知的是外部世界向主体输入的信息，而主体所表述的则是主体向外部世界输出的信息。人们只有在感知了事物存在的方式和运动状态的形式，理解了它的含义，明确了它的效用之后，才算真正掌握事物的信息，才能作出正确的决策。

信息与数据、知识之间，既有差异，又存在极为紧密的联系，如图 8-1 所示。

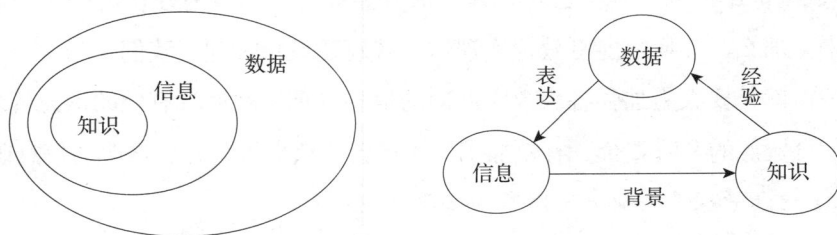

图 8-1　信息与数据、知识的关系

资料来源：何斌，张立后.信息管理原理与方法 [M].北京：清华大学出版社，2006.

数据是未经整理的，可被判读的数字、文字、符号、图像、声音、样本等，是载荷或记录信息的按照一定规则排列组合的物理符号。信息是在特定情况下经过整理的，表达一定意义的数字、文字、符号、图像、声音、信号等。信息是数据载荷的内容，对于同一信息，其数据表现形式可以多种多样。而知识是在信息这一原材料的基础上形成的见解、认识，是信息接收者通过对信息的提炼和推理而获得的正确结论，是人通过信息对自然界、人类社会以及思维方式与运动规律的认识和掌握，是人的大脑通过思维重新组合的、系统化的信息集合。

简单来说，数据是信息的原材料，而信息则是知识的原材料，数据涵盖范围最大，信息次之，知识最小。

（二）信息管理的含义

信息管理是人类综合采用技术的、经济的、政策的、法律的、人文的方法和手段对信息流进行控制，以提高信息利用效率和最大限度地实现信息效用价值为目的的一种活动。

信息管理是一个综合性非常强的领域，其理论方法涉及计算机科学、信息科学、图书馆学、情报学、社会学、管理学、经济学、法学、心理学、伦理学等众多的学科。

二、信息管理的重要性及意义

（一）信息管理是提升一个国家或地区竞争力和影响力的必要条件

世界上任何一个国家或地区，若想在竞争中取得优势地位，都必须有效地利用好三种基本资源，即物质资源、信息资源和人力资源，才能不断提升自身的综合实力。

（二）信息管理是建设服务型政府和提升政府为民服务能力的必要条件

进入 21 世纪以来，我国已经把建设服务型政府作为政府建设的一个基本目标确定下来。那么，如何才能有效地实现这一政府建设目标呢？我们认为，关键性的条件之一，就是要大力加强各级政府部门的信息管理，并通过有效的信息管理来实现政府信息资源的及时整合、有效加工，为社会公众提供公开、透明的信息服务。

（三）信息管理是企业创造财富的必要手段

著名的管理大师彼得·F. 德鲁克（Peter F. Drucker）认为，企业的职责就是创造财富，而不是控制成本。他深刻地指出："企业必须作为企业来经营，也就是说必须创造财富。为此，企业管理者需要信息才能见多识广地进行判断。"

（四）信息管理是个人和家庭赢得成功与创造财富的重要手段

加强信息管理是使信息资源真正得以合理开发和有效利用的必要条件，无论是个人还是家庭，对外界输入的信息能够有效地整合利用，将能使信息作为生产力的关键因素使个人和家庭甚至社会发展获得良好的益处。

三、旅游目的地的信息资源开发与组织

旅游目的地的信息管理能更好地服务于目的地的发展，拥有充足、丰富、新颖、准确的目的地旅游信息，是旅游业发展的前提和基础。信息的丰富性需要目

的地重视信息资源的开发，而信息的准确和新颖则要求目的地重视对旅游信息的组织。

（一）旅游目的地的信息资源开发

旅游目的地的信息资源是目的地的旅游资源、旅游活动和旅游经济现象等客观事物的综合反映，具体包括旅游目的地基本信息、旅游企业信息、旅游产品信息、旅游供求信息等，这些信息资源与旅游者的旅游决策和旅游活动，与旅游企业开展经营和旅游目的地的宣传营销等活动密切相关，它们是旅游目的地发展的重要信息资源。

虽然科学技术的进步使信息传递和交流更为快捷、方便、顺畅，但从目前旅游业的信息发展来看，信息资源的开发与质量远远落后于信息传递技术的发展。这一问题从众多旅游网站可见一斑，网站信息内容的单一局限性、重复同质性、过时滞后性等已经是较为普遍的问题。因此，加大目的地旅游信息资源的开发力度是目的地信息管理的首要问题。

1. 加强信息源的丰富性建设

信息源是人们在科研活动、生产经营活动、文化活动和其他一切活动中产生的成果与各种原始记录，以及对这些成果和原始记录加工整理所得的成品，是借以获得信息的源泉。

旅游目的地的信息源一般可以分为如下几方面。

（1）印刷型信息源。例如，旅游类图书、期刊，旅游会展、会议资料，专门的旅游营销促销报告，旅游新闻报纸等都是印刷型信息源。由于阅读、利用方便，它是目的地传播信息的主要形式。其缺点是体积大、分量重。

（2）计算机阅读型信息源。它是将目的地相关的文字和图像信息转换成二进制数字代码，记录在磁盘或光盘等载体上的信息源。阅读时，由计算机将它转换成文字或图像。如目的地的宣传光盘等，它能存储大量信息，并使人们以极快的速度从中获取所需信息。

（3）网络型信息源。它是旅游目的地的信息资源直接在网上产生、发布、存储和传播的信息源。这类信息虽然也需要计算机帮助才能阅读，但它直接在网上存取，信息容量更加庞大，读取更快捷迅速。但是其需要网络基础设施的支持。

（4）实物型信息源。由某种实物携带或存储旅游目的地的知识信息，例如，带有目的地形象或标识信息的物品、目的地的旅游商品、纪念品等都是实物型信息源。这类实物信息源能更直观生动地传达目的地信息，易于信息接收者理解和吸收。

旅游目的地信息源的丰富性建设，首先，要注重开发具有品牌效应的印刷型信息源，以占有目前仍为广泛存在的传统信息接收者，并且注重利用信息传递的主题模式，为目的地建立良好的市场形象，并经营忠诚的客户群体。其次，大力开发网络型信息源，在互联网时代的不断发展下，网络基础设施的不断完善下，网络信息源是目的地信息传递的核心源泉，能够更广泛、快捷地传递目的地信息。最后，要注重优化利用实物型信息源，实物型信息源具有持久性地传递信息的效果，如标志性的建筑、经典的旅游纪念品等，具有一次开发永续利用的优点，但对于所附载信息的质量要有严格的标准。

2. 增强对智力型信息源的利用

智力型信息源主要是指人脑存储的知识信息，又称隐性知识。这类信息由人的活动携带，根据社会需求提供各类咨询服务，帮助用户解决问题。体现在旅游业当中的这类信息源主要指兴起时间较短的旅游咨询人员或机构。因为他（它）们对于旅游信息掌握和利用的专业性与权威性，常常成为旅游者或部门进行决策的重要助手。

3. 注重发挥零次信息源的作用

零次信息是人们通过直接交流获得的信息，是信息客体的内容直接作用于人的感觉的结果，而不像记录型信息和实物型信息那样通过某种物质载体的记录形式发挥作用。因此，零次信息具有直接性、及时性、新颖性、随机性、非存储性等典型特征。

在旅游业中最主要的现象之一就是旅游者之间的信息传递。随着网络的兴起与普及，以及移动终端的迅速发展，旅游业零次信息的传递超越了时空限制，传播量越来越大、速度越来越快、影响面越来越广。例如，旅游者通过网络论坛、博客、微博、微信等渠道发布个人旅游体验等，对旅游目的地的发展具有重大的影响力。

但由于零次信息的存在形式、传播渠道具有较大的随机性，难以存储和系统积累，管理这类信息具有很大难度。目的地应采用特殊的收集、记录、整理和存储方法对这类信息源加以利用，为目的地决策提供信息依据。

4. 关注目的地信息产生与分布的马太效应

社会信息流的产生、传递和利用过程中，信息及相关因素常常表现出明显的核心趋势和集中取向，这就是信息产生和分布的马太效应。旅游目的地的信息产生和分布同样存在马太效应，如旅游活动热点地区或项目常常产生或存在大量信息。

一方面，马太效应具有积极的意义，它可以帮助我们找出重点，摒弃平均，为信息源的选择、获取、评价和利用提供依据，为降低信息管理成本、提高信息利用效益提供指导和方法。

另一方面，马太效应对目的地的信息管理具有负面影响。有时，马太效应所形成的目的地信息分布汇集仅仅是表面的、外在的，带有一定的突发性，容易使目的地的信息价值失真。此外，马太效应优势积累产生的核心信息源，常常成为旅游者或部门机构管理的重点对象，但如果过分注重核心信息源，就会忽略分布在其他信息源中的有价值的信息，从而导致旅游者或部门机构决策的偏向性，从而不利于目的地的整体发展。再有，马太效应的积累和集中在一定程度上限制了目的地新思想、新知识和新信息的产生及传播。

因此，旅游目的地信息产生与分布的马太效应要适度，不能任其发展，为保证目的地信息的产生与分布比较科学合理，旅游目的地的管理部门对其进行适当的干预是必需的。

（二）旅游目的地的信息组织

通常情况下，旅游目的地的信息组织通过目的地管理组织定期向供应商寄去问卷表，再从供应商处获得信息，或是将信息收集工作交给下级旅游部门。但在信息组织过程中往往因为缺乏系统、科学的思考与规划，造成信息组织结果的不适用。

1. 信息组织的基本含义

信息组织，亦称信息整序，是利用一定的规则、方法和技术对信息的外部特征和内容特征进行揭示与描述，并按给定的参数和序列公式排列，使信息从无序集合转换为有序集合的过程。

信息组织按照信息表现形式可以分为以下几种。

（1）文字信息组织。

（2）图像信息组织。

（3）声音信息组织。

（4）视频信息组织。

2. 旅游目的地信息组织的基本内容

（1）信息选择。信息选择的目的就是从采集到的、处于无序状态的众多目的地信息流中甄别出有用的信息，剔除无用的信息，它是整个目的地信息组织过程的第一步。

（2）信息分析。信息分析是按照目的地管理或营销等不同工作目的，以一定的逻辑关系对选择过的信息内、外特征进行细化、挖掘、加工整理并归类的信息活动。它是信息描述与揭示的前提和基础，直接影响着信息组织的质量。

（3）信息描述与揭示。信息描述与揭示是指根据目的地对信息组织和检索的需要，对信息资源的主题内容、形式特征、物质形态等进行分析、选择、记录的活动。

（4）信息存储。信息存储是将经过加工整理序化后的目的地信息按照一定的格式与顺序存储在特定的载体中的一种信息活动。信息存储的目的是便于旅游目的地信息管理者和旅游者或部门机构等用户既快速又准确地识别、定位和检索信息。

3. 旅游目的地信息组织的原则

无论是对旅游目的地信息流的宏观信息组织，还是对旅游目的地宣传、开发、管理等微观信息组织，都必须在一定的科学原则的指导下，切实避免信息组织工作的随意性、无计划性和盲目性等现象的出现，从而使旅游目的地的信息组织真正发挥整序信息、科学分流、促进选择、保证利用的功能和作用，为旅游目的地的健康发展提供支持。

1）客观性

旅游目的地信息组织过程中，描述与揭示信息的外在特征和内容特征必须客观而准确，要根据信息本身所反映的各种特征对其加以科学的反映和序化，形成相应的信息组织的成果。

不能损害信息的本来效用，不歪曲信息本身，也不肢解信息本身，要完整地、全面地、精确地反映信息的客观特征。还要不断跟踪信息源的发展变化，使信息组织与条件变化和目的地整体的环境变化保持客观一致。

2）系统性

没有系统性的信息组织工作，是不可能实现整体目标的。要实现旅游目的地信息组织的系统性，必须把握四个关系：①目的地宏观信息组织和各子系统微观

信息组织的关系。②目的地信息组织部门与其他旅游相关部门的关系。③目的地
信息组织工作各个环节之间的关系，要特别注意信息分析与描述的基础性地位，
它是信息揭示和存储的必要准备。④不同信息处理方法之间的关系，要尽可能采
用统一而规范的处理方法。

用系统的观点和方法进行旅游目的地信息组织工作的协调管理，有助于发挥
目的地信息组织的整体优势，也有助于实现目的地信息组织的整体功能。

3）目的性

旅游目的地的信息组织具有鲜明的目的性，必须围绕目的地管理的信息需求
开展工作。一方面，要注意目的地自身发展管理过程中的内、外部环境信息需求，
为管理决策活动提供依据，不断建设和提升目的地的竞争力；另一方面，要积极
开展旅游者的信息需求研究，充分了解旅游者的信息需求，改进目的地的信息组
织方式，使信息组织成果能极大地方便旅游者的选择和利用。

4）现代化

一方面，目的地的信息组织在思想观念上，要注重信息组织的标准化，强调
目的地信息组织工作的统一性、信息组织方法的规范性、信息组织系统的兼容性
和信息组织成果的通用性。

另一方面，目的地的信息组织在技术手段上，要顺应信息组织自动化的发展
方向，改变传统的手工方式，提高工作效率和工作质量，更好地满足旅游者和部
门机构等信息用户的多样化的信息需求。

（三）旅游目的地的信息评价

旅游目的地信息质量控制是极其重要的，由于旅游业较强的综合性特征，以
及信息时代发展所带来的信息膨胀，目的地的信息源和信息量都十分复杂与庞大。
如果旅游者或部门机构对信息不加筛选，盲目收集，不仅浪费大量的人力、物力、
财力资源，而且会造成信息利用的效率低下。此外，如果旅游目的地的信息用户发
现数据有错或有误，那么，整个信息系统就会失去其可信度，这种危险是存在的。

总而言之，旅游目的地信息资源的开发和组织要注重信息质量并加以控制，
以保证目的地信息资源的高效利用，因此，开展目的地的信息评价就是一项必要
的工作。

1. 旅游目的地信息评价的一般指标

有价值的信息是在旅游目的地解决特定的问题和状态中被利用，并能有效发

挥其功能的信息，是实现目的地管理某种目标所需要的知识，是目的地进行管理、决策活动和旅游者进行目的地选择所必需的资料。因此，有价值的旅游目的地信息必须具备及时性、准确性、综合性、获取简易性、经济性等特性。其具体表现为如下几个方面。

（1）能够及时地以适当的方式提供解决问题所需要的依据。

（2）信息符合旅游目的地或旅游者的需求。

（3）信息的可信赖程度高。

（4）信息具有综合性。

（5）信息容易获取。

（6）信息的费用与目标吻合。

2. 目的地信息源的评价

对目的地信息源的评价一般采用两种方法，即直接评价法和间接评价法。

（1）直接评价法。按照前述评价指标，从不同角度和侧面对目的地信息源的价值给予评价。其特点是简单易行，但带有主观色彩。

（2）间接评价法。通过旅游者等目的地的信息用户来评价信息源。以调查表的方式调查旅游者或其他用户对信息源的需求和利用情况，然后对信息源的价值作出评定。其特点是需要信息用户密切配合，工作量较大，但评价结果较为客观。

3. 目的地信息准确度的比较评价

（1）交叉检验。从各个方面或渠道获取目的地的同一信息，并进行交叉比较评价。

（2）要素检验。从信息所含的六个要素（5W+1H）出发评价信息的准确性，六个要素即信息的内容、原因、时间、地点、人、方法。

四、旅游目的地的信息交流

（一）信息交流的内涵

1. 信息交流的概念

信息交流是不同时间或不同空间上的认知主体（人或由人组成的机构、组织）之间相互交换信息的过程。

无论是哪种形式的信息交流过程，必须有一个信息传递者，他是信息的初始来源，实际上是信息生产者；还必须有一个信息接收者，他实际上是信息的最终利用者。

2.信息交流的条件和要素

（1）信息发送者：也称信息传递者或信息生产者，是信息的初始来源，是信息传递链上的初始环节。

（2）信息接收者：或称受信者，是信息的最后接收者或利用者。

（3）交流通道：信息达到受信者所经过的渠道。

（4）符号体系：信息传递交流时依附的载体，包括这些符号体系内部各符号元素之间互相联系与组织的方式及规则。

（5）知识信息库：人脑知识信息的总称，包括人所创造的各种知识或信息，是信息交流的根本来源和终极归宿。

（6）支持条件：信息交流得以实现的保障，包括自然条件、技术条件和社会条件。

（二）旅游目的地的信息传递与交流

从目的地的管理工作来看，目的地信息的传递与交流主要发生在目的地和旅游者之间。一般来说，目的地可采用以下方法向旅游者提供目的地的信息。

（1）通过印刷载体向旅游者传递目的地信息。例如，在收到旅游者的询问信或询问电话后，给他们邮寄旅游手册和旅游指南。旅游者还可以直接到旅游办事处询问，并从柜台上拿走旅游手册阅读，或者通过其他旅游相关的报纸、杂志了解目的地信息。

（2）采用目的地内部设置的旅游问讯网络。旅游问讯网络的作用是向旅游者提供较为详细的、有关目的地的旅游设施的信息。一般可以采用信函、电话，或在柜台前解答旅游者的询问等方式。有些问讯处还代办旅馆订房或为其他旅游供应商代办业务。

（3）通过旅游目的地设在客源市场上的办事处开展信息传播工作。这些办事处实际上是目的地的市场销售部门，它们负责向潜在的旅游者传播信息，帮助他们选择旅游目的地，并策划旅游线路。

（4）通过目的地的网站向旅游者传递目的地相关信息。例如，我国各城市的政府门户网站常有向旅游者提供目的地信息的组成部分；一些著名的旅游目的地常建有自身的宣传网站等。

旅游目的地向旅游者提供的信息交流内容既包括公共旅游设施方面的信息，

也包括私营旅游设施方面的信息。对于私营旅游设施而言，这方面的信息包括食宿（种类、等级、场所、价格、设施、可获得的程度等）、交通（交通方式、时刻表、价格、可获得的程度等）、风景名胜、节庆赛事、娱乐设施（使用说明、场所、价格、营业时间、可获得的程度等）。对于公共旅游设施而言，信息内容包括公园、博物馆、艺术画廊（营业时间、解说、门票、场所、导游图等）、公共交通（时刻表、目的地、方式、价格等）、环境（交通状况、天气预报、滑雪状况、海滩状况等）及法律（出入境管理、卫生检查等）。

旅游目的地有些方面的信息是在旅游者出行之前、在计划酝酿阶段就需要了解的，有些信息是在旅游者到达目的地以后、在旅游的过程中需要了解的。总之，旅游目的地的信息易于获得对目的地发展至关重要。

旅游者计划出行时所依据的主要信息来源包括目的地信息印刷物（导游指南、旅游手册、旅游报刊等）、旅游供应商或目的地管理组织提供的音像资料、旅游代理商提供的网络平台和信息服务、旅游者相互之间的口头宣传等。无数的研究资料表明，旅游者在旅行之前所依据的最为常见的信息来源就是个人信息传播（如家庭成员、亲朋好友之间的互相传播等），人们一致认为这是最重要的信息来源。不过也有研究资料表明，旅游代理商是旅游者在旅行之前获得信息的最重要信息源。同样的研究还表明，旅游者在制订旅行计划时很少用到官方的信息来源（如文旅局等）。

（三）信息扩散的多向对称规律的应用

信息扩散的多向对称规律是指信息在传递或扩散过程中，如果信息源所处的外围介质是同质均匀分布的话，则信息传递就成为一种各向对称结构，即在与信息源距离同等的空间点上，信息接收者所接收的信息是同样的。

在这种均匀介质环境下，信息直达信息接收者是最直接、最快速的传递方式。因此旅游目的地与旅游者之间的信息传递应尽量做到减少中间环节，尽可能使信息从信息源直达旅游者或潜在旅游者，以提高信息的传递效率。现代互联网技术的普及在忽略各地区网络基础设施水平和旅游者信息技术能力的差异下，可视为目的地信息向旅游者传递的均匀介质环境。所以，旅游目的地要加大网络信息源的使用力度和提高使用效益。

但若在非均匀介质环境下，信息源到信息接收者的信息流就要出现拓扑变换，即在传递过程中会出现种种信息中转站来传递信息。现实中的目的地向旅游者传递信息往往属于这种非均匀介质环境。目的地信息源与旅游者之间的自然介质、文化介质、社会介质等地区差异性较大，因此，目的地要有针对性地分析选择，采用多种通道实现与旅游者之间的信息交流。例如，经济发展好、基础设施水平高的地区，加大网络信息传递力度；基础设施较差的地区，更多使用传统信息传递方式，如印刷物、音像资料、问讯机构等；文化差异较大的地区，可更多采用实物信息源，以直接、生动的方式进行信息传递。

（四）信息传递的密度递减法则的应用

信息传递是在一定信息时空中完成的。由于传递过程中种种因素的介入，任何信息流在运动过程中，信息都要发生衰减。信息流运动过程越长，信息减少越严重。除了物理空间的信息密度递减，在精神空间中亦是如此。

因此，旅游目的地的信息传递要尽量减少与旅游者的中间环节，控制信息衰减。同时，依据实际情况增加信息输出频率，减少时间上的衰减效应。

（五）信息变异的控制管理

信息传递与交流中的变异包括信息失真和信息附加两种现象。

信息失真是信息传递过程中因某种因素影响出现的信息生产者的表出信息与信息接收者的承受信息不一致的现象。导致信息失真的原因有技术或通道障碍、中间环节过多以及其他自然因素、社会因素等。对于旅游目的地来说，由目的地自身所发出的信息主要通过技术控制和传递流程控制来减少信息失真；而由旅游者进行的零次信息传递则管理难度较大，受旅游者个人素质和客源地社会文化条件等复杂因素影响，可控性很小。但通过旅游服务的维护与回访等方式，在使旅游者增加对目的地满意度的前提下，信息失真程度也会有所降低。

信息附加与信息失真不同，是信息交流过程中原信息之外的追加信息的生成与传递。这些追加信息有时是有用的，有时是无用的，甚至是有害的。例如目的地的供应商为获取利益而对目的地原有信息进行追加夸大，使旅游者产生超高预期，从而导致目的地服务质量的差距出现，造成不良后果。目的地的信息管理应对这种传递过程中的信息附加现象进行全程、持续监督与控制，避免负面影响产生。

五、旅游目的地的信息服务与研究

（一）旅游目的地的信息服务

旅游目的地的信息服务是用不同的方式向旅游者提供所需信息的获得总和。

它包括两个方面的内容：一是对分散在不同载体上的目的地信息进行收集、评价、选择、组织、存储，使之有序化，成为方便利用的形式；二是对旅游者及其信息需求进行研究，以便向他们提供有价值的信息。

（二）旅游目的地信息服务的原则

1. 针对性

满足旅游者的特定需求是信息服务的基本出发点。目的地信息服务机构要认真研究旅游者的信息需求及其变化，掌握旅游者利用信息的习惯和特征，选择符合旅游者需求的信息内容、信息载体、信息渠道，向旅游者提供针对性很强的信息服务。

2. 及时性

信息具有时效性，即其在特定的时间范围内才能发挥效用。这个时间一般是旅游者作出决策和选择需求信息之前。

3. 易用性

实践表明，旅游者利用信息受到可获得性和易用性的影响。在决定是否选择和利用信息时，可获得性和易用性往往超过信息本身的价值。因此，目的地信息服务机构应为旅游者获取与利用信息提供最好的便利条件。

4. 成本 / 效益

目的地的信息服务既要讲求社会效益，也要讲求经济效益。虽然目的地信息服务的效益具有潜在性和延迟性，很难作出确定的评价，但无论是信息服务机构还是旅游者都需要花费一定的成本，应当确保以最小的花费来获得信息服务的最大效益。

（三）旅游目的地信息服务的主要方式

（1）信息报道与发布服务，即目的地对收集到的大量资料和信息进行整理、加工、评价、研究和选择之后，及时发布出去，满足旅游者的信息需求。

（2）信息咨询服务，即帮助旅游者解决信息需求和回答咨询问题的一种专门咨询活动。

（3）网络信息服务，即以互联网为基础的信息传递与交流服务。例如，与旅游者之间的电子邮件往来、文件传输、旅游者的远程登录等。

（四）旅游者及其信息需求的研究

旅游者是目的地进行信息传递与交流的末端，是信息传递的归宿。旅游目的地信息服务的推动力是旅游者的信息需求。任何信息管理和服务系统都是和旅游者及其信息需求联系在一起的。

1. 旅游者及其信息需求研究的意义

（1）调查和研究旅游者及其信息需求是目的地信息机构开展信息服务工作的依据，是提供优质的信息服务的条件。只有及时掌握旅游者信息需求的变化，才能制定出目的地信息工作对策，使信息服务者更好地把握时机，及时准确地为旅游者提供所需要的信息，使信息工作有力地促进目的地健康发展。

（2）调查和研究旅游者及其需求是设计与建立目的地管理机构或信息管理系统的基本依据。

（3）调查和研究旅游者及其信息需求，可以争取更多的旅游者全面地利用目的地的信息服务。只有经常性地调查和研究旅游者及其需求，才能采取有效的措施，使潜在需求转变为表达出来的需求，使大批潜在旅游者转变为当前旅游者，从而提高目的地信息服务的功效。

（4）调查和研究旅游者及其信息需求，可以了解旅游者获得目的地信息的非正规渠道组成及有关情况，有助于目的地利用和发挥信息交流的非正规渠道传递信息的效能。

2. 旅游者及其信息需求研究的内容

（1）旅游者构成及分类研究。根据信息机构或信息系统的性质、规模和任务，研究旅游者划分的依据或标准以及旅游者划分的类型，在此基础上研究各类旅游者的数量构成和知识构成。

（2）旅游者信息需求调查分析。调查分析旅游者需要什么内容、形式、范围和期限之内的信息，什么时候需要，习惯于以什么方式、从什么途径去获取自己需求的信息。可依据旅游者表达的形式从总体上进行分类，然后再加以分析研究，得出普遍性的结论。

（3）旅游者信息需求行为的心理规律研究。利用心理学的理论和成果研究旅游者信息需求的心理特点，探索旅游者信息需求变为信息查找行为的心理状态和过程，分析旅游者在查找信息和咨询信息过程中的心理规律。

（4）旅游者吸收信息的机理研究。调查旅游者如何选择和评价信息，研究旅游者吸收信息作出决策或进行创造的过程。

（5）影响旅游者信息需求的因素研究。要综合研究社会政治、经济、文化和科学技术对旅游者信息需求的影响。社会政治、发展国民经济和科学技术的方针政策决定一个国家的旅游者信息需求的一般性特点及其总的发展趋势。同时，还要分别研究旅游者本身的知识素养、个人兴趣、信息能力和职业特点对信息需求的影响。

综上所述，旅游者及其信息需求研究涉及许多方面的内容。要取得可靠的数据，得出正确的、富有指导性的结论，必须在调查、分析和研究中遵循科学性、求实性、系统性和针对性等原则，必须与目的地的信息服务机构密切联系，而不能脱离整个信息管理工作去进行纯粹的"旅游者需求"研究。

六、旅游目的地的信息系统

（一）信息系统的含义及功能

信息系统是由计算机硬件、网络和通信设备、计算机软件、信息资源、信息用户及规章制度组成的以处理信息流为目的的人机一体化系统。它由输入、存储、处理、输出和控制等模块组成固定的逻辑和功能结构，如图8-2所示。

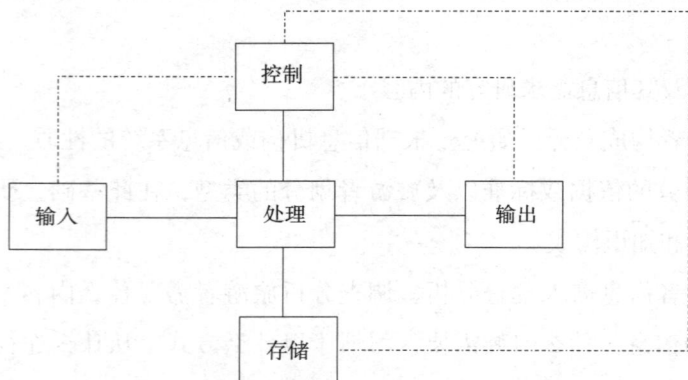

图8-2　信息系统的功能结构
注：实线表示信息流，虚线表示控制流。

在信息流运动过程中，处理是核心功能，而在控制流的运动过程中，控制是核心功能。不同的信息系统的系统结构、处理能力往往差别很大，体现在以上各模块上，控制功能和处理功能的差别最大。

1. 输入功能

信息系统的输入功能取决于系统所要达到的目的及系统的能力和信息环境的

许可。其包括信息资源的采集、控制指令的输入、信息检索条件的输入等。

2. 存储功能

信息系统的存储功能是与输入功能紧密联系在一起的。存储功能是指系统存储各种信息资料和数据的能力。当原始数据和资料输入信息系统后，先要将其存储起来，以便多次使用，然后在多个处理环节和过程中实现数据资料共享。

3. 处理功能

大量的信息资料和数据得以存储之后，必须及时进行加工处理。处理是信息系统内部的生产过程。计算机的应用使人类进行信息处理的能力大大增强。信息处理过程的机械化、自动化、协作化将会极大地提高系统的信息处理功能。系统的信息处理功能的大小，取决于系统内部的专业技术力量和信息处理技术设备的现代化水平。

4. 输出功能

信息系统的各种功能都是为了保证最终实现最佳的输出功能。信息经过处理后，输出内容包括经过信息系统加工处理后的资料信息等。信息系统的输出功能、处理功能、输入功能、存储功能都是根据输出功能来确定并不断进行调整的。

5. 控制功能

为了保持信息系统输入、存储、处理、输出等环节均匀连续地进行，系统必须具有管理和控制的功能。信息系统的控制功能体现在两个方面：①对构成系统的各种信息处理设备进行控制和管理；②对整个信息加工、处理、输入、输出等环节通过各种程序进行控制。通过控制功能的作用，使信息系统的输入、处理、存储、输出等各项功能最佳化，从而使整个信息系统运行最佳化。

（二）旅游目的地信息系统

简单来说，旅游目的地信息系统是由数据库组成的，数据库里储存着目的地旅游业相关构成的详细信息，而系统的组织结构、信息类型、所采用的信息技术以及与其他系统的相互交叉等，受不同因素影响差异较大。例如该地区的旅游者类型（是散客还是团体）、旅游者喜欢的旅行方式（是公共交通还是私人汽车）、国家政治环境、资金来源、目的地已有的其他旅行信息系统和预订系统等都对目的地信息系统有较大影响。

目前，从世界范围来看，旅游目的地信息系统的组织结构有三种形式，即全国性的目的地信息系统结构；地方性的目的地信息系统结构；地区间的目的地信息系统网络结构。

1. 全国性的目的地信息系统结构

其数据库储存有覆盖全国范围的旅游业相关构成的海量信息。这种结构的信息系统允许所有的下级旅游机构及设在外国市场的地区旅游办事处获得有关数据。在国家级旅游管理组织倡导下建立这种信息系统，并由国家提供资金支持，对于目的地的信息管理具有极大的积极作用。

全国性的目的地信息系统具有两方面的优势：①旅游者可以通过该系统了解全国各地旅游相关信息，这对于主要经营散客旅游以及多重目的地旅行的国家而言尤为重要。②它有利于和其他地方及行业的系统相互交叉。

其不利之处是信息系统运行费用高，容易出现技术问题，而且收集组织全国的旅游信息并不断更新内容也是相当费时费力的。

2. 地方性的目的地信息系统结构

受诸多因素影响，许多国家并未建立全国性的目的地信息系统，而是广泛存在以某一级行政单位为范围的地方性的目的地信息系统。例如，欧洲有两个成功的地方性的目的地信息系统，它们只储存一个地区的旅游设施的信息。它们分别是奥地利蒂罗尔旅游信息系统和瑞士阿彭策尔旅游信息系统（图 8-3、图 8-4）。蒂罗尔州及阿彭策尔州都开发了旅游目的地信息系统，但是它们只提供本地区的旅游设施信息，没有提供全国的旅游设施信息。

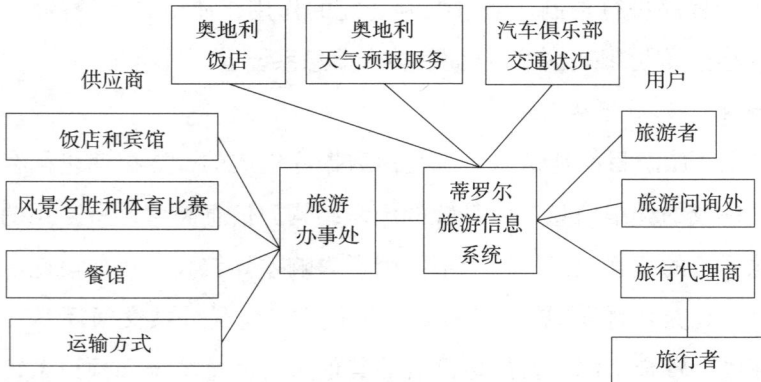

图 8-3 蒂罗尔旅游信息系统
资料来源：谢尔登 . 旅游目的地信息系统 [J]. 武彬，译 . 旅游学刊，1995（4）.

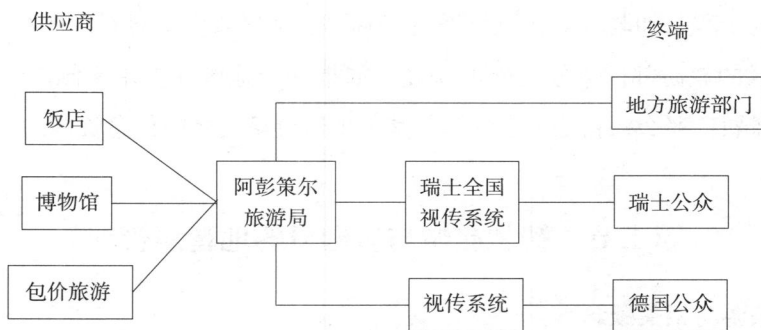

图 8-4　阿彭策尔旅游信息系统

资料来源：谢尔登．旅游目的地信息系统 [J]．武彬，译．旅游学刊，1995（4）．

　　为了满足蒂罗尔州旅游问讯的需要，提高旅游问讯的质量，蒂罗尔州开发、建立了蒂罗尔旅游信息系统。到奥地利来的绝大多数旅游者都是由蒂罗尔州接待的。

　　阿彭策尔旅游信息系统是受供应驱动而运行的。阿彭策尔州的供应商想要提高客房出租率，所以他们把旅游目的地信息系统的开发和建立看作一种行之有效的促销工具。这类信息系统不受国家旅游管理机构的过多制约，如果地区性旅游活动相对集中在该行政范围内，那么这类地方性的目的地信息系统的组织结构是合适的；但是如果该地区的旅游活动涉及范围很广，大大超出地方行政范围限制，那么这种组织结构是不合适的。这类信息系统的优势是信息收集、组织、更新速度快，相对费用低。

　　3. 地区间的目的地信息系统网络结构

　　这类信息系统是多个地方性的目的地信息系统之间的网络链接。荷兰率先建立了地区间的目的地信息联网系统。以前荷兰仅有地方性的信息系统，地区间的系统联网是旅游目的地信息系统进一步发展的必然结果。而且，在更进一步的发展态势下，国家之间也已经开始实现国家级目的地之间的系统联网，从而满足旅游者想要了解非本地旅游信息的需求。

　　对于这类系统，国家旅游管理组织起着制定标准的作用，并推荐所使用的硬件和软件。每个地区旅游管理组织负责建立本地区旅游设施的数据库。国家旅游管理组织定期把经过筛选的全国旅游信息输入地区性的数据库，从而使旅游者能够获得全国的旅游目的地信息。每个联网的地区性信息系统都可以提供本地区的信息，并可以分享彼此的信息。

　　这种联网系统的不利之处是标准很难制定，而且与外国的其他系统联网是一项很复杂的工程,如与计算机预订系统联网等。地区旅游信息系统的相互联系性,要求各地区的旅游部门采取合作的态度。如果一个地区保护主义倾向浓烈,或者竞争意识强烈,那么,它是不会情愿与其他地区分享自己的信息资源的。

第二节　智慧旅游与旅游目的地智慧管理

一、智慧旅游与相关概念

(一)智慧旅游的定义

智慧旅游,就是运用大数据、物联网、云计算、智能终端等现代信息技术,通过将旅游服务、旅游管理和旅游营销与现代信息技术融合,使得旅游信息和旅游服务、旅游管理得到深度开发与应用,从而改变旅游者消费体验模式和旅游目的地管理模式,最终满足旅游者个性化需求和实现旅游业利益最大化。

对旅游者来说,智慧旅游使其在出游前就能充分获取旅游产品、酒店、交通等信息,进行产品的预订和结算;在旅游途中,旅游者还能根据位置动态了解旅游相关信息并获取帮助;在旅游结束后,旅游者可及时反馈和分享旅游体验等相关信息。对管理部门来说,通过统计、定位、反馈等系统,充分掌握旅游者动态、景区资源、旅游者建议等内容,以完成科学的决策和管理。对旅游企业来说,可以利用智慧旅游系统全面宣传企业品牌形象和服务,实现在线营销和推广。

(二)智慧旅游的内涵

智慧旅游归根结底就是将旅游智慧化,即通过应用一定的信息技术使得旅游管理工作更加系统有序、旅游经营活动更加准确高效、旅游体验行为更加舒适便捷。智慧旅游的旅游服务覆盖面更广,在旅游目的地管理方面起到的作用更大,所能产生的经济效益更多,更能满足旅游者的需要。因此,智慧旅游是基于现实社会基础,运用一定的现代信息技术,将旅游管理与科技进行有机融合,使旅游目的地、旅游者、旅游企业和社区等都获得最大的利益,实现多赢的局面。

(三)旅游大数据

根据大数据的定义,旅游大数据就是指需要新处理模式才能具有更强的决策力、洞察发现力和流程优化能力来适应的海量、快速和多样化的旅游及相关信息资产。

旅游大数据具有多元性、异质性、非同构性特征;旅游数据往往出自不同平台、介体；旅游大数据非某一个平台、机构能够独有的；旅游大数据的整合是个难题。具体某个平台、介体的旅游大数据所反映的旅游特征是有限的，甚至是片面的。

我们不应摒弃传统旅游数据，那些基于数据统计、问卷调查、用户访谈、人工统计、遥感影像、地图测绘等渠道获得的传统数据同样具有旅游价值，要将传统数据与大数据相结合。

旅游业具有涉及行业广、规模大、移动性强的特点，而旅游数据"更大"，因此旅游目的地更需要依赖大数据来判断旅游舆情，应用大数据实现旅游的智慧化管理。旅游大数据的应用主要体现在以下方面。

（1）旅游项目评估。

（2）判断旅游市场需求。

（3）选择与定位目标市场。

（4）提升旅游目的地、旅游景区管理水平。例如，客流预测与预防、智慧景区监控系统、监测旅游网络口碑、网络监控舆情等。

"旅游数据"定义域大于"旅游大数据"。实践中，应重视旅游数据的广泛性、多元性。

（四）智慧景区

广义的智慧景区是指将现代信息技术与旅游管理有机集成一体，实现人与自然和谐发展的智能化景区，这样能更有效地保护景区的资源环境，为游客提供更优质的服务。狭义的智慧景区是指通过信息技术的植入，实现对景区的可视化管理和智能化运营，能对旅游景区生态环境、旅游者行为、旅游服务、旅游基础设施、旅游经济行为进行深入的感知，并形成智能化的管理体系。

二、智慧旅游的智慧表现

（一）实现旅游服务的智慧

从技术层面上来讲，旅游业的发展经历了从传统旅游到数字旅游，再到现在的智慧旅游，这个过程是从低级到高级不断演变的过程。但是旅游业无论怎样发展，向什么样的方向发展，它的本质还是以服务旅游者为中心。传统旅游服务注重游客的观赏经历，智慧旅游则实现了旅游服务全程化、全面化、简单化。智慧旅游就好比一张巨大无比的网，将与旅游行业有关的一切人和事全都连接起来，实现旅游者服务最优化。智慧旅游服务更加人性化、全面化、无缝化，更加注重旅游者在整个旅游过程中的体验。

（二）实现旅游管理的智慧

一直以来，旅游相关部门都在推进旅游管理信息化，旅游主管部门、旅游目的地等都有自己的旅游业务管理系统。但是这些管理系统缺乏统一的数据支撑，相互之间的兼容性较差，有碍于现代旅游发展。旅游管理需要智慧，在快速发展的信息化社会中，旅游业对数据信息的依赖越来越强，旅游业的发展需要依托信息技术，积极主动地获取旅游者信息，形成旅游者信息数据库，全面了解旅游者的需求变化，帮助旅游管理者对旅游市场进行全面分析与预测，从而有针对性地制定相应方针和政策。智慧旅游管理能够有效地利用信息技术及时掌握旅游者的旅游活动信息，实现由传统旅游管理模式向现代旅游管理模式的转变，在行业管理、环境监测、门票、酒店等方面大量运用旅游管理技术。

1. 数据采集及时化

传统的旅游监管技术条件非常有限，影响了旅游目的地服务质量。在此背景下，实现旅游数据采集的自动化，继而根据采集到的结果进行分析是当代旅游管理的迫切希望。特别是国庆等旅游黄金时间，运用有关系统能精确地统计每日旅游者数量，这些数据通过有效的端口直接反映到上级管理系统中，管理机构可以通过开放这些数据，让旅游者能及时有效地了解相关信息，为旅游者安排自己的旅游行程提供支撑。2018 年，云南省在旅游治乱管理中，通过关键点的旅游信息采集与实时监控，达到了较好的管理效果。

2. 管理系统化

传统的旅游管理相对滞后，一般突发事件发生后，各个部门协调处理事件比较缓慢，这是因为各个部门之间缺乏良好的沟通。旅游智慧化管理就是要自上而下或自下而上地将旅游行业的各个部门连接起来，形成一个闭合化、协调化的管理体系，实现对旅游业的宏观调控和微观管理。

3. 信息公开便捷化

在高速发展的信息化世界里，信息的公开化已经成为一种发展趋势。旅游目的地的管理就是为了能够更好地服务旅游者、地方居民和旅游企业，让他（它）们能够在第一时间掌握相关的旅游信息，以便为其提供信息支撑，最后作出正确的决策。所以，智慧旅游要想得以实现与发展必须实现旅游信息的公开便捷化。

（三）实现旅游营销的智慧

在互联网大背景下，人们获取信息的渠道不断增加，这就需要新的旅游营销模式，智慧旅游通过对技术、渠道、方法等进行创新，全面提升旅游营销的效率和效果，从而更好地推动旅游产品的销售。①运用新技术，实现旅游营销创新化，提高旅游营销的针对性与效果；②扩宽旅游营销渠道，实现旅游营销多元化；③获取新方法，打破旅游营销的被动性；④创新供给关系和买卖方式，较好地完成旅游查询、购买等行为。

（四）实现旅游景区的智慧

旅游景区的智慧化管理是旅游目的地智慧化管理的重点，旅游景区通过旅游智慧技术的应用，可以实现更加高效的服务与管理，无论是景区的管理深度，还是景区的管理广度、管理速度，都能够得到有效提升。智慧功能主要反映在旅游预览、旅游导览、旅游监管、旅游购买、旅游信息发布、景区管理等方面（图8-5）。

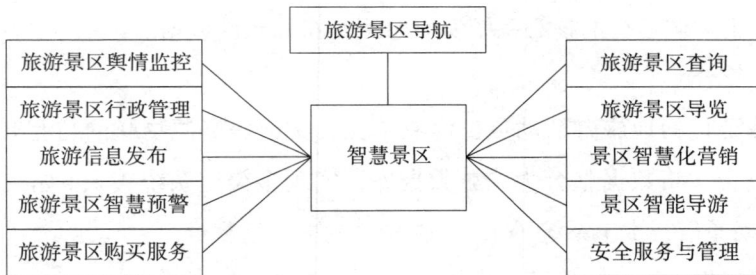

旅游景区导航

旅游景区舆情监控　旅游景区查询
旅游景区行政管理　旅游景区导览
旅游信息发布　　→　智慧景区　←　景区智慧化营销
旅游景区智慧预警　景区智能导游
旅游景区购买服务　安全服务与管理

图8-5 智慧型旅游景区的主要功能

智慧景区是从旅游产品出发，以服务旅游者为导向，最终实现市场效益最大化，通过新的信息技术提升旅游体验和旅游品质，让旅游者能够感受到智慧旅游带来的全新体验。

三、旅游目的地智慧管理

旅游目的地智慧管理随着区域旅游一体化和智慧旅游的发展应运而生。旅游目的地智慧管理的基本内涵是指旅游目的地不同主体之间，以旅游者的信息服务需求为出发点，依据一定的章程、协议或合同，依托物联网、人工智能、云计算及移动终端通信技术等新信息技术手段，对区域间各旅游资源要素进行重新优化、组合，以实现区域合作主体之间最大的经济效益、社会效益和生态效益的全新智慧化旅游管理活动。旅游目的地智慧管理是一种新的管理举措，不仅能够带动旅游目的地发展智慧旅游，还可以促进旅游目的地旅游产业结构进步和升级。

（一）智慧旅游平台及其特点

旅游目的地智慧管理主要通过智慧旅游平台（smart tour platform，STP）实现。STP 是以智能化、信息化为代表的科技进步以及旅游目的地信息化管理模式创新的平台。

STP 可以大大提高旅游服务品质、提升旅游目的地形象；STP 充分研究旅游发展规律，以全域化发展为要求，利用云计算、物联网等新技术，通过互联网或移动互联网，借助便携的终端上网设备（如智能手机、iPad 等），让目标人群主动感知到旅游目的地旅游产品、旅游活动和旅游者等方面的信息，实现各种信息互动。STP 有以下四个特点。

1. 全面物联

智能传感设备将各旅游景点、文物古迹、公共设施、商业单位物联成网，对旅游产业链上下游运行的核心系统实时感测，获取旅游数据。

2. 充分整合

实现旅游目的地旅游活动点、商业单位、交通等资源物联网与互联网系统完全连接和融合，将数据整合为旅游数据库，实现多渠道系统接入 [如二维码、5G（第五代移动通信技术）系统等]，完成 STP 的多元性整合。

3. 协同运作

基于 STP，实现旅游目的地产业链上下游各个关键系统和谐高效地协作，达成本区域旅游系统运行的最佳状态。

4. 创新技术

采用先进的云计算技术、通信技术及智能互动技术，进行科技、业务和商业模式的创新应用，为旅游目的地提供源源不断的发展动力。

（二）智慧旅游平台层次架构

智慧旅游平台作为旅游目的地的旅游信息资源，为区域内旅游一体化提供信息基础和交流渠道，是旅游政府部门、旅游企业、旅游者等共享区域内旅游信息的门户。智慧旅游平台整体分为四个层次：数据信息层、平台系统层、服务层和用户层（图 8-6）。

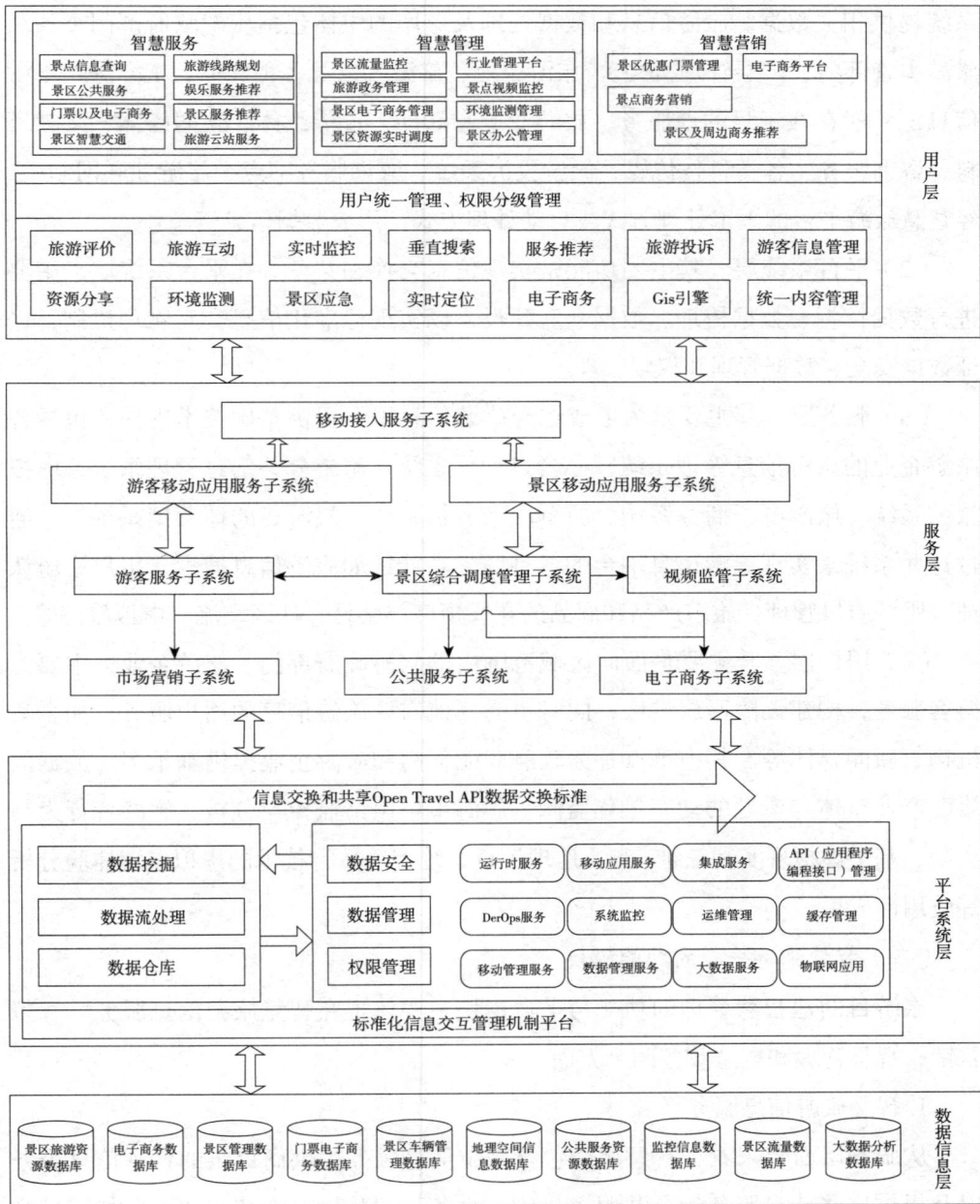

图8-6　智慧旅游平台架构

（1）数据信息层。数据信息层是整个智慧旅游平台的基础，它主要是对旅游大数据进行收集、组织、存储、更新和维护，实现旅游大数据的多源数据融合、多机构联动的全域旅游数据融合，并进行相应的权限管理，该层包括五个主要数据库，其存放着各种形式的旅游信息。各数据库之间互联互通，同时为旅游信息系统提供相关数据。旅游信息和数据处理及应用的主体包括旅游政府部门（各级旅游主管部门、二层管理机构）、旅游企业、旅游者以及各种媒体、中介等，旅游信息源一般存在于目的地服务、旅游业务和活动、宣传载体、新闻媒体、文献资料、咨询服务、各类科技传媒、旅游投诉系统、咨询服务网点、旅游互联网站中，经智慧旅游平台的人工处理方式或自动处理方式，形成数据信息资源。

（2）平台系统层。其主要功能是实现信息交换和共享。在平台系统层，主要进行数据挖掘、数据梳理、数据仓库建设，以实现标准化信息交互管理机制，保证数据安全、数据管理和权限管理。

（3）服务层。其主要是为形成综合旅游信息平台提供基础技术支撑，包括各旅游企业的旅游信息管理系统、办公自动化系统、旅游公共信息管理系统、虚拟旅游系统、旅游电子商务系统、旅游决策分析系统、旅游目的地营销系统等。通过这些系统来实现旅游信息平台的各种服务功能，如旅游信息搜索、用户注册认证、服务质量管理、旅游产品和商品的在线预订与交易、社区交流、虚拟旅游等。

（4）用户层。其主要是面向区域范围内的旅游政府部门、旅游企业，主要为游客服务，构建无障碍旅游区，同时也为其他需要旅游信息的用户服务，如金融机构、新闻媒体等。其中重点是为政府职能部门和旅游企业提供基于多源数据的旅游产业整体与专题的动态量化监测、旅游市场舆情监控与分析、旅游者行为与决策、基于虚拟现实和三维 GIS（地理信息系统）等数字技术的虚拟旅游体验分析等应用性成果。

（三）智慧旅游平台的功能模块

旅游目的地智慧管理的功能与平台模块主要体现在智慧旅游信息服务、智慧营销、智慧管理和智慧政务四个方面。

1. 智慧旅游信息服务平台

从服务层面上来看，智慧旅游包括旅游信息服务提供商提供的各种信息服务以及提供这些信息服务的公共服务机构。服务是智慧旅游的核心业务，如满足旅游者对旅游六大要素"吃、住、行、游、购、娱"等方面的信息需求，智慧服务使旅游者在旅游前、旅游中、旅游后能够随时随地获取信息，以便作出科学决策，提高旅游服务价值，提升体验（图 8-7）。

2. 智慧营销平台

营销智慧化主要表现为各种营销要素和商务手段的智慧化，智慧旅游借助各种

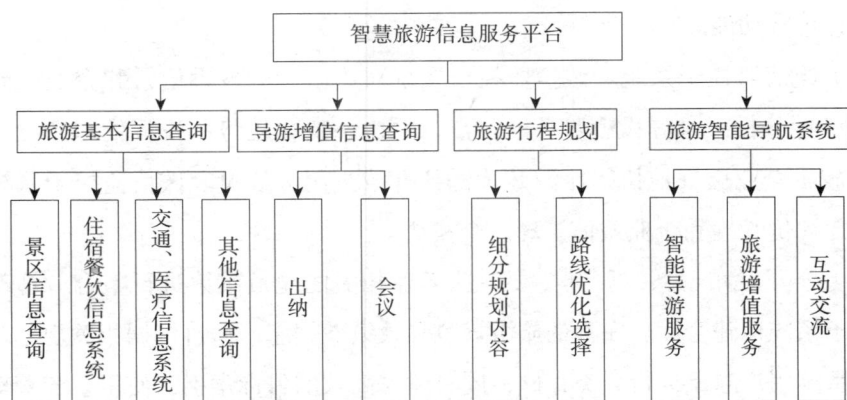

图 8-7　智慧旅游信息服务平台构成

在线和离线的传播方式与渠道，将目的地景区相关信息和旅游企业的产品、服务等信息，通过图片、视频、文字等多种方式传递给潜在的消费者，并且通过智慧化的手段开展电子商务、移动商务等各类商务活动，从而实现整个营销环节的智慧化。

智慧营销系统是一种旅游智能化应用系统，其以互联网为基础平台，结合数据库技术、多媒体技术和虚拟现实技术等，开展旅游资源网络推广和交易活动。其面向政府旅游主管部门、旅游企业、旅游媒体和旅游者，政府旅游主管部门是平台运行的主体机构，其通过平台促进旅游者、旅游企业、旅游媒体之间的良性互动。旅游企业是旅游目的地营销平台信息的主要提供者，平台具有接受旅游者信息查询与业务预订等功能。旅游媒体则通过收集整合目的地景区和旅游产品促销信息，开展宣传。旅游者可通过该平台了解目的地信息、查询促销信息以及同旅游企业互动交流。根据旅游活动发生的过程，即计划、信息收集、预订、出游、旅游结束，将目的地营销系统分为发布推广子系统、旅游信息咨询子系统、虚拟旅游体验子系统、旅游电子商务子系统、线下旅游服务子系统和互动交流子系统六个模块。

3. 智慧管理平台

智慧管理包括旅游活动中各项管理业务，运用智能化的技术对旅游企业、游客等旅游资源信息进行整合。通过旅游者的信息需求和旅游者的位置信息，向其提供引导性信息服务，对旅游者信息进行统计分析，为日后的营销提供数据支持。此外，智慧管理还包括旅游行业监督管理，是政府旅游主管部门对旅游行业进行有效监管，保证旅游行业正常、有序、健康发展的具体体现。智慧管理系统包含诚信监控子系统、公开发布子系统、客流引导子系统、信息整合与管理子系统。该系统的建立，有利于实现旅游政策法规发布、旅游决策分析与支持和企业、个人诚信评价等功能。

（1）诚信监控子系统。诚信监控子系统对旅游者的投诉记录和企业的问题记录进行统计分析，掌握投诉数量、特点、原因、变化趋势和投诉处理情况，以此来监督旅游企业更好地执行旅游政策法律并改进服务质量。诚信监控子系统主要分为用户评价管理和企业诚信管理两个模块。

（2）公开发布子系统。其主要对旅游业相关的规范政策进行整合、管理和发布。该子系统构建全面、完善的旅游规范和政策数据库，通过依据相关规范政策的类别、系统用户对象进行分类存储，同时建立高效的目标索引，使得系统管理者能够快速、准确地获取、掌握已发布的历史规范政策。系统集中、统一管理各级管理单位的信息发布，以确保各级管理单位发布信息的一致性。此外，该子系统与公共服务平台实时对接，及时将最新的规范政策发布在公共服务平台上，以便旅游管理部门、旅游者和相关旅游企业查看。该子系统还具有对信息访问流量进行分析、整理的功能，辨别访问量较高的信息，设计出该信息的简单查询流程，从而提升访问效率、方便用户查询。

（3）客流引导子系统。景区客流量控制是目的地景区管理的重要任务之一，可针对景区的高峰客流，通过采用视频监控、红外感应等方式对客流信息进行传输，并且实时传输到中央数据库，通过客流引导系统、广播系统、LED屏幕和参观人员手机等终端向用户发布客流预警信息，并可根据旅游者位置提供线路，进行景区分流疏导。

（4）信息整合与管理子系统。信息整合与管理子系统主要是整合和共享旅游行业内部资源及外围资源，旅游行业内部资源主要包括旅行社、酒店、餐饮等与旅游密切相关的信息，外围资源主要以旅游行业协会信息、旅游政策信息以及各类网友分享的信息为主。该子系统提供信息双向共享渠道，将各个行业提供的经营数据和行业数据上传至整合与管理系统，提供数据和信息的行业也可从该系统中获取其他用户提供的数据和信息以及相关外围资源，从而达到多方共赢的效果。政府通过分析这些整合的资源，可以全面、直观、准确地了解到旅游目的地各旅游资源的利用状况和整体发展情况，从而及时、有针对性地调整和引导省内旅游产业发展模式、行业结构，促进旅游产业健康、持续发展。

4.智慧政务平台

政府、旅游管理部门是旅游活动过程中不可缺少的参与者，通过智慧化的系统和平台，可以实现政务智慧化，提高政务水平和服务能力，开发电子政务、移动政务等深化应用，推动政府管理模式和服务模式的变革。同时，为旅游提供安全保障体系，促进旅游全过程有序、顺利、安全地进行。

智慧政务系统旨在建立一个省、地、县三级政务平台，是政务管理、地理信息系统和在线应急指挥救援的重要办公平台。其主要包含权限管理、工作流管理、公文处理、内部通信、系统管理、地理信息系统和在线应急指挥救援等内容。系统应整合旅游信息网和各级旅游政务及信息网站内容与接口，通过指挥行政办公系统的建设，能够实现政府机构的电子化办公，简化办公流程，提高行政效率，为政府部门对旅游行业进行智慧化管理助一臂之力。

（1）政务管理。政务管理主要为文旅局等政府管理人员提供统一权限管理、公文管理、信息发布、后台管理等服务。政务管理模块采用单点登录设计，实现管理人员只需使用一套账户、密码，就可登录多个系统，并且实现办公文件的电子化，支持政府部门内部信息发布功能，并为公共发布模块提供接口，方便政府公共信息的对外发布，后台管理应包括账户安全、信息安全等，为智慧政务系统提供管理支持。

（2）基于GIS的旅游信息系统。旅游信息系统是以GIS平台为基础，向用户提供界面和可视化的查询分析方法，使得用户在对地图进行基础操作的同时，显示图片、属性、音频和视频信息，将空间数据库、生态环境数据、属性数据库和多媒体数据管理相结合，提供地图基本操作、信息查询、维护功能和多媒体展示模块，不仅面向用户提供信息查询、空间规划、虚拟旅游体验服务接口，而且面向旅游管理机构和工作人员提供数据维护、系统维护、旅游内部管理等功能。

（3）在线应急指挥子系统。为了应对旅游过程中的突发事件，应充分发挥政府部门的全局指挥和协调作用，智慧政务系统还应包含在线应急指挥系统，该系统与目的地景区公共安全保障系统和灾害防控保障系统对接。在线应急指挥系统从目的地景区公共安全保障系统获取数据支持，并进行数据分析，灾害防控保障系统输出应急预案、方案，在线应急指挥系统联合防控保障系统多个部门如消防、公安、医疗等进行应急指挥和救援。

四、旅游大数据与智慧旅游云服务

旅游目的地所在的管理部门可根据自身的条件和基础，建立智慧旅游云服务系统，为旅游企业和政府管理部门提供数据服务。

　　旅游数据源非常丰富，大致包括统计性数据、网络平台数据、实际调研数据、影像数据等，这导致旅游数据的异质性明显。如果需要全面、准确地掌握旅游目的地的旅游舆情，就必须根据需要对异质数据挖掘、进行同构化处理，然后才能进行分析研究、发布和具体应用，否则会出现片面性。

　　（一）云服务系统的组成

　　智慧旅游公共服务平台基于旅游大数据的云计算建成，智慧旅游云服务系统主要建设内容包括云基础设施、云数据中心、云应用中心。旅游目的地应重点建设统一的智慧旅游云数据中心，统一规则采集、统一标准存储，并遵循统一的交换标准在各大平台上发布云数据，以期最终实现旅游信息、管理和服务的智慧化，最大限度地实现智慧旅游的价值。智慧旅游云服务系统的建设必须做到数据标准、基础信息、地理信息、交换接口和技术平台五个方面的统一，采用"少数集中，多数分布"的系统架构，建立统一的数据标准，构建智慧旅游信息数据云中心，为旅游目的地相关机构提供集中上传数据的入口，同时，还需建立数据交换标准，并向各相关机构提供交换接口，使各自现有的信息系统能与云中心实现数据的同步和交换。云数据中心包括数据库云、管理云和支撑云等方面的建设，数据库云主要包括旅游基础数据库、业务数据库、服务数据库和决策数据库。

　　（二）云服务系统建设的内容

　　1. 云基础设施

　　云基础设施提供即需即得的存储资源、计算资源和网络资源，主要包括计算机、网络设备、存储设施等。

　　2. 云数据中心

　　云数据中心是云服务系统的核心，集中管理公共服务平台的信息资源。其主要包括以下三个方面：①对应用系统包含的信息资源进行管理，主要包括基础信息数据库、用户数据库、服务数据库和监管数据库等。②对服务数据进行分析、管理，主要是在平台运营期间产生的数据，如流量数据、监管数据、检索数据、交换数据等管理云。③支撑信息资源的共享和综合利用，实现内部应用系统信息资源的交换和搜索。

　　3. 云应用中心

　　将智慧旅游公共服务平台各应用系统放在云端，供旅游目的地相关主体随时进行业务应用操作，主要包括公共云、政务云和企业云，针对不同用户提供旅游服务。公共云主要针对旅游者和导游，提供旅游信息服务、行程规划服务、虚拟旅游服务，并借助遍布景区的传感末梢与旅游者交相感知，实现旅游全程智慧服务和导游考试功能等；政务云主要针对政府等管理部门，提供行业监督管理和政务办公等功能，如行业数据监督、企业信用评价、旅游行业政策发布等；企业云主要针对旅游企业，提供目的地智慧营销、客户关系管理、旅游产品管理等服务。

本章小结

　　改革开放以来，随着信息革命的发展，信息技术在旅游业中的应用不断扩大，应用的技术方式逐步升级，信息技术从服务于企业管理转向全面服务政府、企业与旅游者。本章先介绍信息管理及其重要性，然后介绍旅游目的地信息管理的结构体系的构成，最后介绍智慧旅游与旅游目的地智慧管理。智慧旅游的概念起源于旅游目的地信息化的概念，但范畴要远远大于智慧旅游，只有面对旅游者、服务于旅游者的旅游信息化才称得上智慧旅游。智慧旅游是旅游信息化的具体形式，是旅游信息化背景下的智慧国家建设、智慧城市建设的必然产物，也是一种看待旅游业发展的新角度。

即测即练

拓展阅读

思考题

　　1. 信息管理对国家、政府、企业和个人分别有哪些重要意义？

　　2. 信息、数据和知识之间的关系是什么？请结合文档内容说明。

　　3. 旅游目的地信息管理的结构体系包括哪些层次和内容？

　　4. 智慧旅游的定义是什么？它在旅游服务、管理和营销方面有哪些具体表现？

　　5. 旅游大数据在旅游项目评估、市场需求判断和目标市场定位方面有哪些具体应用？

　　6. 智慧景区的主要功能有哪些？请列举至少三项。

　　7. 智慧旅游平台的层次架构包括哪些部分？其主要特点是什么？

　　8. 智慧旅游平台包括哪些功能模块？它们各自的作用是什么？

第九章 旅游目的地危机管理

学习目标

1. 掌握旅游安全、危机和灾难的概念及其特点。

2. 理解旅游危机管理的原则、分类方法，以及危机管理主客体的构成与作用。

3. 熟悉旅游危机的处理流程及恢复策略。

能力目标

1. 了解旅游安全风险提示制度，理解旅游目的地安全应急管理。

2. 熟悉旅游目的地危机的类型和旅游安全事故危机的演变过程。

3. 掌握旅游目的地安全的特征和影响因素，掌握旅游目的地危机预警途径。

思政目标

让学生意识到自己未来要从事的行业可能会遇到各种危机，以及在管理过程中安全的重要性，提升安全防患意识，使学生明白行业的发展需要与时俱进，需要创新，需要行业融合。

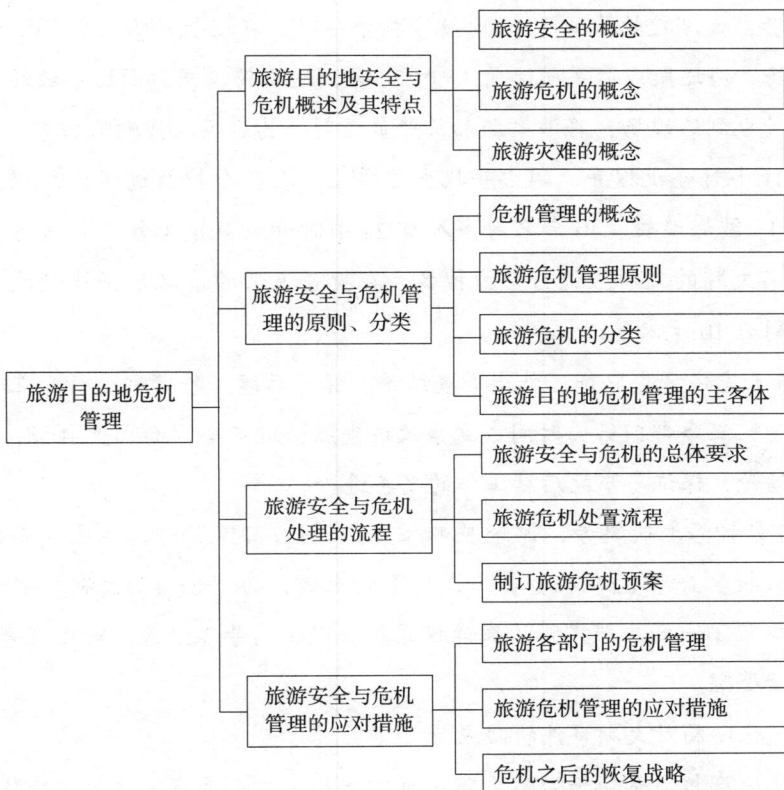

思维导图

导入案例

"4·4" 太湖快艇事件

1. 太湖快艇事件经过

2012 年，上海交通大学密西根学院 23 名学生，通过上海稻草人旅行社于 4 月 3 日抵达苏州吴中区春游，4 日 12 时 40 分许，一艘运载石子的货船因为机器故障失去动力，由一艘运载干粉的货船用缆绳拖曳行驶。当时，载着大学生的快艇驾驶员可能没看到两船之间绷得笔直的缆绳，试图从两艘货船间穿过，不料快艇顶棚直接撞上了尼龙塑料绳，顶棚被掀飞，船上人员不同程度被缆绳击中，2 人落水。

4 月 6 日中午 11 时 20 分，搜救人员打捞到了第一名失踪者，随后在下午 1 点多，第二名落水者也被打捞起来。至此，太湖撞船事故中的两名失踪者全部被找到，确认死亡。另外 4 名受伤人员病情稳定。

2. "4·4"事故发生后，地方海事部门迅速全力投入事故抢救和调查处理

（1）21分钟到达现场，救援行动迅速。4月4日12时59分，苏州水上搜救中心接到报警，太湖搜救基地于13时9分指令当时正在巡航的海巡艇E02号立即赶往事发现场，海巡艇以最高航速于13时30分到达现场，同时附近水域的另一艘苏海巡E82号也到达现场，将涉案船舶及船员控制，其后投入搜救队伍中。

（2）24小时昼夜搜寻，竭力寻找失踪学生。在整个搜救过程中，地方海事部门共调派14艘海巡艇、40余名海事人员24小时开展救援工作，并商请多艘社会渔船对两名失踪的大学生进行全力搜救，在搜寻未果的情况下将搜救范围扩大至出事地点周边10千米范围。

（3）3天完成调查取证，作出调查结论，保障后续工作顺利进行。在开展搜救工作的同时，海事部门第一时间成立事故调查组，进行全方面调查取证，4月7日得出调查结论，保证了事故后续工作的妥善进行。

（4）3分钟海巡艇鸣号，悼念遇难人员。4月9日晚9时，市地方海事部门派出4艘搜救艇、26名海事人员在三山岛事故水域，为"4·4"太湖撞船遇难的两名大学生举行了一场庄严肃穆的哀悼仪式。海巡艇鸣号3分钟，对死者寄予哀思，对生者提示警醒。

3. 苏州旅游局对太湖事件的回应

（1）迅速调集力量协调做好失踪人员搜救和受伤人员救治工作。事故发生后，按照赵雯副市长指示要求，上海市旅游局已与苏州市及吴中区政府和旅游局取得联系，迅速调集力量协调做好失踪人员搜救和受伤人员救治工作。市旅游局会同虹口区旅游局和稻草人旅行社组织力量赴事故现场积极做好有关善后工作。

（2）市旅游局开展全市旅游行业安全工作大检查。4月4日，吴中区金庭镇太湖水域发生水上交通事故后，苏州市旅游局立即组织开展全市旅游行业安全工作大检查。

（3）度假区组织召开旅游安全工作专题紧急会议。4月5日，度假区组织召开旅游安全工作专题紧急会议。两镇一街道安全生产及旅游工作分管领导，安监办、旅游办负责人，辖区内旅游企业法人、特种设备负责人及安全员参加会议。

（4）做客《政风行风热线》。4月7日，苏州市旅游局有关负责人做客《政风行风热线》节目，就市民关注的旅游话题，与听众和网友交流、沟通。

思考题：

什么是旅游安全？什么是旅游危机？它们的危害是什么？如何正确处置它们？

第一节　旅游目的地安全与危机概述及其特点

旅游业是十分脆弱的行业，尤其是突发事件随时都可能对其造成危害，需要进行及时的应对和处理。因此，旅游目的地对旅游安全与危机要有清醒的认识。

一、旅游安全的概念

从人类社会出现旅行活动开始，从马斯洛需求层次理论出发，安全便是旅游者关心的首要因素，而且旅游业越往高级方向发展，其影响就会越大，旅游安全问题就越受到重视。

（一）什么是旅游安全

安全，即平安、不受威胁、没有威胁。1943年，美国心理学家亚伯拉罕·马斯洛提出了著名的"需要层次理论"，即生理需要、安全需要、社交需要、尊重的需要以及自我实现的需要，其中，安全需要包括安全感、稳定性、秩序以及在社会环境中的社交安全需要。马斯洛指出，安全需要是人类除生理需要外最基本的需要。

在旅游活动中，旅游者离开了日常生活的地方，陌生的环境会造成其心理紧张，其人身安全、身体安全、财务安全等需求要得到保障，旅游目的地必须给予其承诺。

那么，什么是旅游安全呢？旅游安全有狭义与广义之分。

狭义的旅游安全是指旅游者安全，包括旅游者在旅行游览全程中的人身安全、财产安全和心理安全。

广义的旅游安全指旅游活动过程中所有要素的安全，具体包括旅游者安全、旅游产品安全和旅游安全管理。

（二）旅游安全的特点

旅游安全与旅游业的特点有密切的关联。

1.脆弱性

旅游业是脆弱的行业，旅游安全也同样是脆弱的。任何的风吹草动都有可能对旅游业造成不利的影响。

2.心理性

旅游安全问题更多地会在旅游者心目中造成阴影，其心理作用的影响非常明显。

3. 影响性

旅游安全对旅游者、旅游企业都会有较大的影响。

4. 负面性

旅游安全问题大多会产生负面影响。

二、旅游危机的概念

旅游危机是旅游安全的升级版，是旅游安全出现问题后造成的一定的危害所呈现的一种状况。

（一）什么是旅游危机

目前由于研究视角不同，不同学科对危机的含义有着不同的界定。旅游业比较公认的危机概念是指由于不确定性、突发性的重大事件的发生而对旅游业造成的重大破坏和后续不良影响的状态。

从旅游者的视角定义，旅游危机是指能够实际或者潜在对于旅游者产生负面影响的突发事件，且该突发事件使得旅游者难以容忍，极大地破坏了旅游体验。从旅游目的地的视角定义，旅游危机是指旅游目的地受到不可控的负面情形影响，从而导致目的地的旅游发展产生了非正常波动的情形。

（二）旅游危机的特点

旅游危机具有特别明显的特点，主要表现在以下几个方面。

1. 隐蔽性

旅游危机具有非常强的隐蔽性，是在人们意想不到、没有做好充分准备的情况下突然发生的。如自然灾害造成的危机、食物中毒事件造成的危机等。

2. 紧迫性

旅游危机爆发后，会以十分惊人的速度以及出人意料的方式演变或恶化，并且会引发一系列的后续问题。例如，游客的安置、转移的难度、旅游外部声誉的损害、旅游企业经营环境的恶化等。

3. 危害性

旅游危机发生后会在短时间内对旅游业造成严重的影响甚至一定的打击，而且涉及面较广、后续影响持续时间较长，可能对旅游"六要素"造成连带影响等。

4. 双重性

双重性即危险与机遇并存。危机处理及时就能够挽回影响，把坏事变成好事。危机处理不及时或处理不当，会扩大危机的负面影响。

5. 扩散性

危机爆发之后，扩散会非常迅速，会冲击其他地区，甚至影响全球。"化危为机"是旅游危机处理的根本目的。

三、旅游灾难的概念

旅游灾难是旅游危机的升级版，是比旅游危机更为严重、造成重大生命财产损失的一种境况。

（一）什么是旅游灾难

旅游灾难就是由于自然或人为的原因破坏了旅游业表面和潜在的经营，并造成重大人员和财产损失的旅游事故，如洪水、飓风、火灾、火山爆发等自然灾害以及政治动荡、恐怖袭击、重大犯罪、恶性传染病等事件对旅游业造成破坏性影响的事故。灾难的结果是人员伤亡和财产损失严重。

（二）旅游灾难的特点

1. 突发性强

旅游灾难是在人们毫无防备、根本不可能预防的情况下爆发的。它是偶然发生的，没有规律可循。

2. 波及面广

旅游灾难的波及面非常广，可能是全国性的，也可能是全球性的。

3. 破坏性大

旅游灾难会造成重大人员伤亡和财产损失，具有较大的破坏性。无论是对旅游者还是对旅游企业，甚至对社会，都会造成很大的影响。

4. 影响深远

旅游灾难使人印象非常深刻，在很长的时间内人们仍然记忆犹新、难以忘怀，甚至永远无法抚平悲痛。

5. 恢复困难

灾难发生后，对人员的损失永远不可能挽救，而对旅游基础设施的破坏难以恢复，需要大量的资金、时间、科技投入才有恢复的可能。

第二节　旅游安全与危机管理的原则、分类

一、危机管理的概念

（一）什么是危机管理

危机管理是指为应付各种危机情况所进行的信息收集、信息分析、问题决策、计划制订、措施制订、化解处理、动态处理、动态调整、经验总结和自我诊断的全过程。

早在古代，我国先哲就有了一些危机管理的意识和思维方式。"居安思危""有备无患""未雨绸缪"等都是我们耳熟能详的词语，它们恰恰展示出古代人的危机意识。国外关于危机管理的研究起源较早，最初危机理论主要用于分析自然灾害等，后来危机理论逐渐与管理学理论融合，形成危机管理理论。最早的危机管理理论应用于企业，莱特纳于 1915 年首次提出企业危机管理，1921 年，马歇尔提出了解决危机的方法。此后，危机管理理论逐步形成。20 世纪 70 年代，企业危机管理和公共危机管理成为危机管理学科的两个分支学科。1986 年，史蒂文·芬克的专著《危机管理：为不可预见危机做计划》一书，对危机管理建立系统分析框架进行了全面研究，为之后更深入的研究奠定了坚实的基础。

（二）旅游目的地危机管理

旅游目的地危机管理是对旅游目的地所发生的各种危机进行事前、事中和事后各阶段、全过程的管理。旅游目的地危机管理的目标是在最短的时间内有效控制危机，减弱其影响和危害，帮助旅游目的地、旅游行业和企业渡过难关，迅速恢复旅游目的地形象，重塑旅游者的信心。

国外对旅游目的地危机管理的研究开始于 20 世纪 70 年代，最初是针对犯罪、恐怖主义等因素对旅游的影响展开研究。1972 年的德国慕尼黑奥运会，发生了恐怖袭击事件，这一事件引起了旅游业界学者对旅游危机的思考和研究。1974 年，由于世界旅游业遭受能源危机的严重冲击，旅行研究协会意识到问题的严峻性，并召开了以"旅行研究在危机年代中的贡献"为主题的年度会议，这表明了旅游专业组织机构开始对危机管理领域进行积极的探究。20 世纪 80 年代和 90 年代是旅游危机管理研究的探索与发展阶段。"9·11"恐怖袭击事件以后，针对旅游危机管理的研究骤然增加。

二、旅游危机管理原则

旅游危机管理需要掌握一些基本的原则和方法，以便进一步做好预防和处置工作，尽快消除其负面影响。旅游危机管理原则主要有以下几点。

（一）预防性

旅游危机虽然有突发性的特点，但是，一些带有共同性的现象还是可以预防的。需要分析旅游危机的特点、概率，做到未雨绸缪。例如，下雨天容易出现泥石流灾害，需要加强防范；南方的夏天在野外活动要预防毒蛇，北方的冬天在野外活动要预防冻灾等。

（二）公开性

在网络时代和信息时代，任何旅游危机都很容易第一时间在媒体上曝光。旅游安全事故或灾难出现后，相关部门必须公开信息，不能隐瞒信息。公开信息有利于占据主动地位，否则会陷入"屋漏又遭连夜雨"的困境。

（三）公众利益

无论是自然因素还是人为因素造成的旅游危机事件，处理时都必须牢记"生命至高无上""人民利益高于一切"。

（四）诚实性

诚实性原则包括公开安全处理或危机处置的真实状况，不能歪曲事实真相，更不能嫁祸于人、逃脱责任。

（五）及时性

旅游危机事件发生后会成为社会的焦点，所以必须果断决策、迅速处理，并及时发布信息，在第一时间公开事实真相，以防不明真相的人或媒体随意猜测、发布谣言，增加处理难度。更要防备别有用心的人扰乱视听，制造更大灾难。

（六）权威性

旅游危机事件发生后，决策者、信息发布者、事件评论者等必须是权威性人物、有公信力的人物，不能由与事件毫不相关者或公信力低下者应对媒体，否则会失去大众及受害者的信任。

三、旅游危机的分类

旅游危机可分为两大类：空间尺度和动因尺度。空间尺度可分为企业尺度、区域尺度、国家尺度和国际尺度。动因尺度可分为外因与内因两种，如图9-1所示。

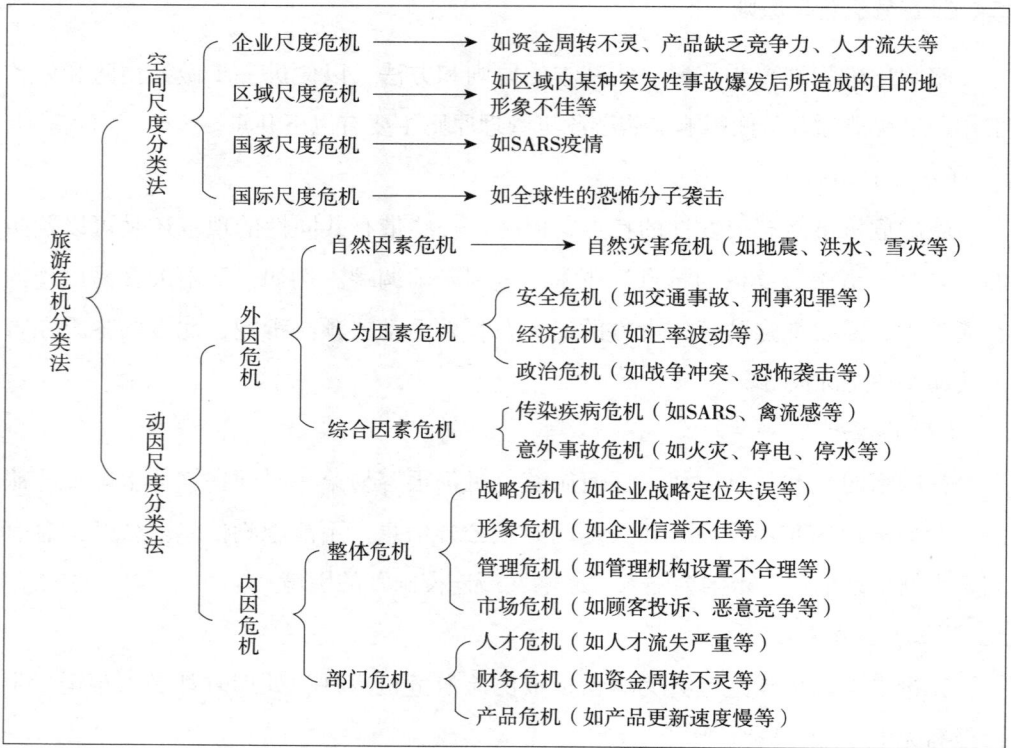

图 9-1　旅游危机的分类

四、旅游目的地危机管理的主客体

（一）旅游目的地危机管理的主体

旅游目的地危机管理的主体是一个复杂的结构，它包括政府系统、营利组织即旅游企业、非营利组织即旅游协会、当地居民等。其中，政府处于主导地位，还要积极动员社会各界力量实现自我治理。

传统的危机管理的结构是政府一元主导，排斥了多元主体的参与。而协同治理理论认为，随着多元社会的发展、多元利益格局的逐渐形成，治理主体应适应时代和现实的要求向多元化的结构转变，把营利组织、非营利组织和当地居民等结构要素吸纳进来，形成多元化的治理主体。政府在处理旅游危机时，可以向社会各界力量发起动员，广泛吸纳旅游企业、旅游协会和当地居民等治理主体参与危机管理，并打破原有的自上而下的等级化的纵向网络，建立起各治理主体平等的横向交叉网络，确保各主体在旅游业后危机管理中发挥自己作用的同时，相互支持、相互补充、相互监督，将多元主体协同治理的优势充分发挥出来。

1. 政府部门

政府部门在危机管理的过程中占据着主导地位，政府危机管理主要是指其为了能够预知可能到来的危机，采用积极的防御措施，阻碍危机的到来，并尽力使得危机的不良后果降到最低。旅游业是高度依赖性的综合性行业，要想真正从根本上解决并转化旅游目的地危机，做好旅游目的地危机管理，就必须确定政府的核心地位，其核心地位体现在政府要作为战略指导者、宏观调控者、法规制定者和组织实施者参与旅游业后危机管理。在危机事件发生之前，竭力防范危机的产生，尽可能将危机扼杀在摇篮阶段。在危机爆发持续期，实时开展信息交流，准确应对危机。在危机解决之后，马上开展危机总结，依据具体情况，对旅游危机造成的伤害进行恢复。旅游目的地危机管理，首先要求政府明确自身在旅游危机管理中的责任意识、合作意识和创新意识。

（1）责任意识即政府各部门应明确自己的职责所在，当危机发生后，要以正确的态度和行动来面对与解决问题。

（2）合作意识即政府各部门之间要注重协同，加强合作，建立高效的旅游业危机管理体制，打破条块分割，整合资源和技术，提高整体办事效率。

（3）创新意识即要求政府在旅游危机管理中树立创新意识，在建立法治政府、服务政府和责任政府上迈出新步伐，实现整体推进，全面提高政府管理绩效。

此外，政府对于旅游危机管理还要制定相关法规、制度来约束旅游市场，当一个社会的诚信还处在初级阶段的时候，就不可能要求社会成员人人讲诚信。在这种情况下，面对旅游危机，唯一最直接、最有效的办法就是通过法律、规章制度来规范和监督市场，做到服务规范化、法治化。同时在有法可依的基础上，还要加大监管和执法的力度，让旅游市场中的失信者无立足之地。

2. 旅游协会

旅游协会也就是旅游行业的非营利组织，是为代表和维护全行业的共同利益，提高旅游企业的服务质量，保护旅游消费者的合法权益，促进旅游业健康发展而形成的行业组织。旅游目的地发生危机时，旅游协会能够发挥自身的积极影响，辅助政府，推动企业共同参与后危机管理，可以说，它是连接旅游企业和政府的桥梁及纽带。

由于我国的实际情况，我国的旅游协会很大程度上只是政府管理职能的"附属品"，并没有真正做到"政会分开"。为了更好地为行业、公众服务，旅游协会有必要进行重新定义，将政府和协会真正分家，旅游协会的组成人员大多来自社会基层，并且协会领导应该由民主选举产生，这样的协会才会有较强的群众号召力和较高的社会公信度。在确定旅游协会的性质、成员和结构的情况下，旅游协会还应该在旅游危机管理时发挥如下作用：①做好危机发生后的调研工作，为政府提供一手有效数据，做好政府的左膀右臂；②及时了解旅游企业的困难所在，为企业提供专业指导，帮助企业渡过难关；③引导和推动企业参与危机管理，做好企业与政府的连接工作；④做好对目的地公众的危机意识的宣传和教育工作，争取群众的支持和帮助；⑤搞好与媒体的关系，做好目的地形象的重塑工作等。

3. 旅游企业

旅游企业是整个旅游行业的主体，是旅游产品和服务的提供者。旅游危机对旅游业的冲击直接体现为对旅游企业的冲击，也就是说，旅游企业是旅游目的地危机发生的直接利益相关者，再加上旅游企业作为营利组织在资源、组织、技术以及协调能力等方面都一定程度上优于非营利组织和社会公众。因此，旅游企业毋庸置疑是旅游业后危机管理的主体之一。

旅游企业应该积极投身到旅游危机管理中，树立危机意识，主动配合政府部门的工作，保证最基本的规范经营，并注重长期而有效的投入。旅行社应该加强基础管理建设，切实拟定公平的旅游合同，关系到旅游者切身利益的行程费用和权责条款要清晰透明，诚信经营，履行好旅游合约，并提高服务质量，提升产品差异化优势，创新经营策略，形成自己的品牌。此外，对于旅游者对导游信任度较低这一问题，旅行社可以采取一定的措施来规范导游的行为，提高他们的服务水平。例如，规范导游的聘用制度与工资制度、定期对导游进行专业培训和素质培养、实行旅游者对导游打分制等；旅游餐饮企业和旅游商店也要做到诚信经营，规范市场价格，做到价格和质量相符；旅游住宿企业，大到高星级酒店，小到家庭旅馆，都应该规范住宿价格，严格控制旅游旺季价格疯涨的现象，并保证公共用品的绝对卫生；旅游交通方面，公交公司应该大力发展旅游目的地的公交系统，丰富公交线路，并保证公交车与站牌的统一，出租车公司应该加强对出租车司机的管理和监控，加大对乱收费司机的处罚力度；景点景区和娱乐项目在保证质量的同时，要统一收费制度，严厉打击"黄牛"、当地居民倒卖票的现象。

危机发生后，旅游企业在做好自己工作的同时，还要进一步认清并承担旅游业危机管理的责任，注重与同行携手合作，共渡难关。旅游企业可以召开旅游企业危机管理研讨大会，商定解决并转化信任危机的措施，共同努力，重新塑造旅游目的地的美好形象。此外，旅游企业要做好资源整合、产业重组，争取形成旅游产业集群，增强企业应对危机的能力，寻求更高层次的发展。

4. 当地居民

当地居民是该地区社会活动形成的最基本的要素，是旅游危机发生的受害者，也是旅游危机恢复和转化的受益者，所以说，当地居民显然应该成为旅游业后危机管理中的一股巨大力量。

因此，作为旅游危机管理的主体之一，当地居民面对危机时，一方面，应该培养自身诚实守信的传统美德，让旅游者感受到他们的纯朴和真实；另一方面，应该主动接受危机教育，培养危机意识和责任意识，提高危机应对能力和危机处理技巧。在实际生活中，旅游目的地当地居民应该积极关注身边发生或者即将发生的信任危机，及时主动与其他主体合作，投身于危机治理中去，抑制不诚信事件的发生。同时，在危机恢复和转化时期，当地居民要大力支持和配合政府与其他组织的工作，为旅游危机管理贡献自己的一份力量。

5. 其他主体

旅游业是综合性极强的产业，它的兴衰牵动着各行各业的发展态势。众多相关群体都应该成为旅游危机管理的主体，如投资者、供应商等。

投资者作为旅游业的资金提供者，对旅游业的作用不可小觑。在旅游危机敏感时期，投资者应该审时度势，不能一味注重追求眼前的经济利益，而要考虑到目的地旅游业的可持续发展，慎重进行投资，将有限的资金运用到能真正恢复并提升目的地旅游业的地方。

供应商作为旅游业的物质供给者，是旅游过程中食物、旅游商品、纪念品的提供方。旅游业的供应商在目的地危机中，先要规范自身的经营活动，然后根据自己的实力，采取一定的措施来助力危机恢复工作。

总之，由于旅游目的地危机的多变性和复杂性，在目的地危机管理中多元主体要协同治理，综合各主体的优势，由政府主导，统一协调各主体的活动，从而形成多元主体之间良好的互动和联结，有效治理旅游危机。

（二）旅游目的地危机管理的客体

1. 旅游者

旅游者作为旅游活动的客体，是旅游危机的直接影响对象，危机事件可能会使旅游者的身心以及财产受到损害，从而影响旅游者旅游决策，改变其旅游行为，最终影响目的地旅游业的发展。同时，这种负面影响会通过口碑效应或媒体报道而扩散开来，导致潜在旅游者大量流失。由此可见，旅游者是旅游危机管理的客体之一，旅游危机的治理和恢复工作应该针对旅游者的感知与反应来进行。需要注意的是，在旅游危机管理过程中，不仅要注重对现有旅游者的研究，还要重视对潜在旅游者的研究。要通过信息沟通，促使旅游者在出游前做足准备，多方面、多渠道地了解目的地旅游产品和服务以及旅游危机发生的原因、方式、途径等，并学会如何应对包含在购买决策中的风险和不确定因素，增强自身的合理消费的观念和规避风险的能力，从而将不稳定因素扼杀在摇篮里。

2. 社会公众

现有的和潜在的旅游者是存在于社会公众中的，因此，要恢复旅游危机后旅游者的旅游信心，必须从社会公众着手。显然，社会公众也是旅游危机管理的客体之一，它应该被纳入目的地危机管理体系中。旅游目的地应该向社会公众传播危机意识，传授防范信任危机的技巧，并努力团结社会公众力量，争取早日恢复当地旅游业。当然，社会公众既然生活在社会之中就要有一颗社会心，当社会上的任何一个角落发生危机后，我们都不能持着"与我无关"的态度来面对它，而是应该尽我们的一份心、一份力。

（三）旅游目的地危机管理的媒介渠道

在旅游目的地，有很多组织既不是危机管理主体，也不是危机管理客体，但它们仍然在旅游危机管理中起着举足轻重的作用，它们就是游离在主客体之外的第三方，如媒体等。

1. 媒体是旅游消费者和社会公众获得信息的主要途径

在旅游危机管理主体和客体之间，媒体发挥了中介的作用，进行了两者之间的信息传递。在危机发生阶段，媒体的导向直接决定了目的地形象是进一步被破坏还是得到重塑，所以，媒体虽然作为旅游业后危机管理的第三者，但其担负着正确引导舆论、促进信息沟通、监督管理主体的重任。

2. 媒体作为社会舆论工具，必须坚持正确的舆论导向

危机发生后，旅游目的地媒体应该及时、精准地进行全方位的跟踪报道，使旅游者和社会公众真正了解危机真相，并安抚他们的情绪。同时，媒体还应该充分应用自身的说服能力，引导公共舆论朝着有益于目的地危机管理的方向发展，并有效利用各种方式对目的地旅游业进行正面宣传，加速恢复目的地旅游业在旅游者和社会公众心中的良好形象。

3. 媒体在危机信息传播中要做到准确与及时

媒体作为信息的传播者，对于危机相关信息的传播要做到快速、高效、真实，不能拖延、耽误信息的传递，更不能随意改变信息的原意而作出不实报道。

4. 媒体在一定程度上还扮演了监督者的角色

媒体通过舆论对政府及其他管理主体进行监督，以防止他们在危机管理中出现错位、越位、缺位以及执行不力等问题。媒体的监督还有利于打造政府及其他管理主体的正面形象，提高各管理主体的办事效率。

第三节　旅游安全与危机处理的流程

随着全球化进程的推进和信息化社会的快速发展，在世界旅游发展过程中，由突发事件引起的旅游危机现象呈现频发之势，这就向旅游管理提出了新的课题，也向旅游危机管理研究提出了新挑战。目的地需要掌握危机处理的流程、方法、技巧，处置得当，就可能"化危为机"。

一、旅游安全与危机的总体要求

旅游安全与危机出现后，传播快、影响大、社会聚焦，不及时处理会造成人心惶惶，容易出现二次危机，所以必须认真加以对待，迅速进行处理。其总体要求如下。

（一）应急反应自动化

旅游安全与危机出现后，所有相关部门、相关人员必须按照预案及时到位，各司其职，迅速做好各项工作，使应急反应呈现出自动化的程序。不能互相扯皮、互相推诿，贻误处理危机的最佳时机。

（二）应急预案精细化

必须做好旅游安全与危机的预案。这个预案要有很强的可操作性。各个部门、

各个岗位都能够清楚自己的职责、权利以及相互之间的协调程序和方法，保证预案的精细化。坚决避免粗线条的、职责不清的预案。

（三）联动机制效率化

目的地需要组建旅游安全与危机应急联动机制，由政府办公室、文旅局、应急管理局、公安局、消防救援局、医院、电视台、广播电台、商务局、交通运输局、水务局、供水公司、铁路公司、民航局、移动公司、电力公司等组成。

（四）生命财产优先化

人的生命是最宝贵的，必须放到第一位来看待。旅游安全与危机处理首先需要抢救人员生命以及财产，在最佳的时间里把人员抢救出来安顿好，并防止灾害发生。只有把人员生命放到优先位置，救援工作才能得到社会的认同。

（五）宣传舆论透明化

旅游安全与危机处理需要媒体的配合，要把事件发生的原因、处理过程、相关人员信息、目前的状况等信息及时公之于众，让大众了解事实真相。宣传舆论必须是透明的，便于大众及时知道和监督事件处理的及时性与有效性。

（六）网络信息共享化

网络是新时期信息传播的最佳途径之一。旅游目的地需要把所有的信息与其他部门共享，方便掌握更多的信息，以利于处理旅游安全与危机。

二、旅游危机处置流程

旅游目的地需要制定一个完善的应急处理流程或处理路径，有利于目的地做到"临危不惧"，有节奏、有章法、有条不紊地处置危机。一般情况下，按照下列流程处理危机会比较顺利地解决问题。

危机发生之后，①信息的传递，保证第一时间让相关部门知情；②先期处理，尽快争取时间应对，防止事态的扩大化；③现场处置，把情况了解清楚，展开救援等；④稳定秩序；⑤做好善后及恢复工作重建等，具体如图9-2所示。

危机处理流程中，要注意处理的技巧。例如，旅游目的地与媒体的沟通和交流，和受害者所在地的社区或工会组织的沟通与交流。做好与媒体的交流能够避免负面消息的流传。做好与社区或工会组织的沟通和交流可以减少受害方给旅游目的地造成的阻力，更有利于安抚受害者。

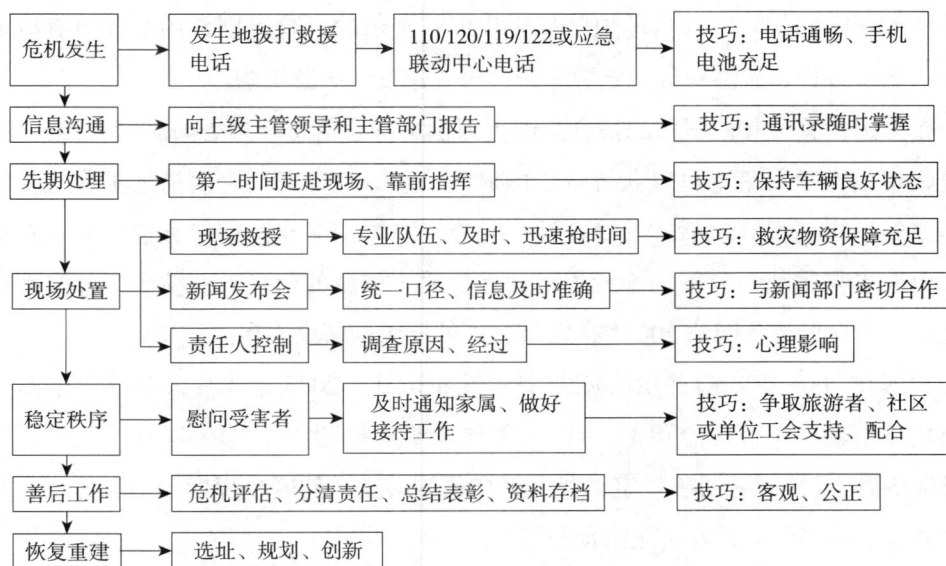

图 9–2　危机处置流程

三、制订旅游危机预案

旅游业的脆弱性和敏感性决定了旅游目的地对于旅游的安全等需要事先做好预案，以防"风吹草动"对旅游业的影响和冲击。

（一）旅游危机前的预警系统

旅游安全与危机的处置首先要做好预警工作。这是预防的前提。有了预警工作，能够使目的地更加清楚安全与危机发生的概率和位置，也就为后续处置提供了依据。

（二）危机预警原理

危机预警的原理主要是根据以往发生事件的频率、事物的普遍联系性等予以推理，主要有下面三种。

（1）类推原理。依据历史因素进行相关的推断。例如，夏天容易发生中暑、游泳溺水等事件。

（2）因果原理。依据事物的普遍联系性原理。事物总是有内在的联系。例如，大的自然灾害之后容易暴发瘟疫，政治冲突事件发生后会影响旅游业等。

（3）概率原理。依据变量之间的互相作用原理。例如，食物中毒的概率、缆车的事故概率、汽车的事故概率等。

（三）预警等级

按照国外危机情景的不同状况，境外旅游危机预警可以选择不同的词语来表示。

按照国际惯例，国外目的地的危险程度、警示的危险级别常用的词语有以下几个：旅游警告、旅游劝告、旅游忠告、旅游建议、旅游提醒。

在美国，关于其他国家的信息是由美国国家领事信息计划署向旅游者提供的。通过领事信息手册基本可以获得每个国家的信息，它定期地全面描述了那些受质疑国家的基本情况，包括政治稳定性、犯罪、恐怖主义及医疗保健情况等。在英国，由外事与联邦办公室的旅行咨询处提供关于旅游的信息。在德国，外交部则通过其分布在世界各国的 200 多个领事代表处提供的帮助作出旅行忠告。

我国在 2006 年之前并没有旅游警示发布形式。2006 年 4 月公布的《中国公民出境旅游突发事件应急预案》（以下简称《预案》）当中，第一次有了危机预警等具体内容。《预案》明确规定，我国将按照旅游安全的轻重程度，采取提示、劝告、警告三种警示形式发布旅游预警信息。

（四）平时做好教育、培训工作

1. 危机意识的教育

加强对旅游从业人员和旅游者的教育。旅游从业人员要树立危机意识，正确认识危机，主动承担社会责任，积极参与自然灾害的救治，加强职业培训与学习，掌握相关救护处理技能。旅游者首先培养良好的应对自然灾害的心理素质，面对灾害不惧怕、不惶恐；其次提高个人应对自然灾害的能力，学会紧急自救、逃生技能和灾害的常识，能正确辨认灾害发生的征兆，提前预防。

2. 安全法规的学习

旅游从业人员加强对安全法规的学习，对旅游者进行安全教育，提高其旅游安全的法律意识。

3. 危机防范的技巧培训

加强对旅游从业人员防范安全与危机的技巧培训。例如，如何防止食物中毒、如何防止中暑、山洪暴发如何躲避、遇到火灾如何逃生等。这些都是有技巧的。旅游目的地需要对旅游从业人员进行专业培训，可通过比赛、考核、演练等办法进行培训。

4. 危机处理应急能力的提高

旅游从业人员对旅游安全与危机有一定的知识和处理能力的话，在某些情况下可以避免或减少损失。尤其在危机爆发初期，事件还没有蔓延开来，如果处置得当，可以把危机消灭在萌芽状态。

第四节　旅游安全与危机管理的应对措施

旅游安全与危机管理是旅游目的地必须面对的问题，这是由旅游的特性决定的。加强管理是政府和相关部门义不容辞的责任。那么，不同的部门应该怎么来各司其职呢？

一、旅游各部门的危机管理

安全与危机的管理需要由政府直接组织。只有政府才具备这样的能力和相关资源。但是仅有政府是不够的，旅游业其他相关部门必须配合政府做好分内的工作。

有学者经过研究提出了旅游危机管理框架（SSTCM），具体如图9-3所示。

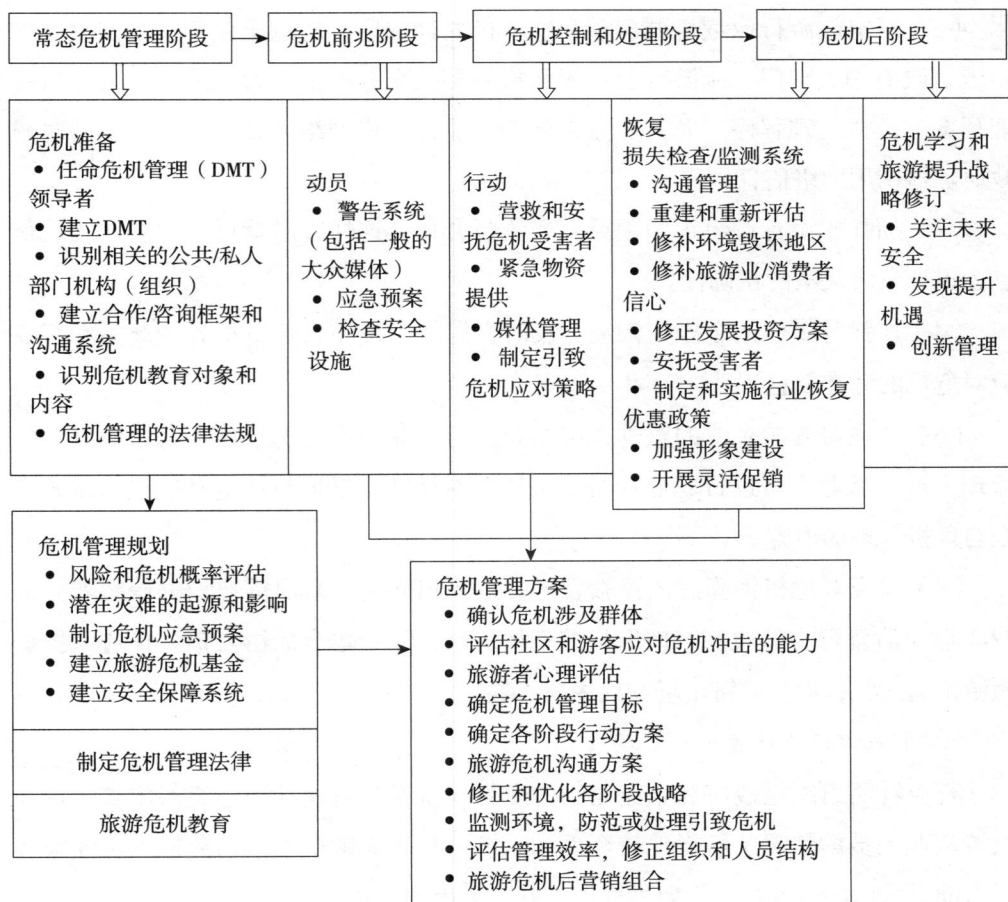

图 9-3　旅游危机管理框架

旅游危机的发生具有很大的不可知性，当危机发生时，危机情势变化多端，要求我们迅速地拿出合理的应对方案和采取应对措施。为了保证危机管理的科学性和危机管理的效率，专家们提出了旅游危机管理框架，并以此作为危机管理的指导工具。

（一）政府旅游安全与危机管理

对旅游安全与危机进行管理是政府部门的责任，具体来说包括以下几个方面。

（1）成立旅游行业安全与危机处理应急工作领导小组。领导小组下设办公室作为协调机构，由政府旅游主管部门和相关政府部门及危机管理专家共同组成，确保所有的信息都进入这个机构，统一管理信息发布，研究应对策略和措施，提出具有前瞻性的建议和具有操作性的方案，从而提高行政效率、降低行政成本，发挥政府行政资源的作用。

（2）制定旅游行业危机处理预案、危机处理程序。通过出台相关的制度，发布覆盖政府相关部门、旅游行业社团和旅游相关企业的具有行政约束力的危机处理预案、危机处理程序。尤其要完善旅游行业计算机网络系统，以便必要的时候政府能够调用网络信息。

（3）加强旅游行业组织的领导、交流与合作。这样政府就可方便获取相关信息，保证政府决策的正确性。

（4）加强与媒体的合作与沟通，及时在媒体上发布行业危机处理政策和行业应对危机的动态信息。

（5）加强对旅游企业的监管，密切和旅游企业的沟通与合作，对旅游行业的管理人员、从业人员进行职业资格证书培训与认定。培训与认定必须包括旅游安全与危机管理的内容。

（6）加强对危机消除后的拯救领导。危机消除后，政府需要根据旅游者的消费心理和消费行为的改变，推出旅游整体促销计划，培育旅游者消费信心，提振旅游市场人气，恢复旅游市场和秩序。

（二）旅游行业社团危机管理

行业社团组织是政府和企业之间的纽带与桥梁，行业社团组织对旅游企业和旅游从业人员的情况了解得比较全面和系统，是政府解决安全与危机不可或缺的得力助手。旅游行业社团需要做好以下几个方面的工作。

（1）成立应对安全与危机影响行动小组，对目的地安全行业危机进行深入调研、全面分析，并从专业和技术的角度提出行业应对的基本指南。

（2）掌握行业状况，研究应对措施，争取更多政府应对危机的政策和资金。

（3）定期组织会员企业交流情况、分享经验，提高信息沟通的能力。

（三）旅游企业危机管理

据统计资料，80%的企业寿命不到3年，10%的企业寿命不到8年，只有2%的企业寿命在40年以上。这2%的企业幸存的基础是什么？国际著名成功企业的经验给出的答案是：危机管理。

为了长远发展，旅游企业需要根据自身的实际状况，建立起规范的、全面的危机管理系统。

（1）组建危机管理行动小组，由企业的高层管理人员和沟通能力较强的专业人员组成小组成员，负责企业的安全与危机处理。

（2）制订企业旅游安全与危机预案。根据政府的要求，企业需要制订自己的预案处置程序。

（3）预测和评估危机对企业造成的影响与损失的程度。

（4）及时处置安全与危机事件。充分调动员工的积极性和利用社会资源，最大限度地减少企业的损失。

（5）加强与政府和媒体的沟通。争取政府的支持，通过媒体向公众传达企业有效处理危机的信息，提升企业的知名度和美誉度。

（6）及时与保险公司取得联系。共同处理相关赔偿事宜。

（7）安抚企业员工。争取尽快恢复生产。

（四）旅游从业人员危机管理

危机考验一个人的整体素质，危机管理不仅是个人生存的需要，而且是一种不断学习新知识、不断适应新环境的社会化的能力。旅游企业需要帮助和教育旅游从业人员做到以下几个方面。

（1）学习旅游安全与危机的基本知识，掌握处置安全与危机的基本技能。

（2）主动参与企业安全与危机管理，提高自救能力，为企业的复兴积极献计献策。

（3）参加职业培训和学历教育，增强安全与危机的职业意识和敏感性，提高应对危机的素质和能力。

（4）与企业齐心协力，共渡难关。将危机的信息传达给会员，并及时反馈会员的回应。

（5）经常举办各种旅游安全与危机主题活动，使旅游企业提升安全与危机的意识。

二、旅游危机管理的应对措施

旅游安全与危机的发生与发展会呈现一定的阶段性。在每个阶段应该采取不同的应对措施，才能有的放矢地处置危机。

（一）危机的阶段性

危机的发生有着一定的阶段性，危机管理需要分阶段、分步骤地进行。李锋提出的"7R"模式具有一定的参考价值。他把危机分为七个阶段：侦测（reconnoitre）、缩减（reduction）、预备（readiness）、反应（response）、恢复（recovery）、重振（rejuvenate）、提升（raise）。

旅游危机管理"7R"模式如图9-4所示。

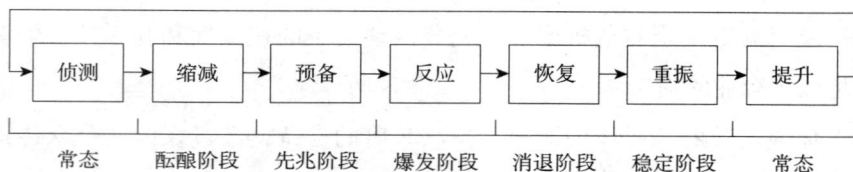

图 9-4　旅游危机管理"7R"模式

（1）侦测。收集、分析和传播信息是危机管理的首要与直接任务。

（2）缩减。提升危机意识、化解危机根源，尽量避免危机生成因素的恶化和危机的形成。

（3）预备。成立危机管理小组，选取危机应急预案。

（4）反应。依据管理过程中的信息反馈灵活地执行危机应急预案。

（5）恢复。评估旅游危机的影响和发展趋势，采取合理措施，恢复旅游业。

（6）重振。旅游形象的修复和重振。

（7）提升。从危机中寻求机遇，促进旅游业素质的提升。

（二）旅游危机中的应对措施

由于旅游危机的阶段性特点，处理危机要根据不同阶段的特点采取不同的应对措施。根据以往的经验，比较有效的方法有以下七种。

1. 迅速反应，把握应对危机的最佳时机

危机发生以后，必须在第一时间迅速作出反应，充分利用第一个"24 小时"的宝贵时间，控制危机局势，最大限度地降低危机造成的损害。实际上，社会公众关心的可能并不仅仅是旅游危机事件本身，而是决策者对于危机事件的反应速度和态度。所以，迅速作出反应是第一位的措施。

2. 查找危机根源，果断作出危机决策

首先是对危机的性质进行清楚且非常明确的界定。第一时间告诉公众到底发生了什么事情、属于什么性质的事件、等级如何。其次是初步判断出影响有多大、范围有多广。最后是判定引发危机的原因是什么，并要告诉公众。

3. 实施危机隔离与救助

对危机的范围进行划定，必要时进行适当的隔离或分离，避免危机造成更大范围的公众伤害。——组织军队、警察、医疗机构、相关的专业救援队伍马上采取救援行动，在危机扩大前进行施救，对受到伤害的旅游者实施专业救护。

4. 积极面对公众，争取外界援助

通过媒体和网络，没有任何隐瞒地告知公众了解到的事件真相。如果事态比较严重，需要与外界（甚至国外）救援组织建立联系，争取外界救援组织参与救援。这一方面可以在短时间内争取更大范围的施救，另一方面可以借机学习外界的先进救援技术和方法。

5. 发挥政府职能，寻求权威支持

在危机处理过程中，政府直接出面将提高话语的权威性。而且政府高层领导直接参与现场指挥，可以最大限度地组合、利用各种资源，减少危机引起的内部混乱，能让公众看到政府的诚意和能力，提升公众面对危机的信心，从而起到稳定局面、避免事态进一步扩大的作用。

适当动用第三方权威机构发布正面信息，邀请权威专家进行分析和评判，这比目的地的旅游企业自身的说法更具有说服力，更容易被公众接受。

6. 加强信息沟通，统一消息口径

在危机爆发的第一时间，指定新闻发言人召开记者通报会，统一对外宣传口径。在实事求是的前提下，确保发布的信息统一、客观、严谨。新闻发言人要注重媒体在危机传播中所关注的议题（图 9-5）。

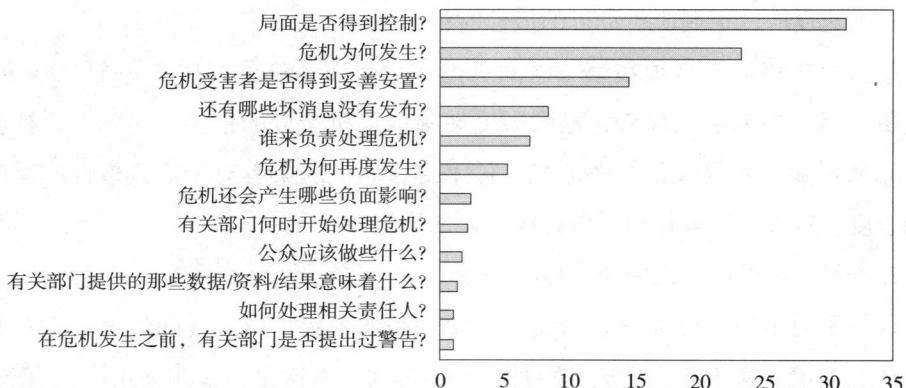

图 9–5　媒体在危机传播中的议题排序

如果其他人员发布不同的说法，会让公众产生"掩盖事实"的不良印象。国内外的学者列出了几十个危机之下媒体和公众可能关心的议题。指定的新闻发言人应集中精力回答以下三个议题。其他议题不是不重要，而是越纠缠越混乱。

（1）局面是否得到控制，也就是说现实状态如何。

（2）危机为何发生，也就是危机的诱因何在。

（3）危机受害者是否得到妥善安置，也就是说受害者的命运如何。

在以往的个别案例中，一些没有受过训练的危机管理者，往往纠缠于边缘议题。例如，危机发生后，上级工作组到出事地点的第一件事往往不是救灾，而是宣布主管行政"一把手"或者分管领导停职检查。事故责任人虽然要依法处理，但应该在危机结束后再根据党纪国法、功过得失进行处理。在危机处置过程中，首要的工作是救灾，而不是奖惩，奖惩工作要放到总结阶段再进行。

7. 收集舆论动态，及时调整应对策略

对于媒体和网络就危机处理过程中的某一问题提出的猜测，旅游目的地政府要及时地进行回复或公告，排除"非议"。对于媒体提出的正当批评，旅游目的地及其相关企业要认真思考，勇于承认错误，而不是敷衍了事。根据舆论动态信息，目的地要调整危机处理的方式和方法，提高危机处理的能力。

三、危机之后的恢复战略

旅游危机对区域旅游发展已经造成的物质损失、信誉损失和形象损失，需要进行恢复重建，其中旅游基础设施和旅游接待设施的恢复重建工作相对简单一些，比较困难的工作是恢复旅游形象。恢复旅游形象工作的重点对象应该是旅游者，要采取多种措施重新树立旅游目的地的安全形象，拂去危机对旅游者造成的心理阴影，逐步恢复公众对目的地的旅游消费信心。旅游危机后的恢复措施主要包括以下几方面的内容。

（一）旅游危机后评估

全面评估旅游目的地物质和经济的损失，以及危机造成的破坏性后果，掌握详尽的损失情况，以便更新预警数据库，为今后的预警工作提供必要的信息。危机后评估内容包括旅游损失评估、旅游者影响评估、危机时长评估、危机恢复管理评估。

（二）政府作出扶持反应

危机后旅游目的地的政府为了保证旅游业的恢复和发展，通过财政和税收等宏观经济政策进行扶持，如对受损的旅游企业等提供低息贷款、对旅游从业人员发放津贴等进行补偿、通过财政拨款恢复旅游基础设施等。

（三）制订旅游恢复计划

评估旅游危机影响程度和旅游危机影响时长，制订旅游恢复计划，确定危机后旅游发展战略，明确规划年限和各期限内的目标与任务，推动旅游业尽快恢复。

（四）基础设施的重建和资源的二次开发

基础设施的重建不是简单地把建筑物重新建起来，或者把道路、供电供水供气设施恢复起来，而是根据对危机的评估结果，考虑再次爆发危机时，基础设施抵抗危机的能力。重建必须讲究创新和速度。例如广西桂林市虽然在2008年遭遇百年不遇的冻灾，但其旅游业能够迅速恢复，与其采取一系列的强有力措施是分不开的，尤其是重视重建工作。桂林市通过下发《关于全面做好设施设备维护工作、强化旅游安全管理、迎接旅游客源市场恢复性增长高潮的通知》，对全市旅游设备、设施进行了改造与重建，使之能够快速地重新开张迎客。

（五）进行心理干预，重塑旅游者信心

旅游危机后有效的心理干预能够帮助人们获得生理上和心理上的安全感。目的地需要提供给旅游者最基本的旅游安全信息，满足旅游者恢复心理平衡状态的内在需要，增进旅游者出行的心理安全和身体安全的信心，重新塑造旅游者的信心。

（六）重新树立目的地形象

旅游危机之后需要重新树立目的地形象。重新对旅游形象进行推广，重点是纠正危机事件对潜在旅游者造成的形象的偏差。一方面要积极宣传政府采取的抗灾救灾措施以及旅游主管部门采取的使旅游业恢复正常的措施，及时向新闻媒介通告旅游业的复苏计划和具体措施。另一方面可以邀请媒体、旅行社重返目的地，向它们展示恢复工作所取得的成绩，注意与当地居民、旅游基础设施有足够的接触，集中正面地报道和现身说法，以消除危机给旅游者带来的不利影响。

（七）重新激活旅游市场

旅游危机消解后要恢复目的地旅游业，需要通过对供需结构的调整与优化，重新激活旅游市场。一方面，调整产品价格以更大优惠吸引旅游者，逐渐恢复旅游市场；另一方面，调整市场结构以优化旅游需求。重点是距离目的地最近的客源市场，因为该市场的旅游者对目的地更加熟悉。由此，由近及远地恢复旅游市场。

（八）加强多边合作和国际合作

旅游危机后，实行区域合作是化解旅游危机的有效办法。在旅游形象的恢复和重塑过程中，要善于利用各类国际旅游组织的力量，由于国际旅游组织的国际性和客观性，其发布的信息具有很高的权威性，受众的信任度高。因此，需要不断加强与相关国际组织的联系和合作，在关键时期争取得到它们更多的支持和帮助。

本章小结

旅游业的综合性、依赖性、季节性和异地性等产业特征决定了旅游业的高度敏感性。当发生政治、经济、文化、社会和自然等突发危机事件时，旅游业是整个国民经济中最容易受到冲击的行业，也是经济和社会变化的预警器。旅游目的地作为产品空间的承载体，其形象在旅游者作出决策时起着重要的作用。旅游目的地危机事件是否能得到妥善的处理，直接影响旅游者对旅游目的地的评价，进而影响到旅游目的地的持续发展。要实现对旅游目的地危机的有效管理，首先，必须清楚旅游危机的类型、特征、生命周期、形成机理和影响路径；其次，按照危机的演化情况，参照危机管理的模型，建立动态旅游管理系统；最后，构建旅游目的地危机的管理机制，包括危机前的预警和预控、危机中的治理和危机后的应对措施，这也是旅游危机的根本内容。这三部分工作连续、连环、有序、逐步递进，与旅游危机发展过程相对应。

 即测即练

 拓展阅读

思考题

1. 什么是旅游安全？什么是旅游危机？什么是旅游灾难？

2. 什么是旅游危机管理？旅游危机管理的原则有哪些？

3. 旅游安全与危机有哪些类型？

4. 旅游安全与危机有哪些总体要求？

5. 旅游危机处置流程是什么？

6. 如何制订旅游危机预案？

7. 各旅游部门应该如何管理危机？

8. 旅游危机管理的应对措施有哪些？

9. 如何做好危机之后的恢复工作？

10. 各旅游部门基层人员应该如何配合上级做好应对危机的准备？

第十章　旅游目的地竞争力

学习目标

1. 阐述旅游目的地竞争力的概念、内涵。

2. 灵活运用不同的旅游目的地竞争力模型。

3. 比较分析各个不同类型旅游目的地竞争力模型的理论基础、影响因素、应用场景等。

能力目标

1. 深入理解旅游目的地竞争力的内涵，并能够运用旅游目的地竞争力的概念分析不同类型目的地竞争力的核心与本质。

2. 使用旅游目的地竞争力模型来分析旅游目的地的竞争力现状，并能够根据目的地的特点和类型，选择出合适的旅游目的地竞争力模型。

3. 结合案例及熟悉的旅游目的地，能够根据理论知识构建科学合理的旅游目的地竞争力评价指标体系，运用层次分析法、德尔菲法等进行旅游目的地竞争力的测算。

4. 通过旅游目的地竞争力的测算，培养学生从数据和结果中发现问题、分析问题、解决问题的能力。

🔍 **思政目标**

1. 通过对旅游目的地竞争力概念及内涵的认知，让学生科学理解旅游目的地加强竞争力的意义，正确认识旅游目的地竞争力是综合竞争力，而非经济竞争力。

2. 通过对旅游目的地竞争力理论模型的学习，从"人与自然"和谐发展的角度来引导学生，旅游目的地管理要维持竞争力和可持续发展间的平衡、经营管理和环境管理间的平衡。

3. 通过导入案例和拓展阅读案例，让学生明确文旅目的地构建的意义，树立辩证唯物主义的世界观，深入理解"两山理论"，增强文化自信。

🔍 **思维导图**

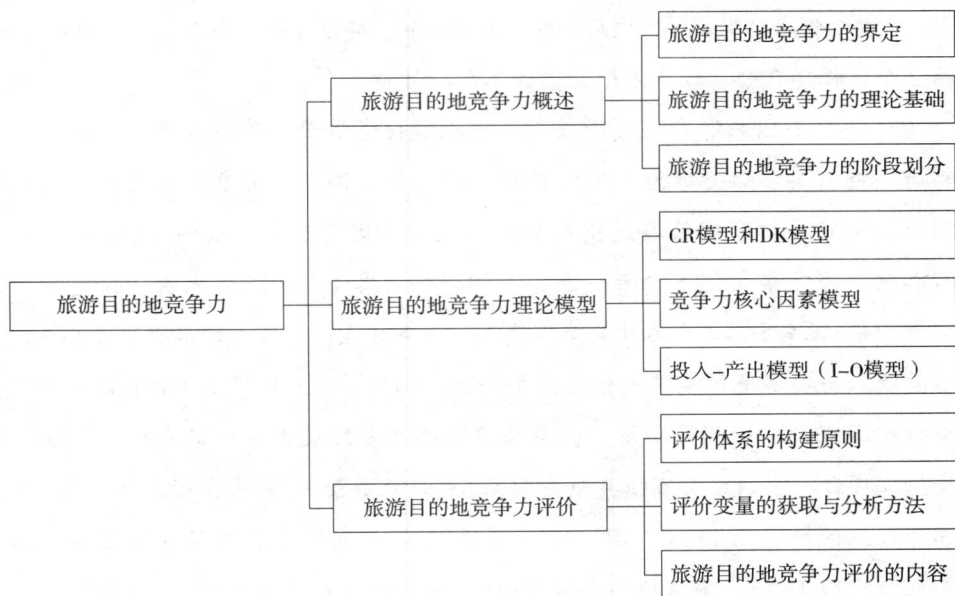

🔍 **导入案例**

2022（第五届）中国旅游百强县市发布

2022 年 11 月 24 日，《中国县域旅游竞争力报告 2022》（以下简称《报告》）发布，《报告》同时揭晓了 2022（第五届）中国县域旅游综合竞争力百强县市、2022（第五届）中国县域旅游发展潜力百强县市名单（简称 2022 中国旅游百强县市和2022 中国旅游潜力百强县市）。

《中国县域旅游竞争力报告》由竞争力智库、北京中新城市规划设计研究院等机构联合编制，评价对象为我国（不含港澳台地区）1 866个县域（不含市辖区）。中国县域旅游竞争力评价体系包含中国县域旅游综合竞争力评价体系和中国县域旅游发展潜力评价体系。其中，中国县域旅游综合竞争力评价主要考察县域旅游资源富集度、旅游经济活跃度、旅游设施完善度、生态环境优势度、政府推动实效度、旅游品牌美誉度六个方面，六个分项指数集合成综合竞争力指数，竞争力指数前100名即为中国旅游百强县市；中国县域旅游发展潜力评价主要考察县域资源开发潜力、市场扩张潜力、基础支撑潜力、政府推动潜力四个方面，四个分项指数集合成发展潜力指数，发展潜力指数前100名即为中国旅游潜力百强县市。

《报告》显示，2022中国旅游百强县市分布在19个省（自治区、直辖市）。其中，浙江14个、四川14个、江西11个、贵州8个、江苏8个、湖南7个、云南7个、重庆5个、湖北4个、广西4个、山东3个、安徽3个、新疆3个、河南2个、陕西2个、福建2个、辽宁1个、山西1个、甘肃1个。

2021年，全国旅游市场缓慢恢复，出境游接近停滞，跨省游严重受限，而以近郊游、乡村游、短途游为主体的县域旅游成为全国旅游业复苏的生力军。中国旅游百强县市平均实现旅游总收入160.16亿元，恢复至疫情前的78.5%，比全国旅游总收入恢复率高27.5个百分点；平均接待游客1 538.73万人次，恢复至疫情前的79.7%，比全国旅游总人次恢复率高25.7个百分点；游客人均单次消费1 040元；旅游总收入与县域地区生产总值之比平均为61.4%，较上年提高1.1个百分点。虽然部分旅游经济指标明显下滑，但县域旅游高质量发展态势继续向好。旅游资源品质持续提升。中国旅游百强县市有国家5A级旅游景区56家、国家4A级旅游景区342家、世界遗产17项、国家级旅游度假区20家、国家级风景名胜区53处、世界地质公园13处、国家地质公园30处、国家级森林公园66处、全国红色旅游经典景区34处、全国重点文物保护单位389处。交通、住宿条件持续改善。机场方面，中国旅游百强县市中有38个到最近的运输机场的距离在50千米以内，85个在100千米以内；铁路方面，中国旅游百强县市中有75个建有客运火车站，其中开通高铁的有45个、开通动车或城际列车的有14个；公路方面，中国旅游百强县市中有99个已通高速公路，其中，44个拥有3条以上高速公路。酒店方面，中国旅游百强县市共拥有五星级酒店55家，客房1.71万间；四星级酒店177家，客房3.51万间。生态环境质量不断提高。中国旅游百强县市空气质量优良率平均值达到 93.2%，较去年提升 0.7 个百分点；森林覆盖率平均值达到 54.5%；建成区绿化覆盖率平均值达到 42.3%，较去年提升 0.3 个百分点。

《报告》显示，2022 中国旅游潜力百强县市分布在 24 个省（自治区、直辖市）。其中，浙江 15 个、四川 9 个、广西 9 个、湖北 8 个、湖南 6 个、安徽 6 个、福建 6 个、内蒙古 5 个、河北 5 个、河南 4 个、山东 3 个、山西 3 个、陕西 3 个、新疆 3 个、广东 2 个、海南 2 个、江西 2 个、重庆 2 个、云南 2 个、辽宁 1 个、黑龙江 1 个、吉林 1 个、江苏 1 个、贵州 1 个。

2021 年，中国旅游潜力百强县市整体呈现市场恢复强劲、基础条件优良、旅游资源精美、政府推动有力等特点。中国旅游潜力百强县市旅游总收入平均达到 63.71 亿元、旅游总人次达到 742.56 万人，均恢复至疫情前的七成以上，游客人均单次消费 860 元，拥有国家 5A 级旅游景区 52 家、国家 4A 级旅游景区 316 家、世界遗产 14 项，旅游资源十分富集，市场开发潜力巨大。

资料来源：2022（第五届）中国旅游百强县市发布 [EB/OL].（2022-11-24）. http://www.100ctt.com/News Detail.aspx?id=528.

思考题：

1. 影响中国旅游百强县市竞争力的因素有哪些？

2. 结合自己的经历，谈谈家乡所处的县市旅游百强县市的建设思路和对策。

旅游业作为国民经济的战略性支柱行业，是深化供给侧结构性改革的重要领域。随着改革的不断深入，某一旅游目的地要在经济新常态下保持可持续发展，就需要从目的地供给侧采取有效措施，完善目的地公共服务体系，提高目的地管理效率和水平，提升目的地旅游产品供给质量，从而保证该目的地的综合竞争力。本章将从概述、理论模型、评价三个小节全面学习旅游目的地竞争力的相关知识，灵活运用旅游目的地竞争力相关模型，构建评价体系，评判不同类型的旅游目的地竞争力。

第一节　旅游目的地竞争力概述

20 世纪 60 年代，国外学者开始关注"区域旅游竞争"。旅游竞争的研究经历了强调旅游资源、关注旅游需求、重视旅游形象三个阶段，直到 20 世纪 90 年代，旅游竞争的研究进入"旅游目的地竞争力"的阶段（臧德霞，2006）。目前，国内外的学者对旅游目的地竞争力的研究主要集中在三个方面：①理论内涵的研究；②旅游目的地竞争力评价模型的研究；③旅游目的地竞争力的影响因素研究。

一、旅游目的地竞争力的界定

旅游目的地竞争力是竞争力的研究范畴，属于旅游竞争力的分支。因此，我们在界定旅游目的地竞争力时，需要深入了解竞争力和旅游竞争力的概念。

（一）竞争力的概念

竞争力是某一经济主体在市场中表现的一种描述方式和手段。亚当·斯密于1776年提出的绝对优势理论和大卫·李嘉图于1817年提出的比较优势理论是竞争力的理论根源。两种理论均认为企业在激烈的市场竞争中，产品的生产成本是竞争力的决定性因素，而产品的生产成本又依赖于企业自身的要素集聚和资源禀赋。随着理论和实践研究的不断深入，竞争力的理论体系逐步完善，形成了竞争动力学、企业资源基础学、企业能力学三大理论学说。

国内外对于竞争力的研究成果丰硕，比较有代表性的观点，是由美国的管理学家迈克尔·波特教授提出的国家竞争力概念，即由产业和企业的竞争优势来决定国家的竞争力。世界经济论坛对竞争力的定义做了明确的界定：竞争力是指某一国家、地区或企业等主体相比另外的某一主体在市场中创造更多财富的能力。由于竞争力是一个相对的、多维度的、复杂的概念，因此竞争力的定义还没有得到统一的界定，但是在内涵上已经达成了基本的共识，主要包括两个方面：①竞争力是企业通过整合自身资源，制定有效的发展战略，进而在市场中建立起竞争优势的能力，这一能力主要是"经济能力"。②需要对比分析企业主体的产品份额和盈利指标，才能有效衡量企业竞争力的强弱，因此，竞争力具有相对性。

尽管现有研究对竞争力的定义还不统一，但是竞争力的实质就是一种能力，是一种相对于其他主体的比较生产力，不是竞争主体拥有的资源或职能活动。竞争主体的竞争力是通过全方位比较而得出的比较能力，不能局限于某一方面或某一环节上。竞争力是竞争主体可以通过改善经营活动或提高规划水平等活动来进行改变的，是持续动态的。

（二）旅游竞争力的概念

旅游竞争力是一个多尺度的复杂的概念，20 世纪 90 年代起，旅游竞争力逐渐成为研究热点，通过梳理发现，旅游竞争力的研究角度主要是旅游企业竞争力、旅游产品竞争力和旅游目的地竞争力三个方面。旅游企业竞争力包括景区旅游竞争力、城市旅游竞争力等，城市旅游竞争力在内涵上包含三个层次，分别是表面的旅游产品竞争力、深层次的旅游企业竞争力和本质的旅游生产要素的竞争力。旅游产品竞争力指的是在国内外的旅游市场中，某一旅游产品较之其他旅游产品，创造财富及推动国家或地区创造财富的能力。旅游目的地竞争力是以"旅游目的地"为主体的、满足旅游者各项体验需求的能力。

从本质上看，旅游竞争力主要还是某一竞争主体的"经济能力"，是在竞争主体之间进行比较而产生的能力强弱。

（三）旅游目的地竞争力的概念

旅游活动均发生在旅游目的地，满足旅游者的一切旅游需求是旅游目的地的首要目标。因此，旅游目的地竞争力可以看作满足旅游者身体和心理上的旅游需求，为旅游者提供一次难忘的经历的能力。目前，旅游目的地竞争力的概念并没有达成一个理论共识，我们可以通过国外的研究进展来梳理和总结一下旅游目的地竞争力的内涵。

1. 可持续发展视角的旅游目的地竞争力

国外对于旅游目的地竞争力的研究始于 20 世纪 90 年代，在已有的研究成果中，影响力最大的是 Crouch 和 Ritchie 的旅游目的地竞争力的系列研究，他们从居民福利、社会繁荣及可持续发展的角度定义了旅游目的地竞争力，Crouch、Ritchie（2000）认为，为到访旅游者提供满意而难忘的旅游经历，吸引更多旅游者来访，提高当地居民的生活质量，并为子孙后代维护好该地的自然资产的能力。Hassan（2000）借鉴 M. Poter（1990）的竞争理论，提出旅游目的地竞争力是旅游目的地在资源维护、创新和整合产品能力上与其他旅游目的地相比的可持续相对优势。布哈里斯（2000）认为，旅游目的地竞争力是一个国家或居民促进经济繁荣发展的能力，包括目的地可持续发展的旅游资源能力，并能够保证利益相关者均衡地获得回报的能力，这一观点与 1998 年世界旅游组织提倡的观点基本一致。

2. 游客需求视角的旅游目的地竞争力

Dwyer（2000）等认为一个国家旅游产业发展的潜力完全取决于它保持为游客

提供产品与服务的竞争优势的能力，一个旅游目的地要想获得成功，就必须在为旅游者提供完整的旅游经历，保持整体吸引力等方面超越其他目的地竞争主体。d'Hartserre（2000）则认为旅游目的地竞争力主要表现在两个方面：①旅游目的地能够为旅游者提供更好的商品和服务的能力；②随着时间的推移，目的地能够维持并提高其市场地位和份额的能力。

3. 复杂多尺度视角的旅游目的地竞争力

Dwyer（2003）等基于不同学科的视角，认为旅游目的地竞争力是一个复杂的、多尺度的概念，大致包含以下四个方面：①基于价格竞争力视角，认识到价格竞争力对旅游目的地的旅游流具有潜在的且重要的影响；②基于战略管理视角，认识到可持续的竞争力优势和稳定的企业资源的重要性；③基于历史、政治、文化视角，认识到目的地竞争力会受到国家权力、文化价值和道德的约束；④从 WEF（世界经济论坛）和 WTTC（世界旅游及旅行行业理事会）开发的国家竞争力指标可以发现，当地居民的收入是竞争力的最终体现，也是消费者对旅游目的地竞争力感知的重要因素。

4. 比较优势视角的旅游目的地竞争力

Kozak，M 和 Rimmington，M.（1998）指出，要比较目的地竞争力需要确定目的地的竞争主体，即具备竞争关系的一个目的地群体。Gooroochurn（2005）分析了两个目的地的旅游产品适合夏季体验，那么此时两个目的地在当下时段构成竞争关系，但在其他时段不一定构成竞争关系；相同类型的旅游目的地之间竞争较大，不同类型的旅游目的地之间竞争相对较小。因此，旅游目的地的竞争具有相对性。

随着理论研究和实践的不断深入，越来越多的学者关注到旅游目的地竞争力就是要探讨不同目的地之间旅游系统中各个要素发展的快慢、能力的强弱和可持续性的高低。因此，旅游目的地竞争力的判断不仅包含"经济层面"的指标，而且要纳入旅游目的地的旅游环境、旅游资源、旅游体验、旅游可持续性等指标。旅游的本质是愉悦性的休闲体验，那么旅游目的地竞争力的本质就应该是为旅游者提供完善的休闲体验，同时又能推动目的地经济、社会发展，提高目的地居民生活质量，维持旅游资源永续利用，确保旅游系统中各个利益相关者获得均衡收益的能力。

基于上述讨论，我们可以将旅游目的地竞争力界定如下：旅游目的地满足旅游者的旅游体验需求，确保相关利益者的收益均衡，维持当地资源可持续性的能力。

二、旅游目的地竞争力的理论基础

旅游目的地竞争力的理论基础主要包括比较优势理论、竞争优势理论、可持续发展理论和创新理论。其中，比较优势理论和竞争优势理论是旅游目的地竞争力的理论根源。比较优势理论强调的是竞争主体之间的要素禀赋差异，反映在旅游目的地领域指的就是目的地的地理位置、旅游资源属性、旅游文化价值等，在旅游开发的初期，这些要素往往对旅游目的地竞争力影响较大。例如，拥有世界自然遗产或文化遗产的旅游目的地的竞争力相对较强。随着旅游目的地开发的逐步完善，旅游目的地的资源管理、体验性服务等因素越来越成为旅游目的地竞争力的主要因素，这就是竞争优势理论强调的层面。随着目的地资源开发、利用的力度越来越大，环境管理和资源的永续利用需要得到重视，可持续发展就成为旅游目的地竞争力的又一重要方面。创新理论则是在旅游目的地规划建设、开发管理过程中贯穿始终的基本思想和基础理论。

（一）比较优势理论

该理论起源于绝对优势理论，其依托比较成本理论和要素禀赋理论，实现了进一步发展和完善，最终形成比较优势理论。下面我们将简单梳理三个理论基础，并阐述比较优势理论在旅游目的地竞争力中的应用。

1. 绝对优势理论

比较优势理论是由绝对优势理论演化而来的，1776 年，亚当·斯密的《国富论》提出了绝对优势理论，其逐渐成为国际贸易的经典理论之一。他认为，每一个国家都有最适宜生产的商品，这些商品拥有较高的单位生产率或较低的生产成本，对这些最适宜生产的产品进行大规模、产业化的生产，并与其他不适宜生产该类产品的国家进行交易，可以实现互利共赢，这就是"绝对利益论"。

2. 比较成本理论

1817 年，古典经济学派的李嘉图在亚当·斯密的基础上提出了比较成本理论，他认为一个国家除了生产成本低、效率高的产品，还应该集中优势资源生产利益相对较大而成本相对较低的商品。例如，甲、乙两个国家，在生产 A 商品上，甲的利润比乙高 1/4，在生产 B 商品上，甲的利润比乙高 1/6。按照绝对优势理论，乙不适宜生产A商品和B商品，A商品和B商品均应由甲生产；按照比较成本理论，甲应生产相对利润更高的A商品，乙生产相对利润差距较小的B商品。通过国家贸易活动，在劳动成本和产能一定的情况下，可以实现生产总量的提升，对双方均有正向影响。

3. 要素禀赋理论

要素禀赋理论是由瑞典的赫克歇尔提出的，俄林加以发展和完善，形成了赫克歇尔 – 俄林定理。该理论认为，国际贸易比较成本的差异根源在于各国拥有的生产要素禀赋的差异。商品价格不同，生产同种商品所使用的各种生产要素比例不同。在国际分工体系中，各个国家应利用自身相对丰富、价格低廉的生产要素进行生产，进口本国相对稀缺、价格较高的生产要素生产的商品，通过相互贸易获取的利润，来弥补各国生产要素分布不均的缺陷。要素禀赋理论与比较成本理论的认识较为一致，区别在于比较成本理论强调从生产率的角度，即产出的视角来选择具有比较优势的商品；要素禀赋理论则强调从资源禀赋的角度，即产入的视角来分析各国的优势商品。

4. 比较优势理论在旅游目的地竞争力中的应用

比较优势理论在旅游目的地竞争力中的应用就是强调目的地的资源禀赋（自然资源和人文资源），选择与其他竞争对手相比具有比较优势的资源禀赋进行规划和开发。Melian-Gonzalez 和 ManuelGarcia-Falcon（2003）认为利用比较优势理论可以基本确定目的地发展旅游产业的类型，特定的地理位置和资源条件正是旅游目的地的竞争优势。在旅游目的地的开发过程中，既要关注旅游资源禀赋，也要强调可持续发展、科学管理的优势，这样才能有效提升资源条件不占优势的旅游目的地竞争力。

（二）竞争优势理论

竞争优势理论由美国著名战略管理专家迈克尔·波特于1990年出版的《国家竞争优势》一书中提出。他认为，国家的竞争优势根源在于企业的竞争优势，企业创新机制的完善，可以带动生产效率的提高，从而建立起产业优势。与比较优势理论相比，竞争优势理论更注重企业的管理因素在竞争力中的作用。

波特教授提出的竞争优势理论——钻石模型的基本内容包括四个基本要素和两个辅助要素。四个基本要素分别是：生产要素，需求条件，相关与支持性产业，企业战略、企业结构和同业竞争；两个辅助要素是政府和机会，如图10-1所示。

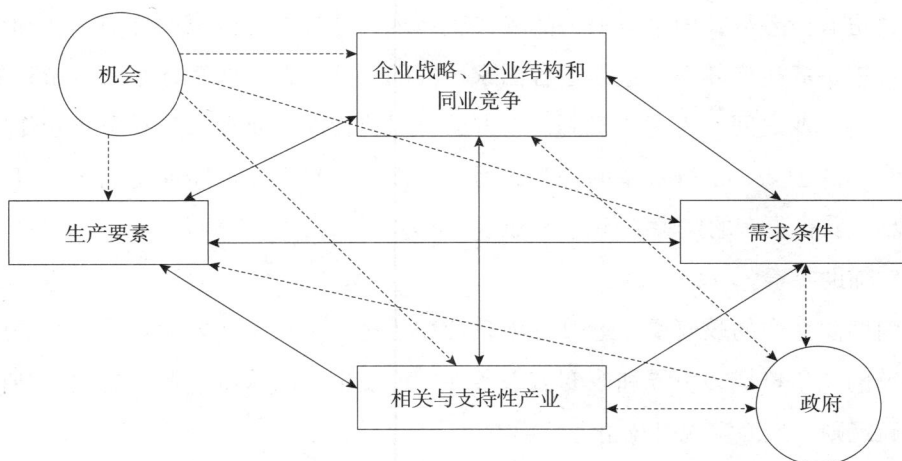

图 10-1　波特的钻石模型

1. 生产要素

要素条件按照级别可以分为初级要素和高级要素，按照形成条件可以分为一般要素和专门要素。初级要素是无须人类干预的自然要素，如旅游目的地的山岳型旅游资源；高级要素是指人为投资、规划改造和引进新技术而形成的资源，如旅游目的地的景区、智慧接待体系等，在波特的钻石模型中它是竞争力优势的重要来源。一般要素是指在企业中适用性较广、技术含量相对较低的要素，如旅游目的地的人力和劳动等；专门要素是指企业中技术含量较高的要素，如旅游目的地的管理体系、营销系统和实时监控系统等。

2. 相关与支持性产业

相关产业是指旅游目的地的旅游产业在技术、销售渠道或相关服务上能够互通有无、资源共享、合作互助的关联产业，如住宿业、交通运输业等；支持性产业是指能够为旅游者提供完整的旅游体验的旅游业上游产业链，如高新技术及优质人力资源等，其对下游产业发展起到推动、促进的作用。

3. 需求条件

需求条件对竞争力的影响是通过买方结构、能力和性质来实现的。需求条件反映到旅游目的地领域，就是旅游者或当地居民的旅游需求，其会迫使旅游目的地不断提升接待质量，提高旅游者或当地居民的满意度，从而提升旅游目的地竞争力。

4. 企业战略、企业结构和同业竞争

波特认为，不同国家的战略管理和目标管理有所不同，各个国家的企业的运

营方式也有所差异，国家竞争力的优势就体现为选择自己国家的优势产业和合适的环境来提高生产效率，选择适合国家环境的企业结构和管理体系。旅游目的地各个旅游企业之间引入竞争机制，一方面可以迫使旅游企业通过竞争与合作实现旅游产品的创新、运行效率的提升；另一方面可以推动旅游企业走出去，打开客源市场，获得更多的经验，保持持久的竞争力。

5. 辅助要素

辅助要素中的政府要素通过各项政策和法规，干预生产要素条件，影响旅游产业链的竞争格局，引导和改变需求条件，迫使更多的旅游企业改变战略结构来适应新规则，最终实现对竞争力的影响。

辅助要素中的机会要素主要包括科学技术的革新、突发的公共及政治事件、金融行业的巨变等。机会要素可以让旅游企业快速发现新的产业空白，改变原有的行业发展方向，形成新的竞争格局。

竞争优势理论中，资源禀赋差的目的地不一定比资源禀赋好的目的地竞争力弱。竞争优势理论强调企业管理层面的重要性，这在旅游目的地开发的中后期具有重要的作用。随着旅游行业的发展和目的地的投入不断增加，一些资源禀赋不强的目的地也逐渐形成了自己的竞争优势，例如，上海迪士尼、北京环球影城等，均依托其人造的大型游乐设施、企业文化的全面输入，充分发挥人力资源优势、规划和管理优势、运营和宣传优势，结合技术手段创新性开发了众多旅游产品，带动周边区域旅游产业链的完善，形成了规模较大的旅游度假区，大幅度提升了旅游目的地竞争力。

（三）可持续发展理论

旅游目的地竞争力的核心要素之一就是环境管理的优劣及目的地的可持续性。可持续发展的官方定义最早出现在 1987 年，联合国环境与发展委员会出版的《我们共同的未来》一书将可持续发展界定为："既满足当代人的需求又不危及后代人满足其需求的发展。" 1990 年，在加拿大温哥华召开的全球可持续发展大会上，旅游组行动策划委员会提出了旅游业持续发展的五大目标，即增进人们对旅游产生的环境效益和经济效益的理解，强化生态意识；促进旅游公平；提高旅游接待区的生活质量；向旅游者提供高质量的旅游经历；保护未来旅游开发的环境质量。1995 年，可持续旅游世界会议通过了《可持续旅游宪章》和《可持续旅游发展行动计划》。

可持续发展理论应用到旅游目的地领域，要求旅游目的地在保证环境质量不被破坏的前提下进行资源开发，在管理过程中维护旅游目的地环境状况，降低旅游业对区域环境的影响，向旅游者及当地居民宣传和科普环保知识，实现旅游目的地的可持续发展，保证旅游目的地竞争力的可持续性。

三、旅游目的地竞争力的阶段划分

由于旅游目的地的资源禀赋不同、规划开发的时间节点不同，因此旅游目的地竞争力在不同阶段会呈现出不同的特点。基于此，我们可以结合旅游目的地竞争力的理论基础，将旅游目的地竞争力划分为开发初期、快速发展、趋于成熟三个发展阶段。

（一）开发初期阶段的旅游目的地

旅游目的地在开发初期应充分发挥其资源的绝对优势，主要有两种模式。

（1）结合旅游目的地现有的旅游吸引物进行开发。这种开发模式可以充分利用旅游目的地的优势旅游资源，符合绝对优势理论的要求。但是，这种开发模式容易造成该目的地周边区域相近旅游资源的重复建设，缺少内涵和特色。在后续的发展和竞争中，仅有很少的旅游目的地能够生存下来。例如，在长白山北景区，随着周边区域旅游资源的开发，产生了众多与长白山旅游资源相近的景区，如大戏台河景区、峡谷浮石林景区、魔界风景区、雪山飞狐景区等，这些景区由于资源特色不明显，难以形成竞争优势，仅能作为旅游者自费选择的附属景区艰难生存。

（2）模仿其他成功的旅游目的地进行开发。采用这种模式的旅游目的地通常具有以下特点：具有竞争优势的旅游资源较为匮乏，可供开发的旅游吸引物较少，文化底蕴不足。这些旅游目的地为了通过旅游开发来吸引投资，推动当地经济发展，会引进或仿制某些成功的旅游目的地，形成旅游目的地的竞争优势。例如，1984 年在河北正定建设了第一家西游记宫，大获成功。随后全国各地开始兴建西游记宫，顶峰时期数量有 400 多座。到目前为止，模仿兴建的 400 多家西游记宫已经全部倒闭，就连最早兴建的河北正定西游记宫，也于 2017 年 3 月被正式拆除。再如，关中第一民俗村——袁家村，每年接待 500 万人次游客，创收超过 10 亿元。面对袁家村的爆火，附近村镇也开始模仿，大肆投资兴建民俗村。据不完全统计，仅陕西省就有 60 多个以关中文化为特色的民俗村，这些民俗村最终没有逃脱倒闭的命运，独剩袁家村依旧爆火。随着旅游业的不断发展，袁家村还将自身的关中特色小吃进行了软实力的技术输出，成功复制到了城市的核心商场中。

（二）快速发展阶段的旅游目的地

快速发展阶段的旅游目的地应充分发挥比较优势。这一阶段的旅游目的地，仅靠发挥自身的资源优势已经不能带来更多的利益。因此，旅游目的地应按照比较优势理论的要求，充分调研旅游资源，挖掘旅游目的地的特色，总结出旅游目的地相较其他目的地的优势，确定重点开发的旅游产品。通常情况下，这一时期的旅游目的地，具有特殊优势的天然自然资源或深厚底蕴的人文资源都是其开发的重点。例如，世界之窗景区在经历了初期阶段的繁荣后，受出境游的繁荣和亚洲金融危机的影响，出现了游客量下降的局面。这一时期，世界之窗开始求变，由观赏型景区向体验型、参与型景区转变，开发了诸如"科罗拉多大峡谷探险漂流""阿尔卑斯山大型室内滑雪场""富士山环绕数码影院""亚马孙丛林穿梭""委内瑞拉山洪暴发""环球舞台""侏罗纪恐龙公园"等体验性和参与感极强的旅游项目，成功助推了世界之窗景区的快速发展。

（三）趋于成熟阶段的旅游目的地

趋于成熟阶段的旅游目的地是打造旅游目的地竞争优势的阶段。这一阶段，市场在旅游目的地的开发过程中起主导作用，旅游目的地自身的资源禀赋已不再是第一决定因素。旅游目的地只有综合提升其竞争优势，才能在市场上取得持续的竞争力。我们还以世界之窗景区为例：进入 21 世纪，随着大型主题公园的兴起，世界之窗的竞争对手越来越多，其周边逐步建成了以"欢乐"为主题的深圳欢乐谷，以"生态度假"为主题的东部华侨城，以"梦幻童话"为主题的香港迪士尼，以动物、游乐、演出和温泉为主题的珠海长隆等。这些主题公园一定程度上分流了世界之窗的游客，加之出境游环境和政策的宽松、移动互联网的兴起，世界之窗的知名度不断被稀释。但是，此时的世界之窗游客量却不降反升，直到 2016—2019 年，游客量稳定在了每年 300 万人次左右。这样的现象，一方面是由于旅游业迎来了爆发式增长期，市场环境良好；另一方面是由于世界之窗不断把握旅游市场脉搏，打造新的旅游项目，如 2005 年推出的晚会节目《千古风流》、2009 年推出的新晚会节目《天地浪漫》、2012 年推出的参与性项目"穿越欧罗巴小火车"等，形成了自身独具特色的"微缩景观＋旅游演艺＋节庆活动＋参与性项目"的发展模式，持续维持着自身的竞争优势。

上述划分旅游目的地竞争力的发展阶段，也可以看作旅游目的地开发的三个阶段。在实践中，旅游目的地并不会严格按照这一阶段划分逐步发展，这三个阶段是一个发展过程，既是一个历时态的概念，又是一个共时态的概念。一个旅游目的地内可能同时包括这三个竞争力阶段。例如，从景区作为旅游目的地来看：长白山景区的北景区（趋于成熟）、西景区（快速发展）和南景区（开发初期）。从我国整体作为旅游目的地来看：东部地区（趋于成熟）、中部地区（快速发展）、西部地区（开发初期）。

第二节　旅游目的地竞争力理论模型

20 世纪 80 年代，美国学者迈克尔·波特提出竞争优势理论后，国外学者开始对旅游目的地竞争力进行研究。大多数学者在构建旅游目的地竞争力理论模型时都以波特的钻石模型为基础，根据目的地的类型、影响因素进行体系的调整，使得构建的竞争力模型更具有可操作性。自 Poon（1993）首次较为系统地提出旅游目的地竞争力模型开始，至今在学术界未形成较为统一的观点。本节将重点介绍五个具有代表性的旅游目的地竞争力理论模型。

一、CR 模型和 DK 模型

（一）CR 模型

CR 模型（旅游目的地竞争力的综合评价模型）由 Crouch 和 Ritchie 两位学者于 1993 年提出，经过一系列的改进，于 1999 年正式提出。CR 模型综合了比较优势理论和竞争优势理论，认为竞争力和可持续性是影响旅游目的地竞争力的核心因素。其中，竞争力体现在如下两个方面：①旅游目的地先天的资源禀赋，这来自比较优势；②旅游目的地长远的规划和发展能力，这来自竞争优势。当旅游目的地具有相同的竞争力时，如何长久地维持竞争力，就需要考虑到旅游目的地的可持续发展。此外，旅游目的地要想实现上述核心目标，需要两大基础条件——"支持性因素与资源"和"核心资源与吸引物"的相互配合，两大人为条件——"目的地管理"和"限制性核心因素"的建构。只有这样，才能持续地促进旅游目的地竞争力的提升。

综上，CR 模型在比较优势和竞争优势的影响下，包含核心资源与吸引物、支持性因素与资源、目的地管理和限制性核心因素四个主要内容及其影响因素的细分内容。该模型指出，四个主要因素会受竞争的微观环境和全球宏观环境的影响，共同决定了旅游目的地的竞争力。微观环境是指人力资源、自然资源、知识资源、资本资源、历史文化资源、旅游上层设施等旅游业内部的因素，这些行业内部因素会影响到旅游系统和旅游目的地竞争力；全球宏观环境是指经济形势、社会发展效率、环境状态等全球层面的影响因素。CR 模型的详细情况如图 10-2 所示（赵磊等，2008）。

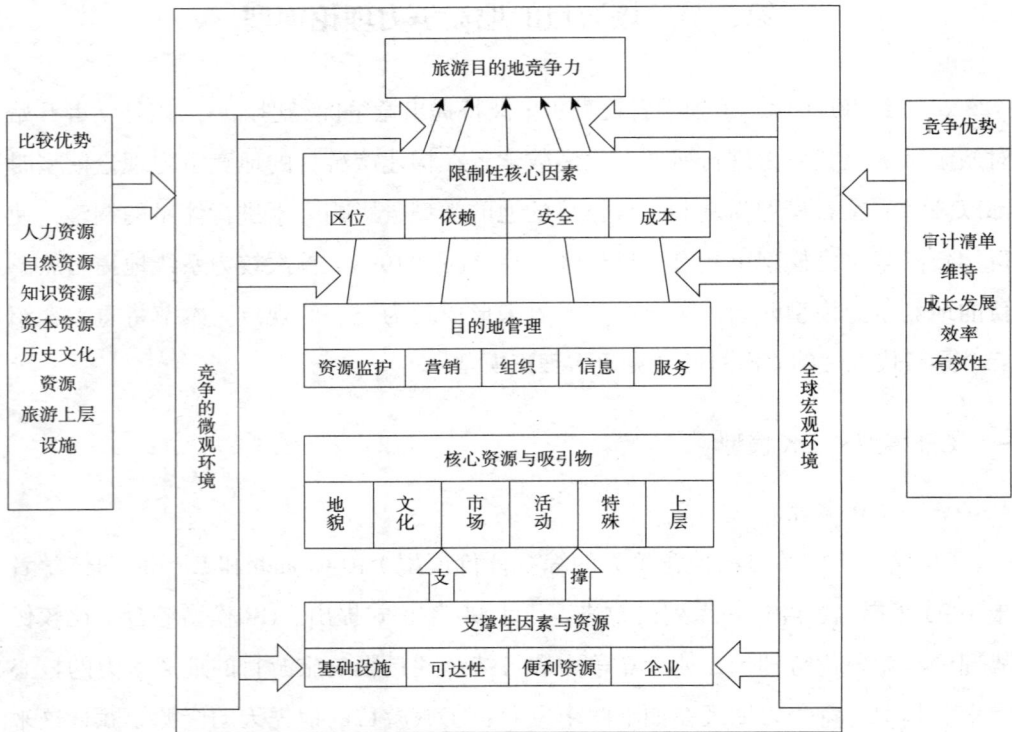

图 10-2　CR 模型的详细情况

后续众多学者对 CR 模型开展实证分析，并进行了补充和完善。Gunn（2002）认为目的地竞争力影响因素具有复杂性，应将可持续性纳入 CR 模型中；Crouch 和 Ritchie（2003）在原有模型的基础上加入目的地政策，进一步发展和完善了 CR 模型，弥补了 DK 模型的不足，增强了模型在实践中的有效性；Enright 和 Newton（2004，2005）从实践的层面指出，目的地竞争力应引入产业管理要素，要重视目的地管理对旅游竞争力的影响。

（二）DK 模型

DK 模型是由 Dwyer 和 Kim 于 2003 年提出的，即描述旅游目的地竞争力的模型。DK 模型通过对澳洲和韩国等旅游产业的相关利益者进行实证分析，对 CR 模型进行改进和提升，提出了包含八大核心要素、29 个影响因素和 158 个评价指标的旅游目的地竞争力模型。DK 模型将支持性因素与资源分为资源禀赋和人造资源，将限制性核心因素分为环境条件和需求条件。该模型在评价旅游目的地竞争力时对自然资源禀赋和人工建造资源进行区分，建立了目的地资源禀赋、人造资源与支持性因素和资源之间的作用关系，并从目的地和旅游者角度分析影响因素，将目的地产品与旅游者需求之间的联系提到了竞争力的核心位置。同时，该模型认为目的地的区位因素、管理因素和需求特性与支持性因素之间存在内部联系。DK 模型的详细情况如图 10-3 所示（赵磊，庄志民，2008）。

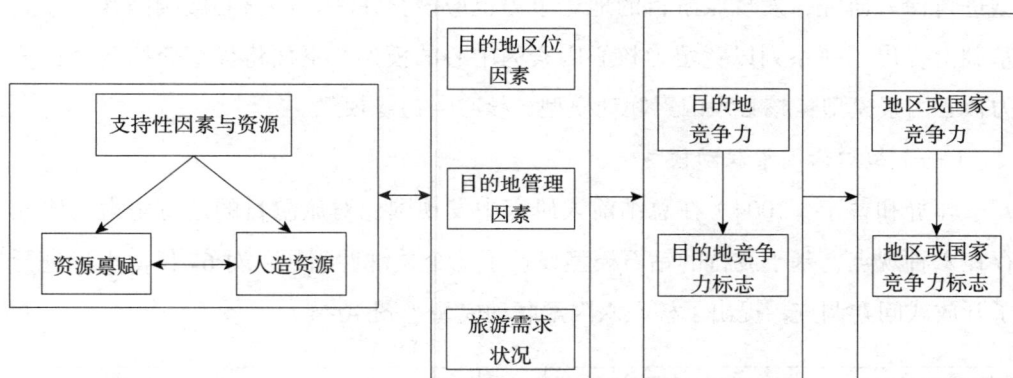

图 10-3　DK 模型的详细情况

（三）CR 模型与 DK 模型的对比

DK 模型是在 CR 模型基础上优化而来的，两个模型在核心理念和内容上具有一致性，在主要影响因素的划分和各个因素之间的相互关系上具有一定的差异性，具体表现如下。

（1）在核心资源与吸引物方面的分类不同。CR 模型的核心资源与吸引物既包含诸如地理环境、自然风光、文化历史等自然资源禀赋，又包含人造娱乐设施、游客需求等人造资源；DK 模型将人造资源单独分为一类，用来强调旅游目的地的开发与管理对竞争力提升的重要作用。

（2）环境因素对竞争力的影响机制不同。在 CR 模型中，竞争的微观环境和全球宏观环境影响四个核心要素，从而对旅游目的地竞争力产生影响；在 DK 模型中，直接将目的地区位因素、管理因素、需求特性作为核心要素之一对旅游目的地竞争力产生影响。

（3）支持性因素的作用关系不同。在 CR 模型中，支持性因素对核心资源与吸引物起到支撑性作用，市场联系虽然隶属于核心资源与吸引物，但是依旧会影响旅游目的地管理的决策，可以看出目的地资源与旅游市场需求之间的关系至关重要。在 DK 模型中，支持性因素与赋存资源、人造资源之间存在作用关系，实际上是将旅游产品与旅游市场需求之间的关系提升到了核心要素的位置。

二、竞争力核心因素模型

在旅游目的地竞争力研究过程中，国内外学者通过对迈克尔·波特的钻石模型进行深入研究，发现旅游目的地竞争力也应该存在一定的核心影响因素，在此基础上提出了一系列以竞争力核心因素为中心的模型。下面将详细介绍两个竞争力核心因素模型：核心六因素联动模型、核心－边缘模型。

（一）核心六因素联动模型

郭舒和曹宁（2004）在总结前人研究中发现国内对旅游目的地竞争力的研究存在六种观点，基于波特的钻石模型设计了七个关键性问题，对 64 位博士生进行了开放式问卷调查，提出了核心六因素联动模型（图 10-4）。

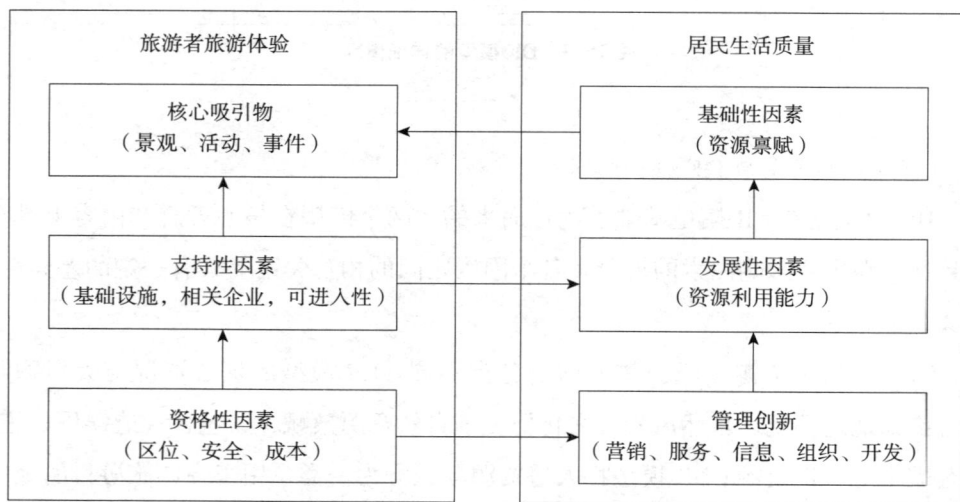

图 10-4　核心六因素联动模型

该模型可从横向和纵向两个角度来分析：从横向上看，模型将核心因素简化为旅游者旅游体验（目的地本质追求）和居民生活质量（目的地旅游业终极目标）；从纵向上看，在旅游者旅游体验方面，目的地的资格性因素决定了支持性因素是否得到充分发挥，资格性因素和支持性因素共同支撑目的地的核心吸引物，提高目的地吸引力，为旅游者提供基础的物质条件。在居民生活质量方面，目的地管理创新水平的高低，决定了对资源利用的效率和程度，资源利用能力又影响基础性因素的"有效性"，在可持续理论框架下，只有高效地利用资源，才能为居民提供更好的生活环境。模型还建立了横向之间的内在联系，目的地基础性因素可以提高旅游吸引力，支持性因素的发展可以提高资源利用水平，资格性因素是管理创新能力提高的基础。

（二）"核心－边缘"模型

该模型由我国学者戚能杰（2004）提出，他认为国家竞争力的研究应从不同的区域着手，因此，他借鉴了区域竞争力理论（主要为瑞士洛桑国际发展学院的观点）和波特的钻石模型，从区域旅游的视角构建了目的地竞争力的"核心－边缘模型"（图 10-5）。从图 10-5 中可以看出，区域旅游竞争力是竞争力的核心，而旅游吸引力、旅游企业、社会供给、旅游市场直接决定了区域旅游竞争力，诸如经济综合竞争力、社会文化、科技等边缘因素影响四个核心因素的相互作用，间接影响了区域旅游竞争力，由此构成了以区域旅游为核心的目的地竞争力模型。该模型的适用性较强，可以应用于一个国家内不同区域的旅游竞争力分析，结合分析的实际情况，采取针对性措施来提升区域旅游竞争力。

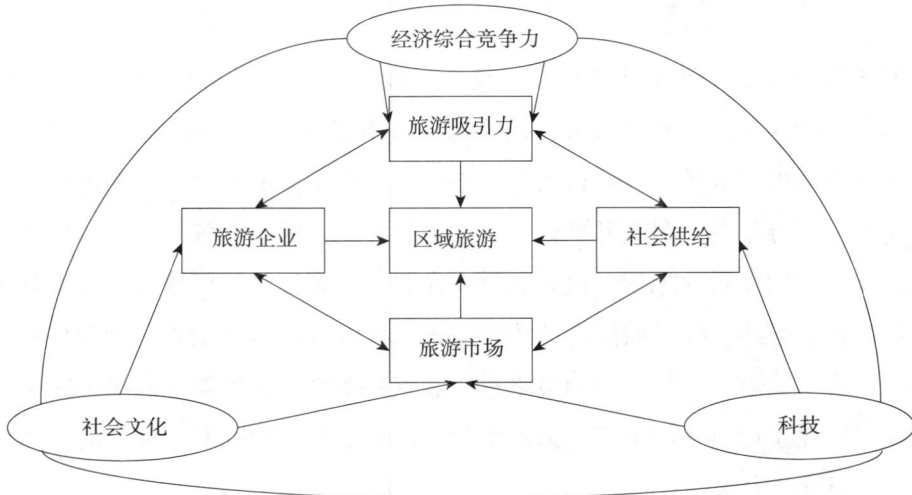

图 10-5　"核心－边缘"模型

三、投入 – 产出模型（I–O 模型）

冯学钢等（2009）认为旅游目的地竞争力评价模型可以分为投入 – 产出两个部分：目的地的资源禀赋和各类支持性旅游设施属于旅游目的地的投入（input）部分；旅游者数量、旅游收入和旅游目的地居民生活福祉属于旅游目的地的产出（output）部分。旅游目的地的管理过程就是从投入到产出的过程，而目的地投入产出的效率就是旅游目的地竞争力的体现。由此，冯学钢等提出了旅游目的地竞争力的"投入 – 产出"模型（I–O 模型），如图 10–6 所示。

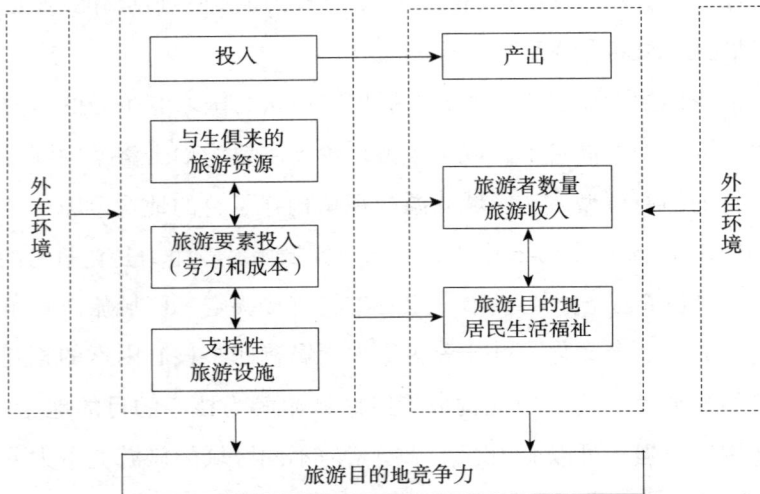

图 10–6　旅游目的地竞争力的"投入 – 产出"模型（I–O 模型）

冯学钢等通过文献梳理和总结，建立了旅游目的地竞争力 I–O 模型的构面、影响因素与评价指标（表 10–1），以数据驱动赋权法来确定指标权重，以变异系数法来明确指标的代表性。他们认为，旅游目的地竞争力的基础是目的地的资源禀赋，这里的资源指的是包括基础设施、人力、物力、资本等各种形式的广义上的资源。这些资源是目的地为了提升旅游者体验、提高社区居民生活质量的基础投入，这些投入最终会满足旅游者的旅游需求。投入 – 产出模型是一种简化的模型建构，说明了旅游目的地竞争的最终目标和基础条件，通过科学的指标筛选和权重确定，避免了旅游目的地竞争力评价指标的片面性，但同时，模型的简约化致使其实践指导能力偏弱。

表 10-1　旅游目的地竞争力 I–O 模型的构面、影响因素与评价指标

构面	影响因素	评价指标
要素投入综合指数	资源禀赋	旅游景区（点）总量
		旅游资源与丰富度
	人力资源	旅游从业人员的数量
		旅游院校的数量
		旅游院校在校的人数
	资本	星级酒店固定资产
		旅行社固定资产
		旅游景区企业的固定资产
	支持性设施	民用机场的数量
		连接该地的公路总长度
		可到达的铁路营运里数
绩效产出综合指数	国内旅游产出	国内旅游接待人次数
		国内旅游收入
	国际旅游产出	入境旅游者人次数
		国际旅游收入
	旅游企业产出	星级酒店营业收入
		旅行社营业收入
		旅游景区企业营业收入

第三节　旅游目的地竞争力评价

国内外学者在研究旅游目的地竞争力中，对竞争力的评价总是研究的重中之重，第二节介绍的五个常用的理论模型，最终目标也是指导实践，来进行竞争力评价。本节我们将从旅游目的地竞争力评价体系的构建原则、评价变量的获取与分析方法和旅游目的地竞争力评价的内容三个方面来阐述旅游目的地竞争力评价。

一、评价体系的构建原则

旅游目的地是一个复杂的旅游系统，评价其竞争力要综合多方面的要素进行。因此，在选取旅游目的地竞争力评价指标时应遵循以下原则。

（一）科学性和可行性相结合

科学性原则是竞争力评价指标选取的基础，遵循科学性原则才能选取正确的

评价指标，才能准确反映旅游目的地的真实情况，科学指导旅游目的地的开发和管理，为旅游目的地竞争力的提升提供科学的决策依据。此外，选取的指标体系要切实可行，能够被准确定义，指标在各类统计报告中要易于获取，并能够直接或间接影响旅游目的地竞争力。

（二）全面性和可比性相结合

在选取指标时要注意各个影响因素的全面和平衡，既要对政府发布的统计数据进行分析，又要实地调研，对获取的一手数据进行分析，这样才能全方位地展现出旅游目的地的竞争力。此外，评价指标的选择还要考虑到时空变化的情况，保证能够对同一目的地的不同时段的变化进行分析，对不同目的地的同一指标进行对比，来反映旅游目的地竞争力的时空差异性。

（三）系统性和层次性相结合

旅游目的地是一个复杂的旅游系统，在进行竞争力评价时的影响因素较多，要想全面反映出目的地在各个方面竞争力的真实情况，就要从系统论的思想出发，将各个指标体系形成一个综合的旅游目的地竞争力系统。同时，各个评价指标还要反映出不同子系统和评价要素对该目的地竞争力的影响程度，从而形成一套逻辑层次明确的指标体系。

（四）代表性与针对性相结合

旅游目的地竞争力影响因素较多，表现形式较为繁杂，无法用某一指标囊括所有相关因素，评价指标之间在表现目的地竞争力时也会存在重复。因此，在选取指标的过程中，要通过科学的方法和经验总结，选取最具有代表性的核心指标，避免目的地竞争力影响因素的重复体现。同时，在进行目的地竞争力评价时，理论基础不同，研究案例不同，评价范围和数据来源就会有较大差异，指标选择也会有很大变化。

（五）定量指标与定性指标相结合

在评价目的地竞争力的过程中，一方面，要科学选取政府统计数据中的相关指标来客观体现竞争力影响因素；另一方面，也要关注旅游目的地的旅游者体验，选取旅游者感知的各项要素来体现竞争力的强弱。因此，定量指标和定性指标要结合应用，通过问卷调查，来确定旅游者主观的感知和体验，结合国家和国际统计数据，来确定目的地客观基础数据。由此建立一个定量指标和定性指标相结合的综合性旅游目的地评价指标体系。

二、评价变量的获取与分析方法

（一）常用评价变量

1. 旅游目的地竞争力的指示性指标

常用的旅游目的地竞争力指示性指标包括目的地旅游业绩、旅游者满意度和社区居民的幸福指数。指示性指标涵盖内容如表 10–2 所示。

表 10–2　指示性指标涵盖内容

	竞争能力	评价指标	包含内容
指示性评价指标体系	从旅游者角度出发的竞争力	显性的经济效益指标 – 目的地旅游业各项业绩指标	旅游总人次、人均旅游花费、旅游收入 / GDP，旅游业总收入，相关产业收入
		潜在吸引力指标 – 旅游者对目的地的满意程度	目的地重游率，推荐率，提高对现有服务的支付水平
	从目的地自身角度出发的竞争力	潜在能力指标 – 对目的地居民生活的影响程度	旅游业带来的就业、目的地相关产业带来的就业，旅游吸引投资、目的地居民对旅游发展的支持程度等

旅游业绩通常可以通过目的地的旅游者接待量、旅游收入和旅游者人均消费等指标体现。其中，旅游者接待量和旅游收入属于静态指标，可以直接用政府公布的数据来表征目的地竞争力的强弱。但是，静态指标无法体现当下目的地的综合竞争力，也不能体现未来竞争力的发展趋势。旅游者人均消费是从目的地旅游业发展质量方面来体现竞争力，主要从往返交通费、行程中的食宿费用、娱乐和购物费用等旅游消费中体现。综合国内外研究来看，汇率和消费指数已经成为旅游目的地竞争力研究的重要指标。

旅游者满意度能够反映旅游者偏好和目的地的旅游服务质量。这一指标可以通过目的地重游率、推荐率、投诉率等方面体现。旅游者满意度的调查大多数通过问卷形式进行，随着研究手段的丰富和旅游大数据的应用，旅游者满意度调查已经形成了科学、完善的体系。

提高社区居民幸福指数是目的地旅游业的终极目标，这一指标可以通过旅游业带来的就业岗位、外来投资额、社区居民对旅游发展的支持程度等方面体现。其中就业岗位、外来投资额等属于指示性指标，可以从官方发布的统计数据中获取，社区居民对旅游发展的支持程度属于分析性指标，需要通过调查问卷或实地调研获取。

2. 旅游目的地竞争力的分析性指标

分析性指标是从旅游目的地的影响因素出发，筛选能够体现目的地当前发展态势，分析未来竞争力潜力的指标。例如，目的地吸引物因素、支持性因素、管理性因素等均是旅游目的地竞争力的分析性指标（表10-3）。

表 10-3　分析性指标涵盖内容

影响因素 （第二层）	公共因子 （第三层）	具体指标（第四层）
核心资源与 吸引物因素	人文吸引物	名人故居、民俗民风、地方特色节庆
	旅游服务设施	娱乐休闲活动、住宿设施、饮食服务设施、交通设施
	自然吸引物	自然风光、气候、著名景区景点
辅助性与支 持性因素	目的地基础设施	通信设施、金融服务设施、饮用水供应、电力供应、公共卫生医疗设施
	旅游发展保障因素	交通情况、当地居民好客程度、政府对旅游的支持程度
目的地管理 性因素	资源与环境维护	自然环境的监护、文化资源的开发与保护、环境保护与改善
	目的地营销	旅游促销活动、旅游宣传口号、目的地品牌
	目的地经营管理	旅游发展规划、人力资源开发、服务质量管理、信息查询、问询中心
限制性与放 大性因素	社会灾难	传染疾病与瘟疫、社会治安状况、恐怖活动与战争、犯罪与暴力事件
	目的地形象与知名度	地理区位、目的地知名度、目的地形象
	物价水平	物价水平
旅游企业管 理性因素	人力资源管理	旅游企业员工的服务态度、旅游企业员工的服务技巧、旅游服务的及时性
	营销管理	旅游企业的宣传促销、旅游企业的售后服务
	产品与服务质量管理	旅游产品与服务的质量、旅游产品与服务价有所值

吸引物因素是目的地的资源禀赋，包括自然风光、人文历史和自建旅游吸引物。吸引物因素是目的地对旅游者形成吸引力的直接影响因素。

支持性因素是目的地的基础设施，包括住宿设施数量、餐厅数量、公共交通设施、购物设施等，是旅游者在目的地进行旅游活动的必备旅游基础设施。支持性保障系统，包括医疗卫生系统、公共安全保障系统、政府的旅游业政策、资金支持和保障等，是目的地旅游业可持续发展的来源。

管理性因素是目的地综合治理能力的体现，包括目的地营销策略、环境管理、特殊事件和社会状况等。目的地营销策略即宣传手段、旅游目的地形象、旅游知名度等，是旅游者对目的地产生需求的重要因素。虽然改善和治理环境增加了旅游投入，在经济效益层面相较于其他目的地降低了竞争力，但是环境管理水平的提高能够直接提升目的地旅游吸引力，旅游者会倾向选择环境好的目的地进行旅游活动。目的地特殊事件，如奥运会、世博会、世界杯等大型节事活动，以及泼水节、雪顿节、那达慕大会等民族节庆活动，在这一特定时间段内都会对旅游者产生巨大的吸引力，提升旅游目的地竞争力。同时，目的地举办了大型的节事会展活动也从侧面体现了其管理水平和经济发展程度。目的地社会状况，如治安情况、社区居民的态度、公共安全状况，也是旅游者选择目的地的重要因素，这对目的地政府的治理能力提出了更大的挑战。

（二）数据获取与分析方法

1. 数据获取

在实际操作中，指标数据的获取分为两大类。

一类可以直接表征，如旅游者接待量、旅游收入、外来投资额、旅游者人均花费等，这类数据可以直接从国际权威的统计机构、非营利组织或目的地政府公布的统计年鉴、统计公报等统计资料上获取。值得注意的是，各个目的地对指标数据的统计口径不一致，致使同一指标不同地区之间难以进行对比分析。

另一类是分析性指标，包括旅游者满意度、社区居民幸福指数等，这类数据大多难以通过定量指标体现，需要利用调查问卷获取。此外，随着大数据技术应用的深入，很多部门和行业都实现了信息化，建立起各种规模的数据库。因此，在辅助性与支持性因素和目的地管理因素中的数据，可以通过大数据技术来采集。例如：定位导航类大数据，常见的是交通大数据（城市出租车轨迹数据、共享单车定位数据和其他公共交通工具的实时监测数据等）和手机信令大数据（手机信令基站定位数据等）；互联网大数据，常见的是基础网络时空大数据（微博签到数据、大众点评数据和房价数据等）和基于网页文本的地理信息数据（通过自然语言处理技术提取的文本语义数据等）；物联网大数据，常见的是社会感知大数据（交通智能卡刷卡数据、航空轨迹、航线数据、视频监控数据、经济交易数据等）和自然环境感知大数据（城市大气质量、温度、水文、电力、噪声等监测数据）。

2. 分析方法

确定了评价指标，对于统计的相关数据，还需要特定的数据处理方法来进行测评和有效性分析。由于各个指标概念不统一，数据的测度与表征存在很大的差异。因此，对数据处理的目的在于去掉调查数据中的主观因素，分析数据内部联系，得出具备统计规律的数据特性。常用的定量分析方法有因子分析法、方差分析法、聚类与判别分析法、回归模型分析法、偏离 – 份额分析法、重要业绩分析法、尺度分析法等。而常用的定性分析方法是层析分析法和德尔菲法。

三、旅游目的地竞争力评价的内容

旅游目的地竞争力评价的内容大致包括：旅游资源吸引力的评价、基础设施和支持产业发展的评价、目的地管理水平的评价、旅游环境支持力的评价、旅游者需求的评价。

（一）旅游资源吸引力的评价

旅游资源具有不可转移的特点，能够对旅游者产生吸引力，从而为目的地创造效益。在激烈的旅游目的地竞争过程中，旅游资源吸引力的强弱是目的地占据竞争优势的根本。因此，旅游资源吸引力的评价就成为旅游目的地竞争力评价的基础内容。旅游资源吸引力对目的地竞争力的提升主要体现在以下几个方面。

（1）旅游资源的美学观赏性。旅游资源的美学价值越高，越能为旅游者提供更丰富和感知更强的旅游体验，从而提升目的地旅游竞争力。

（2）旅游资源的独特性。目的地的旅游资源具备唯一性，就能够为旅游者提供区别于其他目的地的旅游体验，还能为旅游者营造出目的地独有的自然和文化氛围、节庆活动等。

（3）旅游资源的多样性。目的地的旅游资源为旅游者提供丰富的自然景观、浓厚的历史文化、多样的休闲活动和独具风格的旅游纪念品，能够全方位提升旅游者的旅游体验，从而提升旅游目的地竞争力。由此可见，旅游资源的多样性与旅游目的地竞争力呈正相关。

旅游资源吸引力的评价指标及其信息获取方式（注：决策者群体评价需从

目的地管理机构、相关旅游企业和旅游者中选取代表组成决策组，对该项指标进行评价；官方信息来自政府公报、统计年鉴、政府政策和相关文件）如表 10-4 所示。

表 10-4　旅游资源吸引力的评价指标及其信息获取方式

反映内容	评价指标	信息获取方式
自然特性	景观的美感度	决策者群体评价
	景观的奇特度	决策者群体评价
	生物群	官方信息
	适合旅游的天数	官方信息
文化和历史	历史文化价值	决策者群体评价
	文化建筑特征	决策者群体评价
	博物馆的规模	官方信息
	宗教文化景观范围	官方信息
	与水相关的活动	官方信息
	与自然相关的活动	官方信息
闲暇活动	探险活动	官方信息
	休闲场所	官方信息
	运动场所	官方信息
	夜生活品质	决策者群体评价
特殊事件	节庆活动知名度	官方信息
	节庆活动吸引力	官方信息、决策者群体评价
购物	商品的种类	官方信息
	商品的品质	决策者群体评价
	购物场所的品质	决策者群体评价
	商品的价值	决策者群体评价
	购物经历的回味性	决策者群体评价

（二）基础设施和支持产业发展的评价

旅游目的地形成竞争力，离不开目的地完善的基础设施和相关产业的大力支持。旅游活动具有生产和消费的同步性，目的地在为旅游者建造基础设施过程中要充分考虑旅游者需求，重视服务业的服务水平和质量，关注旅游者的旅游体验，这样才能提高旅游者满意度，从而提升旅游目的地竞争力。基础设施和支持产业发展的评价指标及其信息获取方式如表 10-5 所示。

表 10-5　基础设施和支持产业发展的评价指标及其信息获取方式

反映内容	评价指标	信息获取方式
基础设施	交通系统的通达性	官方信息
基础设施	通信系统的覆盖率	官方信息
	金融机构的数量	官方信息
	供电系统的稳定性	官方信息
	污染物和污水处理系统	官方信息
服务业发展水平	确保服务质量的企业	官方信息
	旅游者对服务的满意度	决策者群体评价
	注重服务质量的培训	官方信息
	交通方式换乘服务	官方信息
	食品的种类和品质	决策者群体评价
	服务质量的监控	官方信息
目的地的可达性	到重要客源地的距离	官方信息
	客源地到目的地的航班数量	官方信息
	签证准入的难易度	官方信息
	交通方式换乘的难易度	官方信息
	目的地内交通的频度	官方信息
居民的友好程度	居民对待旅游者的态度	决策者群体评价
	居民对旅游发展的态度	决策者群体评价
	居民和旅游者沟通的难易度	决策者群体评价

（三）目的地管理水平的评价

一般来说，旅游目的地的管理就是通过计划、组织、指挥、协调和控制等职能来协调目的地的各种旅游资源和相关产业，使其能够高效率地为地方政府和当地民众创造更多的效益。目的地管理水平的评价指标及其信息获取方式如表 10-6 所示。

表 10-6　目的地管理水平的评价指标及其信息获取方式

反映内容	评价指标	信息获取方式
目的地的规划和开发	注重长期开发的规划项目	官方信息
	反映居民利益的规划项目	官方信息
	反映企业股东利益的规划项目	官方信息
	响应旅游者需求的规划项目	决策者群体评价
	规划政策与目的地形象的一致性	官方信息
	目的地开发与旅游产业开发的融合	官方信息

续表

反映内容	评价指标	信息获取方式
管理机构的组织和协调	私营企业和国有企业的协调	官方信息
	私营企业利益诉求渠道的畅通	官方信息
	促销中资源的整合程度	官方信息
	开发政策的执行力度	决策者群体评价
	竞争对手策略的了解程度	决策者群体评价
	市场份额变化的了解程度	决策者群体评价
监控与评估	旅游者满意度变化的监控	决策者群体评价
	企业绩效变化的监控	决策者群体评价
	外国旅游者消费的增长率	官方信息
	目的地旅游消费所占份额的变化	官方信息
信息服务	旅游者需求变化信息的提供	决策者群体评价
	竞争对手产品开发信息的提供	决策者群体评价
	重要市场信息的及时发布	决策者群体评价
	绩效信息的及时发布	决策者群体评价
环境保护	可持续发展重要性的认识程度	决策者群体评价
	环境和遗产保护的相关法律规定	官方信息
	旅游对环境影响的相关研究	官方信息
	可持续在开发中的重要地位	官方信息

（四）旅游环境支持力的评价

旅游环境支持力主要包括旅游目的地的区位、微观和宏观旅游环境的支持、旅游安全、旅游成本等要素。旅游目的地的区位决定了目的地的客源市场。宏观环境和微观环境的支持程度也会影响旅游目的地竞争力。目的地的旅游安全，如旅游者人身安全、社会治安状况、医疗卫生水平等也会影响旅游者的旅游决策，间接地对目的地竞争力产生影响。此外，当地民众的支持程度，即社区居民在提供旅游服务过程中的态度和行为，会直接作用在旅游者的旅游体验上，影响旅游者的旅游消费。旅游环境支持力的评价指标及其信息获取方式如表 10-7 所示。

表 10-7　旅游环境支持力的评价指标及其信息获取方式

反映内容	评价指标	信息获取方式
目的地区位	与其他目的地的距离	官方信息
	与主要客源市场的距离	官方信息
	主要客源市场的旅行时间	官方信息
微观环境	目的地的商业环境	官方信息、决策者群体评价
	酒店的规模和品质	官方信息、决策者群体评价
	运输公司的规模和品质	官方信息、决策者群体评价
	旅行社的规模和品质	官方信息、决策者群体评价
	娱乐休闲企业的规模和品质	官方信息、决策者群体评价
	旅游商品公司的规模和品质	官方信息、决策者群体评价
	国内旅游产业中竞争的激烈程度	官方信息、决策者群体评价
	目的地旅游产业中企业的配合度	官方信息、决策者群体评价
	旅游企业与其他目的地相关企业的协调	官方信息、决策者群体评价
	风险资金的进入	官方信息
	民族特色的旅游企业	官方信息、决策者群体评价
宏观环境	政治的稳定性	官方信息
	法律环境的适宜性	决策者群体评价
	经济的增长率	官方信息
	政府政策的支持力	官方信息
	客源市场的经济状况	官方信息
	旅游开发的投资环境	官方信息
	高科技旅游企业的比率	官方信息
	目的地的旅游收入对 GDP 的贡献	官方信息
	目的地对于当地就业的影响	官方信息
安全和保险	旅游者的安全指数	官方信息
	医疗设备配置的水平和可用性	官方信息
	针对旅游者的犯罪发生情况	官方信息
	自然灾害的发生	官方信息
成本	目的地中货币的相对价值	官方信息
	汇率	官方信息
	主要客源地的机票费用	官方信息
	住宿费用	官方信息
	邮寄的费用	官方信息
	目的地的参观费用	官方信息
	外国旅游者在目的地的总消费	官方信息

（五）旅游者需求的评价

旅游者需求是旅游目的地开发旅游产品的基本依据，旅游产品的吸引力程度直接影响旅游目的地竞争力。目的地在进行旅游产品开发时要着重关注旅游者需求和偏好，尤其是完成旅游活动的旅游者的反馈，针对旅游者的感知、偏好、期望和评价，及时调整旅游产品的开发方向。同时，旅游者需求状况也是旅游目的地竞争力的关键影响因素，这主要体现在旅游者的需求规模和规律特征上。旅游者需求的评价指标及其信息获取方式如表 10-8 所示。

表 10-8　旅游者需求的评价指标及其信息获取方式

反映内容	评价指标	信息获取方式
需求条件	目的地的偏好	决策者群体评价
	目的地的感知	决策者群体评价
	目的地的期望	决策者群体评价
统计数据	国际 / 国内旅游人数	官方信息
	旅游人数增长率	官方信息
	国际 / 国内旅游收入	官方信息
	平均滞留天数	官方信息
	重游率	官方信息

🔍 本章小结

本章主要从旅游目的地竞争力的概述、竞争力理论模型和竞争力评价三个方面展开，着重分析了竞争力、旅游竞争力和旅游目的地竞争力等概念的产生与发展，详细描述了五个旅游目的地竞争力理论模型，即 CR 模型、DK 模型、核心六因素联动模型、核心－边缘模型和投入－产出模型（I-O 模型），总结了旅游目的地竞争力评价的过程和内容。在旅游目的地建设和发展过程中，以竞争力理论为基础，建立起包含供给侧和需求侧的系统性旅游目的地竞争力评价体系，找出与成熟旅游目的地存在差距的最大影响因素，有针对性地解决目的地发展的问题，有利于实现旅游业高质量发展。

旅游业是一个综合性极强的特殊产业，它可以与任何产业融合，产生新的业态和产业模式。只要某一目的地在某一产业或文化中极具特色，就有可能吸引旅游者，使其产生旅游行为。因此，在评价旅游目的地综合竞争力时，如何将非旅游业因素纳入评价体系，如何体现特色产业和文化要素，是一个值得继续深入思考和研究的课题。

 即测即练

 拓展阅读

思考题

1. 什么是旅游目的地竞争力？

2. 竞争力、旅游竞争力和旅游目的地竞争力有什么区别与联系？

3. 旅游目的地竞争力可以划分为几个阶段？

4. CR 模型和 DK 模型有什么区别与联系？

5. 请画出旅游目的地竞争力核心因素模型。

6. 旅游目的地竞争力评价的内容有哪些？

7. 旅游目的地竞争力评价体系的构建原则有哪些？

第十一章　旅游目的地环境管理与可持续发展

学习目标

1. 了解旅游目的地发展对当地社会、文化、经济和环境的影响。

2. 熟悉旅游环境管理的定义、旅游环境质量评价和影响评价的内容。

3. 掌握旅游与环境的关系、旅游环境管理的执行手段和旅游目的地可持续发展的途径。

能力目标

1. 了解旅游与环境的关系，能通过查阅资料进行案例分析和知识拓展。

2. 熟悉旅游对旅游目的地的影响，培养学生分析问题和解决问题的思辨能力。

3. 掌握旅游环境管理的执行手段，结合案例分析学会在实践中解决实际问题。

思政目标

1. 了解旅游与环境的关系，培养学生系统思维理念。

2. 熟悉旅游对环境的影响，增强学生专业认同感和旅游可持续发展的责任心。

3. 掌握旅游环境管理的手段，培养学生因地制宜、实事求是、可持续发展的专业情怀。

思维导图

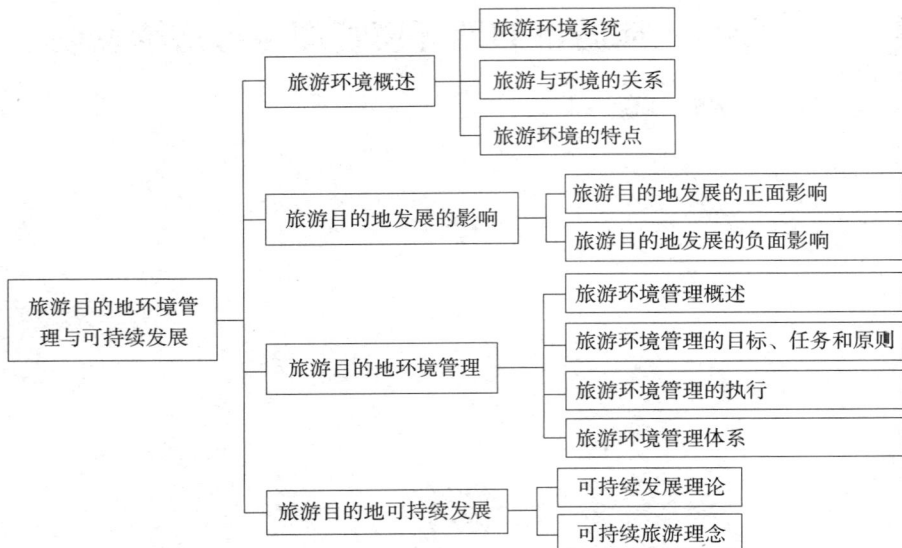

导入案例

生态环境部：依法禁止核心区旅游是珠峰生态保护的有效措施

2019 年 2 月 28 日，生态环境部新闻发言人刘友宾表示，西藏自治区依法禁止核心区旅游符合自然保护区条例规定，是对珠峰生态保护的有效措施，应该值得肯定和称赞。

在生态环境部当天举行的新闻发布会上，刘友宾介绍，生态环境部高度重视珠峰生态保护工作，会同西藏自治区有关地方和部门采取了多项措施。

——制定并严格实施《珠穆朗玛峰国家级自然保护区管理办法》，修订了《西藏自治区登山条例》等；

——加强自然保护区日常监管巡查，对珠峰大本营 5 200 米以下区域旅游景点周边环境进行整顿，建立专门队伍定期清扫转运垃圾，组织高山环保队对珠峰大本营 5 200 米以上区域垃圾进行专项清理；

——完善环保基础设施，在珠峰保护区北大门至珠峰大本营沿线设置垃圾箱，安放修建生态环保厕所、移动厕所、旱厕等，并为每支登山队配备便携式马桶。

他表示，目前珠峰生态环境有了较大改善。但他同时指出，随着珠峰保护区旅游开发力度不断加大，游客人数持续增加。在珠峰保护区核心区开展旅游活动，不仅违背自然保护区条例有关规定，也给珠峰保护区带来生态环境压力。

西藏自治区有关部门发布公告，宣布"从即日起禁止任何单位和个人进入珠峰国家级自然保护区绒布寺以上核心区旅游"，并将涉珠峰保护区核心区的旅游帐篷营地搬迁至 S515 省道绒布寺附近公路两侧 100 米以内的实验区。刘友宾说，新的旅游中心营地与之前相比仅下撤 2 千米，不影响游客观赏珠峰美景。

据介绍，珠峰保护区始建于 1988 年，珠峰专业登山活动在保护区成立前就早已存在。西藏自治区有关部门根据《西藏自治区登山条例》加强了对登山活动的管理，一是严格管控和压缩登山人数，降低人类活动干扰；二是每年对登山组织者、登山队员和当地群众进行环保培训；三是建立登山环保押金收缴制度，要求每名登山者必须携带 8 千克垃圾下山；四是对登山路线周边的垃圾持续开展清理，逐步解决历史垃圾遗留问题。

他表示，生态环境部将进一步督促地方政府和有关部门做好珠峰保护区日常监管工作，强化珠峰登山垃圾清理，做好旅游和登山活动中的生态保护工作，加强违法违规问题整改，保护好珠峰这一珍贵自然遗产。

资料来源：新华社，2019-02-28.

思考题：

旅游目的地环境管理的手段有哪些？如何实现旅游目的地可持续发展？

第一节　旅游环境概述

一、旅游环境系统

（一）旅游环境系统的定义

旅游环境是指维持旅游活动环境氛围的社会与文化、景观与氛围、生态与卫生、服务与设施等物质条件的综合，是旅游目的地生存和发展的条件。旅游活动涉及的部门广泛，我们应改变对传统旅游环境的认识，它是比较宽泛的概念，所涉及的环境要素较多。以旅游者为主体建立起来的旅游环境系统不是单纯的自然环境系统，而是包含了社会、经济、自然环境在内的复合环境系统，因此旅游环境系统可以划分为四维结构，包含时间特性、空间结构、功能结构和组分结构（图 11-1）。

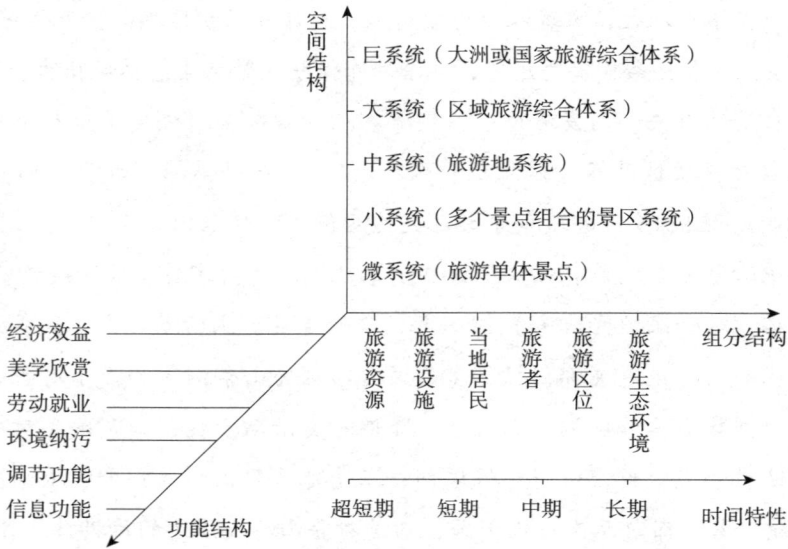

图 11-1　旅游环境系统的四维结构

（二）旅游环境系统的构成

由于旅游环境系统是由多要素组成的复合系统，常见的分类方式有以下几种。

1.以游客为中心划分

（1）旅游自然生态环境。旅游自然生态环境是由旅游目的地的大气、水体、土地、生物及地质、地貌等组合而成的综合体。对旅游者而言，它并不是直接的旅游对象或旅游吸引物，是起承载作用的外在环境，也是旅游业发展的基础环境。

（2）旅游人文社会环境。旅游人文社会环境是指影响旅游存在和发展的各种社会因素。其包括旅游目的地的文化习俗、历史古迹、政治局势、社会治安状况、经济发展水平、卫生健康状况、社区居民对外来旅游者的态度和承受力，以及配套设施及服务水平等社会环境，是影响旅游者旅游目的地选择的重要环境因素。

（3）旅游资源环境。旅游资源环境是指可提供给人们旅游活动的自然生态旅游资源和人文社会旅游资源。

（4）旅游气氛环境。旅游气氛环境是指由旅游者对自然生态环境资源和人文社会环境资源的感受以及旅游者对周围人（旅游经营者、社区居民、同行的其他旅游者）的感受所形成的气氛环境。

2.按旅游资源的属性划分

（1）自然旅游资源环境。自然旅游资源环境包括旅游目的地的自然旅游资源和生态环境，如地质地貌环境、大气环境、水文环境、生物环境等。

（2）人文旅游资源环境。人文旅游资源环境包括人文旅游资源和人文社会环境，如民族民俗环境、社会治安环境、政治环境等。

3.按组成要素划分

（1）地理环境。地理环境包括自然地理环境、经济地理区位、自然环境质量、自然资源供给及使用等。

（2）经济环境。经济环境包括经济发展阶段、行业发展水平、外汇兑换、能源供应、居民消费结构等。

（3）政治和法律环境。政治和法律环境包括政治形势与法律环境，是一个国家或地区发展旅游业的重要外部宏观环境要素。

（4）社会文化环境。社会文化环境包括居民态度、文化素养、人口结构、环境意识、公众道德、宗教民俗、价值观念、教育水平等。

（5）技术环境。技术环境包括科技发展程度，成果应用方式，政府及市民的创新意识、能力等。

二、旅游与环境的关系

旅游与环境之间存在着三种关系，即相互独立、相互依存和共生、相互矛盾和冲突。

（一）相互独立

旅游与环境相互独立的关系，是指两者保持独立、平行发展，相互之间的链接和互动较少。这种情况发生在旅游业发展初期，旅游只是少数人的活动，基本没有旅游设施建设，对环境只是轻微扰动。

（二）相互依存和共生

随着旅游业的发展，旅游与环境相互独立的关系越来越不明显，两者向相互依存和共生转变。一方面，优美的旅游环境成为旅游业发展的基础；另一方面，通过对环境资源的合理规划与开发，作为一种经济活动的旅游业，能为旅游目的地环境保护和环境改善提供物质基础，培养人们的环保意识，对环境保护起到促进作用。

（三）相互矛盾和冲突

旅游与环境之间的矛盾和冲突归根结底是缺乏科学的规划和可持续发展理念。两者之间的矛盾和冲突一方面表现为环境对旅游活动的制约，另一方面表现为旅游发展对环境起了负面作用和产生了消极影响。如旅游业发展使旅游目的地环境质量下降甚至环境恶化，破坏了目的地生态平衡，进而对旅游目的地的人文社会环境造成不良影响。

三、旅游环境的特点

（一）多样性

旅游环境的内容广泛，既包括各种天然的和经过人工改造的自然因素的总体，如地质地貌、大气、水体、动植物、自然保护区及各类自然遗迹等，也包括由这些自然因素共同构成的生态环境，它们之间相互影响、相互作用。

（二）复杂性

由于旅游活动具有多样性，不同类型的旅游活动对旅游环境的影响和要求不同，因此，旅游环境对旅游活动产生的效果很复杂，很难判断是具体哪一要素的影响。

（三）地域性

旅游环境受地域影响具有明显的地方性特征，无论是自然环境还是人文社会环境都反映了地方特色和地域文化特征。因此，不同旅游目的地之间的旅游环境具有地域差异性。

第二节　旅游目的地发展的影响

旅游是人们在闲暇时间所从事的游憩活动的一部分，是在一定社会经济条件下产生的一种社会现象，也是人们物质文化生活的一部分。旅游的发展是经济、社会、文化等现象的综合反映，这一特性决定了旅游活动的发展必然会给当地的经济、环境、社会、文化等带来一定的影响，这种影响有正面影响也有负面影响。早期的研究主要关注旅游发展带来的经济效益，忽视了对负面影响的研究。第二次世界大战以后，学者们开始关注旅游业给社会文化、环境等方面带来的负面影响，而这一关注点成为当时研究的主流。如今，对旅游的研究已经进入一个相对全面、平衡和客观的状态，既要研究旅游发展带来的正面影响，也不能忽视其负面影响。

一、旅游目的地发展的正面影响

（一）旅游目的地发展对经济的正面影响

现如今，旅游业已成为重要的第三产业，在有些国家和地区旅游业成为当地的支柱产业。在旅游目的地发展的影响中，旅游对经济环境的影响是最为显著的。旅游业是综合性产业，和其他相关产业的联系最为密切，这就使旅游业对于该地区国民经济收入有重大的意义。旅游消费直接影响餐饮、住宿、交通、游玩、娱乐、购物等方面，间接影响的有金融、交通、保险、通信、医疗、环保等 58 个部门。据有关研究测算：在中国，旅游收入每增加 1 元，可带动第三产业相应增加 10.7 元；旅游外汇收入每增加 1 美元，利用外资额相应增加 5.9 美元。旅游目的地发展对经济环境的影响主要体现在以下几个方面。

1. 增加旅游目的地经济收入

一个地区旅游业的飞速发展必然会给当地人民带来更高的经济收入，因为当地旅游者的增加可以扩大市场需求，刺激当地经济发展。对于一个国家来说，本国居民国内旅游活动的开展可以将国内部分财富从旅游客源地转移到旅游目的地，从客观上起着将国内财富在地区间再分配的作用。

2. 增加就业机会

一方面，旅游业属于劳动密集型产业，因其涉及部门较多，具有综合性特点，同时与其他产业具有较强的关联性。另一方面，旅游业的就业门槛偏低，就业层次丰富，能够提供涉及各行业、各层次广泛的就业机会。因此，旅游业一直被认为是解决我国就业压力的重要行业。2019 年，旅游直接就业 2 825 万人，旅游直接和间接就业人数合计 7 987 万人，占全国就业总人口的 10.31%。[①]

3. 带动关联产业发展，调整经济结构

旅游产业的发展能够促进旅游目的地产业结构的调整。旅游者的各种需求成为旅游目的地推动生产的新动力，为其他行业和部门开辟新的生产线提供了可能。旅游消费涉及食、住、行、游、购、娱六大要素，为了满足旅游者需求，必须调

---

① 数据来源：文化和旅游部政府门户网站，2020–03–10.

整产业结构，产业结构调整最快、最明显的是直接为旅游者提供旅游消费资源的各部门，如交通、通信、建筑以及农业等。这些部门的发展又促使各重工业部门得以相应发展，以便为生产各种旅游消费品提供生产资料。由此可见，旅游产业对调整第一、二、三产业经济结构能产生一定的影响。

4. 增加外汇收入，改善收支平衡

旅游业不仅吸引了大量的国内旅游者，还吸引了大量的国外旅游者，这成为重要的创汇方式，对于增加外汇储备、弥补贸易逆差、平衡国际收支起了很大的作用。

5. 增加税收

旅游产业通过本身的经营活动，在增加外汇收入的同时，还能够带来盈利。从目前看，旅游业向国家缴纳的税种涉及车船税、消费税、增值税、房产税、城镇土地使用税、所得税及其他一些附加税。

6. 扩大国际交流

旅游资源吸引了许多外国旅游者，他们通过旅游活动了解我国各地的风土人情、历史文化、建设成就、政策法规等。因此，旅游在客观上向世界展示了我国的文化魅力，扩大了国际交流。

（二）旅游目的地发展对环境的正面影响

1. 促进环境的完善和保护

旅游环境既包括自然环境，也包括人文环境，良好的旅游环境是旅游目的地发展的基础。旅游目的地的开发取决于当地有吸引旅游者的优美的自然环境和适宜的人文环境。因此，旅游目的地为了发展旅游业，必须审视自己的环境是否与旅游者的期望相符，这就从侧面促进旅游目的地环境的保护和完善。

2. 保护脆弱的旅游目的地

旅游业的发展对生态脆弱的贫困山区的环境可起到积极的保护作用。这些地区在全国主体功能区划中属于禁止开发或者限制开发的区域，没有发展工业的有利条件，产业基础较薄弱，城镇化水平低。但是，这些地区往往具有独特新奇的自然资源和少数民族等文化资源，发展旅游业可以带动当地相关产业的发展，吸引周围地区的人口、物力、资金，形成发展的增长极，带动当地经济的发展，有利于生态环境保护和可持续发展。

（三）旅游目的地发展对社会环境的正面影响

1.改变当地的社会结构

旅游业属于服务性行业，从业人员性别比中女性多于男性。因此，旅游目的地的发展改变了当地妇女对自我原有角色的认识。旅游业为妇女走出家庭进入工作岗位提供了就业机会，改变了她们原有的经济地位和社会地位，这种角色的变化又引起了家庭婚姻状况及人际关系的变化。移民问题是旅游对接待地社会生活影响的另一种显著现象。旅游目的地发展不仅留住了外出就业的人员，而且将那些寻求工作与发展机会的外来人员吸引进来，在某种程度上加速了旅游目的地的城镇化进程。

2.示范效应

旅游者以其自身的意识和生活方式介入旅游目的地社会中，引起当地居民的思想、生活等各种变化，产生各种影响，这种作用称为"示范效应"。这种示范效应对提高老少边穷地区人口素质有积极作用。偏远的旅游目的地居民通过模仿和学习旅游者的举止、卫生习惯、经商意识等，其自身在这些方面也会得到提升，生活方式发生变化。如阿者村的村民、西双版纳傣族园的傣族村民，随着旅游业的发展，不仅脱离了贫困，而且在文化修养、商品经济观念等方面都有了飞跃的发展，一些村民能用各国语言与外国旅游者进行生意往来。这种示范效应正在潜移默化旅游目的地进一步发展。

3.推动乡村城市化

中国的城市化进程中，旅游促进乡村城市化的形式为自下而上的城市化，需要政府资金投入少，且没有出现土地浪费和流失的现象，乡村土地只是被改变。旅游引导的乡村城市化有以下几个特点：①劳动力的结构、生产方式发生转变，农业户口的村民大量从事非农业劳动，其中旅游服务业成为其主导产业，传统农业经营结构也在发生变化。②受到城市文化的影响，村民的思想观念、生活方式向城镇化转变。③发生乡村城市化的村落为落后的其他村落提供了就业机会，吸引人口聚集，使得乡村旅游目的地具备了一定的城镇化功能。

（四）旅游目的地发展对文化环境的正面影响

1.增强文化自信

人文旅游资源所承载的是当地文化，外来旅游者对目的地文化的欣赏促使本地居民和经营者反过来审视自己的本土文化，并更好地了解本土文化，对本土文化进行保护和传承。本地居民和经营者在进行文化保护和传承的过程中会产生强烈的文化自信与归属感。

2. 促进文化传播与交流

旅游业的发展在给旅游目的地带来巨大利益的同时，也为其提供了文化传播的平台，促进了旅游目的地对外进行文化交流，使当地文化能够在更高的层次上以更快的速度发展。①不同的文化会伴随着旅游者的旅游活动被带到旅游目的地的每一个角落，旅游接待地居民将来自不同地域、不同民族的文化和本土文化进行对比，通过吸收和借鉴对本土文化进行发展与创新。②旅游接待地居民和旅游者不断接触，能更有效地宣传旅游目的地的文化，在提升本土文化可信度的同时，也能更快地让旅游者接受旅游接待地的文化。

3. 促进传统文化保护和传承

在目的地旅游开发过程中，目的地管理者和经营者将大量的传统工艺、仪式、服饰、美食、生活习俗、传统建筑等地方文化保留下来并进一步开发，这些内容一方面作为旅游资源吸引旅游者，增强地方文化体验；另一方面从经营中获得了资金来支持地方传统文化的保护和传承。在目的地居民和旅游者的共同努力下，这些传统文化的元素随着旅游业的发展重新受到重视。

二、旅游目的地发展的负面影响

（一）旅游目的地发展对经济的负面影响

1. 引起物价上涨

旅游属于高消费行为，旅游者一般具有较高的消费水平，能以较高的价格购买旅游目的地的食、住、行等旅游产品，所以难免会引起旅游目的地物价上涨，这将影响到当地居民的经济利益。此外，旅游业的发展会使对土地的需求增加，比如建宾馆、度假村等，这样会引起土地价格上涨，因此会使本地居民的购房、租房等成本增加。

2. 影响产业结构发生不利变化

由于从事旅游服务工作收入高于务农收入，在一些以农业为主的地区大量劳动力放弃务农从事旅游业，因此地区产业结构发生变化。而产业结构的变化会带来一系列影响，如旅游业的发展扩大了对农副产品的需求，但是以农业为主的地区工业化水平低，劳动力流失，使得农副产品的生产能力和产出下降。旅游目的地居民失去了赖以生存的基本生产方式，一旦危机来临，就会产生社会问题，进而影响到旅游目的地社会和经济的稳定。

3.过分依赖旅游业会影响旅游目的地经济的稳定

旅游业具有很强的季节性和敏感性的特点，一旦受到季节或者不可抗力因素的影响都会使得旅游需求大幅下降，旅游目的地的旅游业甚至整个经济都受到严重影响，造成严重的经济问题和社会问题。

（二）旅游目的地发展对环境的负面影响

1.旅游目的地环境污染严重

随着旅游业的发展，旅游者数量增加，原有基础设施不能满足旅游者需求，使得旅游目的地饭店、宾馆等不断增加，导致土壤和植被被剔除，破坏了植物环境；旅游人数的增加导致酒店、饭店及相关生活配套设施所排放的生活废水、垃圾粪便等严重污染水体和土壤；另外，旅游交通所排放的尾气污染大气，导致环境质量较差。

2.加剧自然资源和景观的破坏

随着旅游目的地的发展，一些自然资源也不同程度地受到影响，如个别风景名胜区和旅游度假区出现随意砍树、修建违章建筑、偷盗国家保护的野生动物等。这些行为加剧了自然资源的破坏和退化，还改变了对区域功能具有重要作用的自然景观的完整性和真实性。

（三）旅游目的地发展对社会的负面影响

1.旅游地居民态度的变化——从欢迎到憎畏

旅游产业的发展，不可避免地对目的地居民造成各种各样的影响，并导致目的地居民对旅游发展的态度发生变化。对此有学者将这种态度变化归纳为以下几个阶段。

（1）热情阶段。旅游发展之始，当地居民十分积极，他们心怀善意地接待旅游者，双方都感到满意。

（2）冷静阶段。旅游发展起来以后，人们变得以盈利为目的，人与人之间的接触也形式化起来。

（3）不满阶段。当发生瓶颈效应或饱和现象，或当本地发生已不能单独解决的旅游问题时，不满情绪就出现了。

（4）敌对阶段。旅游被认为是各种问题产生的根源，当地居民开始对旅游者表示出敌意。

（5）最后阶段。当地居民开始忽视当初吸引旅游者的特色旅游产品，旅游者开始转向新的旅游目的地。

2. 旅游目的地发展对本土语言的影响

对于一些少数民族地区或者传统文化保护较好的地区，旅游者的到来带来一定的收入，为了能增加与旅游者的交流，当地居民开始学习旅游者的语言，导致本民族或本地区语言被腐蚀或同化。旅游虽然能促进语言的统一，但是不利于语言文化多样性的保护，如果舶来品过多，会冲淡本土语言的纯洁性和严密性。

3. 不良的示范效应

由于旅游者在与旅游目的地居民交流中处于强势地位，他们在很大程度上能够影响甚至改变目的地居民的价值观念，而价值观念体系的破坏会对目的地产生深远的冲击。一些目的地居民通过对旅游者的观察，羡慕或效仿旅游者的服饰、行为和优越的物质生活，逐渐对原有的生活状态产生厌烦心理。实际上，旅游是一种高消费行为，旅游者在旅游目的地的行为并不一定是其真实的生活状态，并不能反映其真实的消费水平。这种失真的高消费现象对目的地年轻人影响较大。一些传统社会文化受到西方思想的影响，道德观念被破坏，社会不稳定性增强，由此带来的不良的示范效应将更加严重。

（四）旅游目的地发展对文化的负面影响

1. 文化商品化与"真实性"影响

旅游目的地为迎合旅游者的需求，将本土的传统文化要素，如生活习俗、宗教活动、传统服饰、庆典活动等进行商品化的包装和生产。这种商品化过程挫伤了目的地居民和社会的自尊，另外，本土文化经过安排和修饰以娱乐的形式为旅游者消费服务，其真实性遭到破坏，也失去了传统的意义。

2. 旅游目的地工艺美术品风格和形式的变化

旅游业的发展使旅游目的地传统的工艺美术品成为旅游商品，旅游者在结束旅游之前会购买这类艺术品作为纪念。由于传统工艺美术品的制作流程复杂，一件工艺美术品制作时间较长，而作为旅游商品进行销售后为了扩大销售额，满足旅游者需求，工艺美术品在制作过程中被删减程序，纯粹地商品化，失去了原有的工艺技术。

第三节　旅游目的地环境管理

一、旅游环境管理概述

（一）旅游环境管理的定义

旅游环境管理，是指运用法律、经济、行政、科技、教育等手段，对一切可能损害旅游环境的行为和活动实施影响，协调旅游发展与环境保护之间的关系，使旅游发展既能满足旅游者的需求，又能保护旅游资源，实现经济效益、社会效益和环境效益的有机统一。

（二）旅游环境管理的对象

旅游环境管理的对象包括人、物、资金、信息和时空五个方面。

（1）人。管理过程是人与人之间发生复杂关系的过程，人是旅游环境管理的主体，同时也是旅游环境管理的主要对象和核心，包括游客、社区居民、旅游经营者、旅游开发者和政府管理者等利益相关者。

（2）物。旅游环境管理可以认为是为实现预定的环境目标而组织和使用各种物质资源、合理开发利用旅游资源的全过程，因此物质资源也是旅游环境管理的对象之一。

（3）资金。资金是管理系统赖以实现其目标的重要基础。从社会经济角度出发，旅游为社会创造了就业机会，增加了经济总量，其所创造的资金又可以为保护环境提供支持。

（4）信息。信息指能够反映管理内容，传递和加工处理的文字、数据和符号，如报表、报告和数据等。管理中的物质流、能量流都要通过信息来反映和控制，只有通过信息的不断交换和传递，把各个要素有机结合起来，才能实现科学的管理。

（5）时空。按照一定的时序来管理和分配各种管理要素是旅游环境管理中的一个重要问题，同一管理活动处在不同的时空区域，就会产生不同的管理效果，因此需要因地制宜地进行科学的管理。

（三）旅游环境管理的内容

旅游环境管理的内容非常复杂，不同的划分方式，其管理内容也不同，旅游环境管理按照性质可分为以下几种。

1. 旅游环境的规划管理

旅游环境的规划管理是有计划地优化利用旅游区环境资源的前提条件。通过制定旅游环境规划，使之成为旅游区经济社会发展规划的有机组成部分；应用环境规划指导环境保护工作，并结合实际情况检查和调整环境规划，促使旅游区环境资源得到合理优化利用。

2. 旅游环境的质量管理

旅游环境的质量管理是旅游环境管理的核心和根本目标。旅游环境的质量管理是为了保持适宜开展旅游活动所必需的环境质量而进行的各项管理工作。旅游环境的质量管理的一般内容包括正确理解和实施环境质量标准，建立恰当的环境质量评价的指标体系、环境质量监控系统，组织调查和报告环境状况与环境变化趋势，定期公布环境状况信息，研究确定环境质量管理的重点领域和管理程序等。

3. 旅游环境的技术管理

旅游环境的技术管理工作是指通过科学技术防治旅游环境污染，包括制定旅游环境质量标准和旅游污染源排放标准、制定旅游区污染防治技术标准、制定旅游环境污染和破坏的防治保护政策与技术标准等。

4. 旅游环境的监督管理

旅游环境的监督管理是指运用法律、行政、技术等手段，根据国家或地区环境保护政策、法律法规、环境标准、环境规划的要求，对旅游景区的环境保护工作进行监督，以保证各项环境保护政策、法律法规、环境标准、环境规划的实施。这是环境管理的一项重要的基本职能，是环境保护法赋予环境保护行政主管部门的权力。

二、旅游环境管理的目标、任务和原则

（一）旅游环境管理的目标

旅游环境管理必须实现生态环境与旅游经济双重管理目标，正确地认识和处理生态环境与旅游经济两个目标的关系，是旅游环境管理的核心问题。要想持续地取得较好的旅游经济效益，需对生态环境和旅游经济双重管理目标不断优化，而实现优化最重要的一点就是把双重管理目标放在同等重要的位置上，进行同步规划、同步运作，而不是用传统的经济效益指标指导旅游开发，忽视对生态环境的保护会造成对生态环境的破坏。要实现生态环境与旅游经济双重优化的环境管理目标，必须树立环境和经济同步发展、平衡发展的思想，把生态效益和经济效

益互相推动的关系贯穿旅游经济活动的全过程。通过生态环境目标的实现，为旅游经济目标的实现创造有利的自然条件；通过旅游经济目标的实现，为生态环境目标的实现创造丰厚的物质基础。

（二）旅游环境管理的任务

我国旅游环境管理大体上有四项主要任务。

（1）贯彻国家和地方有关旅游资源与环境保护的方针、政策、条例、规划和计划，以及国家宪法和国家明确规定的环境保护方针、任务、要求与具体措施。旅游环境管理的首要任务就是贯彻并实施这些法令和政策。各旅游区可根据国家有关法律政策来制定本区域的管理办法。

（2）合理开发和利用自然旅游资源，减少环境污染和破坏，维护生态环境的良性循环，促进旅游经济的持续发展。环境问题的产生往往是由于人们在经济活动中不合理地开发和利用自然资源而造成的，因此必须通过加强管理来促进对旅游资源的合理开发和利用。

（3）创建一个清洁、优美、生态安全和高度文明的人类生存环境，保护旅游者及当地人们的身心健康。旅游环境管理的一个重要任务，就是在发展旅游经济的同时保护好环境，以获得最佳的环境效益、经济效益和社会效益。

（4）开展旅游环境科学研究、旅游环境监测和旅游环境教育，普及旅游环境科学知识，提高全民族环境意识，为发展旅游环境保护事业服务。

（三）旅游环境管理的原则

1.旅游发展与环境保护协调发展

旅游与环境保护必须同步规划、同步实施、同步发展，以实现经济效益、社会效益和环境效益的统一。在旅游开发中要做到保护与开发建设兼顾，以保护优先；生态效益和经济效益兼顾，以生态效益优先；长远利益与当前利益兼顾，以长远利益优先；全局利益与局部利益兼顾，以全局利益优先。

2.预防为主，防治结合，综合治理

旅游环境一旦遭到破坏，要使其恢复到原来的状态是非常困难的，有些不可再生的旅游资源甚至可能会消失。因此，环境管理的重点应以预防为主，做到防患于未然，采取各种预防性手段和措施，防止环境问题的产生和恶化。同时，对已形成的环境污染和破坏要进行积极治理，采取一切可能的措施，减轻旅游资源开发对环境的破坏，防治结合才能取得良好的环境管理效果。

3. 全面规划，合理布局

全面规划、合理布局的原则是指在旅游目的地的经济和社会发展中，要对工业、农业、城市、乡村、生产和生活的各个方面进行综合考虑，把旅游环境保护作为其中的组成部分进行统筹安排，从经济、生态、社会等多角度进行规划和布局，以实现旅游目的地的经济、社会和环境的协调发展。

4. 谁开发谁保护、谁污染谁治理

谁开发谁保护、谁污染谁治理是在责任归属上所采用的一种基本原则。在开发过程中对旅游环境和资源造成污染与破坏的主体，有义务对环境进行保护和治理。要建立起严格的奖惩制度，谁保护奖励谁，谁污染谁付费，将环境保护和个人自身经济利益紧密结合，使资源环境的使用者牢记环境保护的理念，承担环境保护的义务。

三、旅游环境管理的执行

（一）旅游环境管理的执行手段

1. 法律手段

旅游环境管理的法律手段，就是利用各种涉及旅游资源与环境保护的法律、法规来约束旅游开发者和旅游者的行为，以达到对旅游环境进行保护的目的，简单地说，就是利用法律手段对旅游环境进行法律保护。旅游环境管理的法律手段，主要包括旅游资源法和旅游环境法。旅游资源法是调整人们在旅游资源的开发、利用、管理和保护过程中所发生的各种社会关系的法律规范的总称。旅游资源法一般包括国家公园、风景名胜区、文物古迹保护、自然保护区、海滩管理、游乐场管理、野生动植物资源保护等方面的法律、法规、条例、法令和章程等。旅游环境法是环境法的重要组成部分，环境法规定的保护范围包含了旅游环境法的保护范围。法律手段的基本特点是权威性、强制性、规范性和综合性；基本要求是有法可依、执法必严、违法必究。旅游环境的保护必须立法，尤其是对重点旅游区。因为只有将环境保护纳入法律条款，加大环境保护的力度，才能使环境保护落到实处。

2. 经济手段

旅游环境管理的经济手段是指国家或主管部门，运用价格、工资、利润、信贷、利息、税收、奖金、罚款等经济杠杆和价值工具，调整各方面的经济利益关

系，把企业的局部利益同社会的整体利益有机地结合起来，制止损害环境的行为，奖励保护环境的行为。经济手段的核心与实质在于贯彻物质利益原则，即从物质利益方面来处理国家、企业、生产者个人之间的各种经济关系，调动各方面保护环境的积极性。经济手段的主要内容包括税收手段、排污收费、产品收费、财政补贴、保证金与押金、物质奖励与罚金、生态补偿费、排污交易和利润留成等，另外，向使用者收费、污染赔款、信贷、环保市场交易、责任保险等也属于经济手段范畴。通过经济手段来制止损害旅游环境的活动，调动环境保护的积极性。

3. 规划手段

旅游规划是在调查、评价旅游系统发展现状的基础上，结合社会、经济和文化发展趋势以及旅游系统发展规律，以优化总体布局、完善旅游功能结构以及推进旅游系统与社会和谐发展为目的的战略设计和实施的动态过程。其目标是尽可能合理而有效地分配与利用一切旅游资源，以及提高旅游接待能力和交通运输能力，向旅游业提供人力、物力和财力，以使旅游者完美地实现其旅游目标，从而获得发展旅游业的经济效益、社会效益和环境效益。

4. 行政手段

行政手段是指各级政府及有关主管部门根据国家和地方所制定的环境保护方针政策、法律法规和标准，依靠行政组织，动用行政力量，按照行政方式来管理旅游环境的方法。换句话说，其就是依靠各级行政机关或企业行政组织的权威，采取各种行政手段，对旅游环境实行行政系统管理。行政干预是环境保护部门常采用的措施。旅游环境管理的行政手段具体形式包括：行政决定、通告；行政政策、措施、倡议；政府举办有关旅游环境保护的评选活动；政府对旅游市场的专项整治或综合治理等。

5. 宣传教育手段

旅游环境管理的宣传教育手段就是指通过现代化的新闻媒介和其他形式，向公众传播有关旅游环境保护的法律知识和科技知识，以达到教育公众，提升其环境意识，进而保护旅游环境的目的。这个定义涉及两个方面的内容：①环境宣传；②环境教育。环境宣传是手段，环境教育是目的，两者相辅相成，只有两者紧密结合，才能达到保护环境的目的。

旅游环境管理的宣传教育手段的内容主要包括对公民的环境意识的宣传教育、环境伦理道德教育、开源节流教育、环境法治教育、专业教育等内容。宣传教育的对象主要包括对旅游者的旅游消费道德教育、对旅游从业人员的环保素质教育、对领导干部的环保意识与能力教育、对当地居民的环保参与教育与法治教育等内容。

6. 科技手段

在旅游环境管理中，科技手段具体包括数学手段、物理手段、化学手段、生物手段和工程手段等，人们可以利用和发挥它们各自的优势，将它们单一或组合使用以达到保护旅游环境的目的。科技手段在旅游环境管理中的应用非常广泛，如采用无污染工艺和少污染工艺；因地制宜地采取综合治理和区域治理技术；组织推广卓有成效的旅游环境管理经验和旅游环境保护科学研究成果；交流国内外有关旅游环境保护的科学技术情报，开展国际旅游环境科学技术合作等。

（二）旅游环境管理的实施途径

1. 加强旅游环境政策及法律法规的制定、监督和执行

强化旅游环境管理的执行必须从旅游环境立法入手，建立健全完善、切实可行的法律法规才能使旅游环境管理有章可循。同时若无有效的监督管理和执行，法律法规最后等于一纸空文。因此，旅游环境管理主体必须按照旅游环境法律、法规进行监督和执行管理，真正做到有法可依、有法必依、执法必严、违法必究。

2. 建立统一领导下的分工协作的旅游环境管理体制

旅游环境的管理需要多部门、多组织和多个体之间的协作。只有在相应一级政府的统一领导下，各部门、各单位合理分工、密切协作，才能强化旅游环境管理的组织保证。如加强环境监测工作各部门之间的相互配合和协作，定期进行环境质量监测，建立各功能区环境质量档案，对出现的环境问题及时发现、及时处理。

3. 重视旅游环境规划管理

在开发前进行旅游环境规划是避免旅游开发对环境产生负面影响、使其产生正面影响的最佳办法，制定旅游环境规划是执行旅游环境管理、实现旅游业可持续发展的重要途径。旅游环境规划管理是在旅游环境质量评估和环境效应评估的基础上完成的，旨在保障旅游资源与环境得到合理、可持续的利用，避免环境污染。

4. 开展宣教活动，增强公众环境保护意识

旅游环境管理的执行需要有公众广泛的理解和支持，开展全民环保意识的宣传和教育活动，加强生态伦理建设，提高全民生态伦理道德水平，使旅游者将环

境保护的社会要求转化为个人生态伦理的要求和个人自觉的行为，这将有利于旅游环境管理工作顺利开展。

四、旅游环境管理体系

（一）旅游环境管理基本体系的建构

旅游环境管理基本体系的建构从时间上可分为前期管理、中期管理和后期管理三个阶段，每个阶段都有不同的管理重点。

1. 前期管理

前期管理是指对当地旅游环境进行调查与分析，包括旅游资源调查和旅游景区环境承载力测算，这些基础调查有利于对旅游目的地的资源作出全面而系统的评价，从而选择合理的开发模式。

（1）资源调查。对自然环境资源和社会经济环境资源进行调查，真实地描述该地区的自然环境和社会环境现状，并编写调查报告。

（2）景区环境承载力测算。以资源调查报告为基础，测算旅游目的地在不同时空下的环境承载力，为中后期管理提供保障。

2. 中期管理

中期管理阶段的旅游开发会有大量的建设工程，也是对环境影响最为明显的阶段，管理内容包括旅游环境质量评价、旅游环境影响分析以及旅游环境影响监控。

（1）旅游环境质量评价。从时间的尺度，对开发过程中的旅游目的地环境质量变化进行评价，为整个中期旅游目的地环境管理提供数据支持。

（2）旅游环境影响分析。以旅游环境质量评价为基础，研究旅游活动对旅游目的地环境的影响，为旅游目的地环境管理提供针对性的服务。

（3）旅游环境影响监控。在评价环境质量和分析环境影响之后，对旅游开发中可能会引发环境问题的活动进行调整，再对改善后的环境进行新一轮的环境质量评价，最终形成一套旅游开发环境影响监控机制。

3. 后期管理

旅游环境的后期管理是整个旅游目的地环境管理的核心部分，包括旅游目的地的环境维护、旅游环境信息系统动态监控以及建立旅游环境预警系统。

（1）环境维护。对水、大气、噪声、固体废弃物的管理以及对动植物进行保护，维护现有旅游目的地的环境质量。

（2）旅游环境信息系统动态监控。通过 GIS 等新技术，构建旅游环境信息系统，做到对整个旅游目的地环境质量的动态监控。

（3）建立旅游环境预警系统。形成一套以旅游环境承载力为主要理论依据的旅游环境预警系统，依照既定的管理和修复措施，对旅游环境进行维护，确保在最短时间内发现问题并进行环境修复。

（二）旅游环境质量管理

1. 旅游环境质量的概念

旅游环境质量是指在特定的历史时期和空间条件下，旅游地环境总体和环境的某些要素（大气、水体、地质地貌等）对旅游开发经营和旅游者心理、生理及旅游活动的适宜程度。判别旅游环境质量优劣，要以旅游活动需要为标准，严格地说包括三个方面的内容。

（1）以满足旅游者和旅游地居民身体健康要求为第一标准（生理要求）。

（2）以开展旅游活动的适宜性为标准（景观美学质量分析）（心理要求）。

（3）以人文背景的社会文化要素的质量分析为标准（心理要求）。

旅游环境质量的内容包括：旅游景观质量、旅游生态环境质量、旅游设施质量、旅游地社会环境质量。

2. 旅游环境质量管理的概念

旅游环境质量管理是为保证旅游活动所需要的自然环境质量和社会环境质量而进行的各项管理工作。其主要任务是：组织环境评价（现状评价或影响评价），掌握旅游区的环境质量状况；进行环境监测，了解旅游区的环境质量动态，建立环境监测档案，编写《旅游区环境质量报告书》；提出环境质量标准，组织协调和监督检查。

3. 旅游环境质量管理的内容

（1）确定旅游环境质量标准和目标体系。环境质量标准是旅游环境质量管理的重要依据，确定旅游环境质量标准和目标体系是进行环境管理的基础。各级政府、环境保护部门等根据国家和地方环境质量要求，结合旅游区所处区域环境的实际情况，对旅游区各功能区制定环境质量标准。环境质量标准和目标体系一旦确定，国家和地方就可以依据它们来制定旅游区环境管理规划，将环境保护纳入区域的经济、社会发展计划中。

（2）旅游环境质量监控。旅游环境质量监控包括旅游环境监测，旅游环境监测评价，旅游环境监理，旅游污染源监控系统，旅游环境质量监控系统，旅游环境污染预测、预报等。其中旅游环境监测是科学有效的环境监督管理的基础和依据，也是环境管理中依法实施技术监督的重要手段。

（3）旅游环境质量评价。旅游环境质量评价是对旅游发展需要与环境系统状态之间存在的客观关系进行评定，即从旅游开发经营和旅游活动的需要出发，运用相关的数理方法，对旅游目的地环境系统状态的价值进行科学的评定。

（4）编写旅游环境质量报告书。旅游环境质量报告书是在调查研究和科学监测得到大量数据基础上所编写的反映旅游区一段时间内环境质量状况和改善环境质量对策的技术文件。其主要内容是用大量数据说明环境质量状况，以及通过预测分析环境质量变化趋势，提出改善环境质量的对策。旅游环境质量报告书一般分为四个部分的内容，分别是旅游区概况、旅游区污染源状况、旅游环境质量状况和结论。

第四节　旅游目的地可持续发展

一、可持续发展理论

可持续发展理论的形成经历了相当长的历史过程。20 世纪五六十年代，人们在经济增长、城市化、人口、资源等所形成的环境压力下，对经济增长发展的模式产生怀疑并开展讲座。1962 年，美国女生物学家蕾切尔·卡森发表了一部引起很大轰动的环境科普著作《寂静的春天》，作者描绘了一幅由于农药污染所导致的可怕景象，惊呼人们将失去"春光明媚的春天"，在世界范围内引发了人类关于发展观念的争论。10 年后，两位美国学者芭芭拉·沃德和勒内·杜博斯享誉全世界的著作《只有一个地球——对一个小行星的关怀和维护》问世，把人类生存与环境的认识指向一个新境界即可持续发展的境地。同年，一个非正式国际著名学术团体罗马俱乐部发表了有名的研究报告《增长的极限》，明确提出"持续增长"和"合理的持久的均衡发展"的概念。1987 年，以挪威首相布伦特兰为主席的联合国世界与环境发展委员会发表了一份报告《我们共同的未来》，正式提出可持续发展概念，并以此为主题对人类共同关心的环境与发展问题进行了全面论述，受到世界各国政府组织和舆论的极大重视，在 1992 年联合国环境与发展大会上可持续发展要领得到与会者的共识与承认。

可持续发展是指"既满足当代人需要，又不对后代人满足其需要的能力构成危害的发展"，可持续发展是涉及经济、社会、文化、技术及自然环境的综合概念，它不仅涉及当代的或一国的人口、资源、环境与发展的协调与公平，还涉及后代的和其他国家或地区之间的人口资源、环境与发展之间利益的协调与公平。可持续发展的概念包含三个要素：人类的需要、资源使用的限制、公平。其实质是追求两大动态目标：人与自然之间的平衡、寻求人与自然关系的和谐化；人与人之间逐步达到调适与公正。

可持续发展把发展与环境作为一个有机的整体，它包括五个方面的内容。

（1）可持续发展不可否定经济增长，尤其是穷国或贫困地区的经济增长，但单纯的经济增长不等于发展，发展不等于可持续，可持续发展不等于供求平衡。

（2）可持续发展要求以自然资产为基础，同环境承载力相协调。

（3）可持续发展要求以提高生活质量为目标，同社会进步相适应。

（4）可持续发展承认并要求产品和服务在价格中体现出自然资源的价值。

（5）可持续发展的实施以适宜的政策和法律体系为条件，强调"综合决策"和"公众参与"。

它的核心思想是健康的经济发展应建立在生态可持续能力、社会公正和人民积极参与自身发展的决策的基础上。它强调的是环境与经济的协调，追求的是人与自然的和谐。可持续发展用公式可表示为

保持生态稳定 + 有控制的经济增长 = 可持续发展 + 社会平等

二、可持续旅游理念

（一）可持续旅游理念的发展

可持续旅游是 20 世纪 90 年代初才形成的全新的思想理念，不同组织机构和研究者以及各种相关国际会议都对可持续旅游给出过定义，这些定义虽然在字面上存在一定差异，但基本思想一致。为了倡导和推进可持续旅游发展，世界上曾召开了几次有重大影响的全球性会议。1989 年，由众多国家参与的各国议会旅游大会在荷兰海牙召开。会议第一次明确而正式地提出了可持续旅游发展的口号。1990 年，在加拿大温哥华召开的全球可持续发展大会提出了可持续旅游发展的主要框架和目标，较全面地反映了可持续旅游发展的行动领域和基本内容。会议提

出了《旅游持续发展行动战略》草案，构筑了可持续旅游的基本理论框架，并阐述了可持续旅游发展的主要目标。1995 年，联合国教科文组织、环境规划署及世界旅游组织等，在西班牙召开了"可持续旅游发展世界会议"，制定并通过了《可持续旅游发展宪章》及其行动计划，为可持续旅游的发展规划提供了一整套行为规范和具体操作程序。1996 年，世界旅游组织、世界旅游理事会和地球理事会联合制定了《关于旅行与旅游业的 21 世纪议程：迈向环境可持续发展》，将联合国制定的《21 世纪议程》具体转化为全球在发展旅游业方面的行动纲领。这些会议的召开及其议事成果为可持续旅游发展在全球的推广奠定了理论基础，制定了实施纲要。由于我国旅游业发展较晚，我国的旅游研究以开发为主，对可持续旅游的研究较少。

1996 年 9 月，我国国家自然科学基金委员会将"中国旅游业可持续发展论基础宏观配置体系研究"列入"九五"重点，这是我国国家级自然科学领域第一个重点旅游项目。1997 年 12 月，国家旅游局、国家科学技术委员会和中国科学院在北京联合召开了首届"全国旅游业可持续发展研讨会"，并通过了《中国旅游业可持续发展的若干问题与对策》的报告，标志着我国政府对可持续旅游的介入和关注。该报告在结合我国旅游业发展的实际情况的基础上提出了近期要实现的四个战略目标。

（1）扭转旅游资源的破坏性开发、旅游目的地的重复建设和旅游生态环境的恶化趋势。

（2）初步形成旅游行业可持续发展的政策体系、法规体系，建立旅游可持续发展的综合决策机制和快速协调管理机制。

（3）建立若干个国家级的旅游可持续发展示范区，并争取在国家重大项目策划和开发上接近国际先进水平。

（4）争取用 20 年时间建立旅游业可持续发展的运行机制和科学、文明的旅游社会环境氛围，以及保持其相适应的可持续利用的资源和生态环境基础。

（二）可持续旅游的概念

可持续旅游的概念可表述为：旅游业与社会经济、资源环境和谐发展，不仅要满足旅游者和当地居民当前的生活、文化、精神、享受性利益和需要，而且要保证和增进人类社会未来发展的机会，从而使全球的生态体系、各国的民族文化、人们的生活质量保持完整性、多样性和有序性。

可持续旅游包括两个方面的含义：在为旅游者提供高质量旅游环境的同时，提高当地居民生活水平；在开发过程中保持旅游供给地区生态环境的协调性、文化的完整性和旅游业经济目标的可获得性，保持和增加环境、社会和经济未来的发展机会。

1995 年，联合国教科文组织、联合国环境规划署、世界旅游组织和岛屿发展国际科学理事会，在西班牙召开"可持续旅游发展世界大会"，通过了《可持续旅游发展宪章》，提出了可持续旅游发展的原则。可持续旅游发展的原则主要有以下几点。

（1）旅游发展必须建立在生态环境的承受能力之上，符合当地经济社会发展状况和社会道德规范。

（2）考虑到旅游对自然资源、生物多样性的影响，以及消除这些影响的能力，旅游发展应当循序渐进。

（3）必须考虑旅游对当地文化遗产、传统习惯和社会活动的影响。

（4）为了使旅游对可持续发展作出积极贡献，所有从事这项事业的人，必须团结一致、互相尊重和积极参与。

（5）保护自然资源和文化资源，并评定其价值。

旅游目的地可持续发展的目标为：增进人们对旅游所产生的环境、经济效应的理解，强化其生态意识；促进旅游公平发展；提高旅游接待地居民的生活质量；向旅游者提供高质量的旅游经历；保护上述目标所依赖的环境质量。

（三）旅游目的地可持续发展的途径

实现可持续旅游的基本前提是实现对旅游资源的合理利用，旅游业发展方式、发展规模的合理规划和管理。旅游目的地的可持续发展目标包括经济目标、社会目标和环境目标。

经济目标：增加就业、扩大产品市场、增加经济收入、改善地方基础设施条件、提高地区居民的生活质量。

社会目标：保护地方文化遗产，增强当地人的文化自豪感，为不同地区和文化的人提供理解与交流机会，向旅游者提供高质量的旅游产品。

环境目标：改进土地利用方式，从消耗性利用转为建设性利用，改善生态环境，加强公众的环境意识和文化意识，促进对环境和文化的保护，提高未来旅游产品开发赖以生存的生态和文化环境质量。

旅游目的地的开发与发展，需要遵循一定的原则：保护为主，适度开发；科学论证，统变兼备；因地制宜，分类指导；注重衔接，突出重点。

（1）旅游目的地的可持续发展需要策略与规划的创新，即在战略、产品、市场、监督、管理和专业水准方面都需要创新。

（2）重视旅游目的地硬件和软件的开发，提高专业水平，制订详细的发展计划指导该地的发展，鼓励创新，鼓励创造富有想象力的产品，增加对推广活动的投入。

（3）需要加强对统一的整体旅游目的地可持续发展的认识。

旅游目的地可持续发展的具体途径主要包括以下几条。

1. 进行合理的旅游开发规划

做好旅游开发规划，要坚持可持续发展原则，贯彻资源和环境保护的思想，这不仅是开发取得成功的保障，也是预防资源和环境遭到破坏的重要措施。旅游开发规划首先要对旅游项目进行系统的环境影响与评估，从生态角度严格估算利弊关系，提倡以自然景观为主，就地取材，依景就势，体现自然之美；其次，选准项目开发的主题、形式和风格，定准客源场，突出景区所在地的民族性、地方性的特色，提高旅游者的满意度，创造持久的市场竞争力，实现"开发一项，成功一项"，使景区开发步入良性发展轨道。

2. 采用科学的旅游管理方法

旅游管理是否科学合理决定了一个旅游产业能否长久地存在于市场上。我国旅游开发的内容和表现形式的多样性给管理带来了一定的难度，但是从总体上来看，随着社会经济的不断进步，我国旅游的发展无论是在硬件的管理上还是在软件的管理上都取得了很大的进步。国家还针对内容的不同制定了专门的指导方针，对旅游资源提出了"严格保护、统一管理、合理开发、永续利用"的方针，对自然区实行严格控制，来保护其完整性。另外，在人力资源上进行科学管理方面的培训，使管理人员具有全面的知识，减小管理难度，提高工作效率。科学技术的进步，大大促进了旅游业的可持续发展，我们在对旅游进行科学管理的同时，先进的科学技术为我们提供了坚强的后盾和有力的支持，因此，我们应该更好地利用科学技术来进行旅游管理。

3. 提高人们对可持续发展的认识

开展全民旅游可持续发展的宣传与教育，强化公众保护旅游资源的意识，提高开发者、管理者和旅游者对旅游景区可持续发展的认识。对旅游业的开发商、管理人员和从业人员进行培训，提高其爱护、保护资源的自觉性，使开发与利用旅游资源的单位和个人必须履行保护旅游资源的义务和责任，促进旅游开发与环境建设同步规划、同步实施、同步发展，逐步实现文明旅游、科学旅游、健康旅游的绿色目标，确保旅游资源的保值、增值能力。

4. 完善相关的旅游法律法规

由于我国旅游业涉及交通、餐饮、娱乐、文化等方面内容，因此，必须加强相关行业相互衔接，融为一体地为国内旅游业服务，相关部门必须制定有效的法律法规，加强对各个环节的协调与管理，使法律法规为我国旅游业稳定发展提供必要的保障，坚决打击非法开发与经营活动，维护旅游群体的正当权益，使旅游更健康地发展。完善相关法律法规，提升对国内旅游业的管理强度，改善国内旅游业的经营秩序，使国内旅游业健康、绿色、持续发展。

5. 发展生态旅游

生态旅游起源于人们对旅游资源可持续利用的思考。发展生态旅游不仅可以发挥目的地自然旅游资源丰富的优势，获取可观的经济效益，而且可以促进基础设施建设，增加就业机会，带动区域经济发展，更重要的是通过生态旅游可以对旅游者进行科普教育与可持续发展教育，提升旅游者的环境保护意识。

6. 弘扬中华优秀传统文化，发掘旅游文化内涵，开展文化旅游

文化是旅游的灵魂，旅游本身就是一项广义的文化活动，是人们一种高雅的文化享受。作为旅游客体的自然景观和人文景观都集中了大自然的精华，渗透着人类历史的结晶。现在，随着人们对文化需求的增加，以观赏自然旅游资源、欣赏珍贵的历史文化瑰宝、获得生动的自然知识和人文知识为主的文化旅游已成为一种时尚。增添文化含量将成为旅游目的地新的增长点和新的价值取向。因此，对旅游资源的文化内涵和特色的开发与保护是其可持续发展的重要契机。

7. 实行科教兴旅战略是旅游业可持续发展的关键

现代技术是科学开发和保护旅游资源、增加旅游产品的科技文化含量、提高旅游经营管理水平和提升旅游社会环境质量的重要手段。现代科技是旅游可持续发展的科学基础，在我国，高科技介入旅游业的程度偏低，旅游经营中对资源、能源、物力、财力和人力的消耗量较高，既影响当前的经济效益，又危及旅游的长远发展。提高全行业对"科教兴旅"的认识，加大旅游开发经营中的科技投入

是保证旅游业可持续发展的关键。

本章小结

　　旅游是人们在闲暇时间所从事的游憩活动的一部分，是在一定的社会经济条件下产生的一种社会现象，是人们物质文化生活的一部分。旅游与环境之间存在密切关系，两者相互独立、相互共生和相互冲突，旅游的发展给目的地社会、文化、环境、经济等方面都带来复杂的影响，要正确理解和处理这些旅游对环境的影响。

　　旅游环境管理的内容主要包括规划管理、质量管理、技术管理和监督管理四个方面。旅游环境管理的执行手段包括法律、经济、规划、行政、宣传教育和科技六种。

　　可持续旅游包括两个方面的含义：在为旅游者提供高质量旅游环境的同时，提高当地居民生活水平；在开发过程中保持旅游供给地区生态环境的协调性、文化的完整性和旅游业经济目标的可获得性，保持和增加环境、社会和经济未来的发展机会。

即测即练

拓展阅读

思考题

1. 旅游目的地发展对经济、文化、社会和环境的正面影响和负面影响是什么？

2. 旅游环境管理的执行手段有哪些？

3. 旅游与环境的关系是什么？

4. 旅游目的地可持续发展的途径有哪些？

第十二章 旅游目的地发展的趋势与挑战

学习目标

1. 了解旅游目的地旅游业态、产业融合、全域旅游的概念和内涵。

2. 熟悉旅游目的地发展的新趋势和面临的新挑战。

3. 掌握旅游目的地业态创新的动力、发展过程及模式，旅游目的地产业融合的路径、演化过程及模式，旅游目的地全域旅游的空间建设和发展模式。

能力目标

1. 了解制约旅游目的地旅游业态发展的原因，以及新业态的发展动力机制。

2. 熟悉旅游目的地产业融合和全域旅游发展的路径与模式。

3. 掌握旅游目的地旅游新业态的发展趋势，清楚助推新业态发展的方式、方法。

思政目标

1. 了解旅游目的地旅游新业态产生的社会大背景。

2. 熟悉当前国家战略与旅游新业态发展的关系。

3. 掌握新业态发展趋势，培养学生为新业态的发展贡献力量的信念和能力。

🔍 思维导图

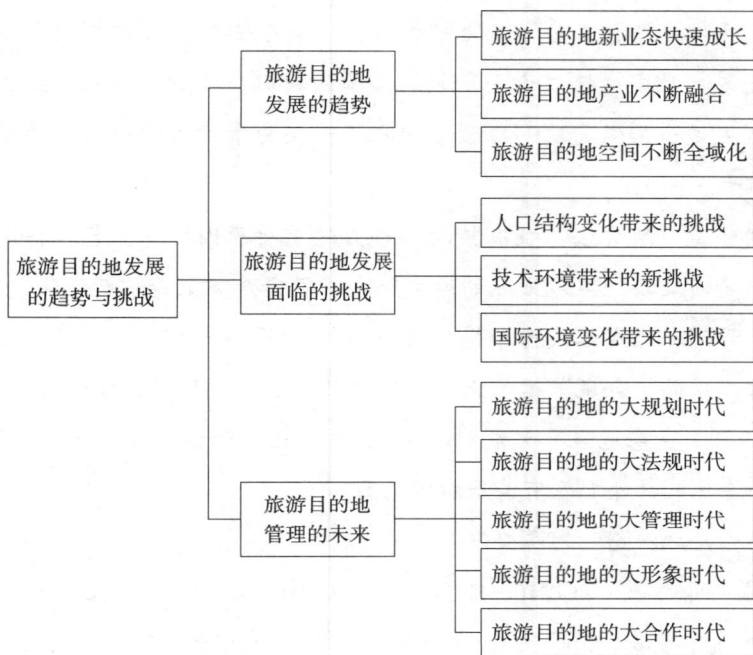

🔍 导入案例

从"打卡目的地"到"解锁新玩法"，马蜂窝报告解读未来旅游新趋势

中国旅游研究院与马蜂窝共建的自由行大数据联合实验室发布了《全球旅行"新玩法"研究报告 2023》，通过对 2023 年马蜂窝平台的用户浏览、搜索、分享、消费、评价等综合数据的分析和洞察，评选出 2023 年"百大国内旅游新玩法"。

玩法已经逐步取代目的地，成为影响人们旅游消费决策的主要因素，这一现象在 2023 年表现尤为突出。凭烧烤而声名鹊起的淄博，因村超、村 BA 等民间赛事一炮打响的贵州小城榕江和台江，以及各大寺庙供不应求的祈福手串，"体验感"和"参与感"将旅游带来的情绪价值不断放大，一项足够"好玩"的体验就足以成为年轻人说走就走的理由。

何为"新玩法"？顾名思义，重点在于"新"，但这一"新"字并不代表标新立异或前所未有，结合目的地资源和特点打造新的内容、面向新的用户、提供新的供给、打开新的渠道的旅行玩乐体验，都可以称为"新玩法"。

因地制宜，让国内"新玩法"拥有持续生命力。

户外运动、非遗传承、文化体验，都可以给玩法创新带来源源不竭的灵感。在荔波酷玩森林通过徒步、攀岩、速降的重重考验后，享用一杯"双脚离地"的悬崖咖啡，硬核户外和文艺休闲的完美结合，令其在 2023 年的国内"新玩法"榜单上拔得头筹。在小城榕江看一场热血沸腾的村超，在廊坊"只有红楼梦·戏剧幻城"戏剧主题公园做一次"红楼梦中人"等实力带动目的地出圈的新体验，也纷纷位列前十。

因地制宜是"新玩法"拥有持续生命力的重要原因之一，各具特色的资源也让衍生出的"新玩法"呈现强烈的地域特点。凭借众多上榜"新玩法"，云南、浙江、四川、贵州、黑龙江实力夺得 2023 年度"中国会玩省份"前五。值得关注的是，云、贵、川的"会玩"远不止于山地户外，在云南哀牢山探秘古哀牢国遗迹，在四川雅安碧峰峡基地当一天熊猫"铲屎官"，在贵州遵义住一回天然溶洞酒店，都对追求新奇体验的年轻人有着绝对吸引力。

人文体验是玩法创新的主要方向。

在中国"新玩法"TOP100 榜单上，人文体验以 39% 的占比一骑绝尘。从博物馆新文创到博物馆"显眼包"，从观摩非遗技艺到亲手体验非遗技艺，从参观名胜古迹到化身为名胜古迹中的一员，人文类玩法体验近年来不断完成迭代进化，对传统文化的全新演绎，在带火目的地旅游方面的实力不容小觑。

资料来源：从"打卡目的地"到"解锁新玩法"，马蜂窝报告解读未来旅游新趋趋 [EB/OL].（2023-12-14）. https://new.qq.com/rain/a/20231214A010K000.

思考题：

1. "新玩法"给旅游目的地带来哪些机遇和挑战？

2. 谈谈你对"新玩法"的理解。

第一节　旅游目的地发展的趋势

一、旅游目的地新业态快速成长

（一）旅游业态的相关概念

业态，常译为 type of operation，源于 20 世纪 20 年代欧美的零售业，学者们通常将业态理解为企业的经营形态。国内外学者关于"业态"的定义总结如表 12-1 所示。

表 12-1　国内外学者关于"业态"的定义

学者	定义	年份
Hower	是具有主导地位的经营方法的交替显现，一方面向专业化发展，另一方面向多元化发展	1943
McNair	大多由初期地位低、毛利少、服务差的状态逐步向高毛利、高价格的状态发展，并被新的"三低"业态取代	1958
Dressman	能有效地适应由顾客、竞争者和变化着的技术所组成的环境的各种业态	1968
Davidson	存在一个从产生到消亡的过程，而在每一个不同阶段，零售业态表现出不同的特征	1976
铃木安昭	指零售店铺的营业形态	1980
刘汝驹	指零售业经营的形态	1999
蔡文浩	指零售企业为满足不同的消费需求进行相应的要素组合而形成的不同经营形态	2001

资料来源：杨玲玲，魏小安 . 旅游新业态的"新"意探析 [J]. 资源与产业，2009，11（6）：135-138.

　　旅游业态有狭义和广义之分，狭义的旅游业态指旅游企业的经营形态，广义的旅游业态指旅游产业部门根据市场变化由相应的要素组合形成的产品、经营方式和组织形式所呈现的形态。旅游新业态是相对概念，通常理解为旅游产业部门根据需求与供给环境变化而对传统旅游业态的拓展与创新。目前，旅游传统业态和旅游新业态存在不同的见解（表 12-2）。

表 12-2　旅游传统业态和旅游新业态

项目	旅游传统业态	旅游新业态
旅游方式	以团队为主	有散客、自助游、团队等形式
旅游资源	实体资源	创意资源
旅游目的	以观光为主	多样化旅游诉求
产品特征	淡旺季明显，满足大众旅游需求	个性化、定制性旅游
经营形态	传统的商业营销方式	旅游目的地经营
竞争手段	广告、价格竞争	创新、品牌、科技竞争
组织形态	以单个旅游企业为主	战略联盟、链条型集团、平台企业等
产业技术	信息化程度低	数字娱乐、旅游电子商务等
产业关联	关联度低，边界相对清晰	旅游业与三次产业关联性较高，边界模糊
产业空间形态	以景点为依托，分布相对分散	以集聚区为中心集群分布
产业导向	以资源导向型为主	市场导向型
产业目标	以经济效益为主，兼顾生态效益	生态效益、社会效益和经济效益相统一

资料来源：张瑞真，马晓冬 . 我国旅游新业态研究进展及展望 [J]. 旅游论坛，2013，6（4）：53-58.

（二）旅游业态创新的形式

旅游新业态主要通过以下几种形式出现。

1. 创新

创新是指不同于现有的任何业态的经营内容和经营方式，根据发展的需求，重新组合资源和要素推出新产品、新方法，开辟新的市场形成新的组织，完全创造的新型模式。创新的实质是从无到有。例如，根据技术进步、生活条件改善等增加的旅游项目，如自驾车旅游、冰雪旅游、邮轮旅游等。

2. 革新

改变或提升原有业态的经营模式或将原有业态的某一环节或某一项目独立出来做强、做大，注重差别，突出特色细化服务，从而创立异质化的业态模式。革新的实质是存同求异，将传统业态的功能在传统的基础上转变成一种新的模式，如乡村度假、休闲度假、商务会展等。

3. 更新

改造或替换旧的经营模式，即通过增加新的内容、新的技术、新的方法、新的功能等，更新换代，进而发展成为新型的业态模式。更新是指去旧求新，如主题酒店。

4. 融合

将旅游业的两种或几种功能整合到一起，或者重新组合，形成一种独立的业态形式。融合是指从一到专、从单到丰。如旅游业与文化产业融合而形成的文化创意旅游产品，旅游业与信息产业融合而产生的旅游信息网络、旅游电子商务。

（三）旅游业态创新的动力

旅游新业态产生的动力主要包括五种因素，即市场规模、旅游需求、专业化分工、技术进步、政府政策。旅游业态创新的动力的关系结构如图 12-1 所示。

1. 市场规模

市场规模的不断扩大和国民出游范围的不断增大，导致旅游市场不断细分，推动了新业态的出现。

2. 旅游需求

人们旅游消费经历的不断成长，使旅游消费的需求也不断变得多元化、个性化和品质化，成为推动旅游业态创新的重要动力。

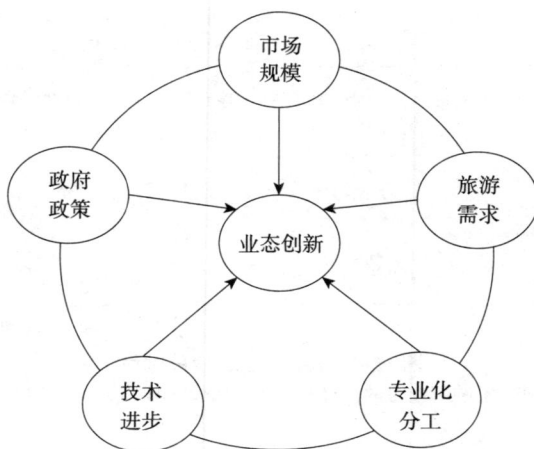

图 12-1　旅游业态创新的动力的关系结构

资料来源：张建文. 旅游服务经济与业态创新 [M]. 北京：北京大学出版社，2012.

3. 专业化分工

社会化大生产条件下的专业化分工是推动新型旅游企业和新业态出现的直接动力。建立在市场规模化和社会化基础上的专业化分工与产业融合可以为新业态的产生创造条件。

4. 技术进步

互联网、物联网、云计算、VR、AI 等新技术的创新和应用是旅游业态创新的关键因素，也是旅游企业创新商业模式和获取市场竞争优势及话语权的核心手段。

5. 政府政策

近年来，国家不断出台新政策推动旅游与健康、养老、互联网、体育、农业、文化等进行融合，为旅游新业态、新模式的产生和发展提供了一系列政策红利。

（四）旅游业态的发展过程

旅游业态的发展过程包括初成、加强、稳定、更替或衰落四个阶段。从时间维度来看，处于初成期、加强期和稳定期前段的业态属于旅游新业态，而处于稳定期后段和更替期或衰落期的业态属于旅游传统业态，即旅游旧业态（图 12-2）。

1. 初成阶段

初成阶段是指某一旅游业态从概念到雏形的发展阶段，即旅游新业态萌芽和出现。在这一阶段，旅游新业态是企业在经营管理过程中有意或无意间逐渐形成

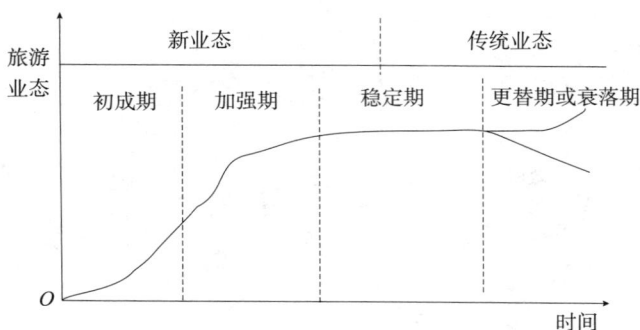

图 12-2　旅游业态的发展过程
资料来源：郭峦．旅游新业态的严谨规律 [J]．沿海企业与科技，2011（7）：60-63.

的，它虽然具有一定的时空耦合性，但也是一定条件下的必然产物。旅游新业态的形成需要一定量的资金、人力、物力等的投入，这一阶段旅游新业态的数量相对较少，并存在根本性的创新行为或对原有组织体系、管理体系、制度体系等进行较大变革，更多表现为质变的过程。

2. 加强阶段

加强阶段是指某一旅游业态从雏形到一定规模的过程。旅游新业态的数量增长较快，并达到一定的规模。旅游新业态在发展过程中，会随着市场需求、市场竞争、国家政策等条件的变化，不断进行调整和修正，呈现出渐进性创新。这一阶段，旅游业态的发展以量变为主。

3. 稳定阶段

稳定阶段是指由于市场的约束，某一旅游业态的数量基本饱和，呈现稳定状态的阶段。旅游新业态在这一阶段不断完善，调适幅度和频率越来越小。随着时间的推移，逐步形成较为稳定并被市场广泛认可的业态，最终成为旅游旧业态。

4. 更替或衰落阶段

更替或衰落阶段是指由于内外部环境的变化，某一旅游业态逐渐弱化，退出市场或在原有的基础上萌生出新的旅游业态的过程。

（五）旅游业态创新的基本模式

从创新机制的角度看，旅游业态创新的基本模式包括资源整合式、专业分化式、组织创新式、服务外包式、技术推动式、区域集中式、业务融合式、俱乐部式等（表 12-3）。

表 12-3　旅游业态创新的基本模式

业态创新模式	基本含义	出发点和侧重点	适应对象	举例
资源整合式	通过建立特定的组织对同类型的旅游资源加以分类整合，成立类似旅游超市和专卖店的形式，以利于集中推广	资源共享营销推广	商会和行业协会	旅游集散中心、农业旅游促进中心等
专业分化式	随着市场的不断扩大和分工专业化的加深，在原有比较成熟的旅游企业内部由某些部门功能强化后独立出来所形成	市场细分专业提升	中小型企业	导游服务公司、租车服务公司、专业会议组织公司、旅游管理公司等
组织创新式	大型旅游企业集团占领市场和扩大规模，在经营和管理上的组织表现形式	市场份额规模经济	企业集团	经济型酒店、连锁酒店、景区联盟等
服务外包式	企业集团或政府部门为节约成本、减少开支和便于管理把内部的某些业务和事务外包出去以提升核心竞争力的行为	成本节约优化管理	大型企业	旅游呼叫中心运营商、差旅管理公司、会奖旅游服务公司等
技术推动式	在电子信息和网络技术高度发达的基础上直接产生的新型业态	资本技术网络经济	IT（信息技术）企业、信息部门、高科技产业	携程、去哪儿、驴妈妈等
区域集中式	企业为获取集聚优势在某一特定区域功能上的联合	综合效益集聚经济	开发区、商务区、现代服务集聚区	旅游综合体、旅游总部经济集聚区等
业务融合式	企业为获取规模经济和范围经济在某一产业内业务上进行联合	化解风险范围经济	归属第三产业的大型企业或综合性企业集团	旅行社＋航空、会展＋酒店、演艺＋主题景区等
俱乐部式	为吸引特定的人群而成立，并为其服务的具有一定内部开放性的组织	特定团体群体价值	行业协会自发性组织	汽车营地服务商、自驾车俱乐部等

二、旅游目的地产业不断融合

（一）产业融合的相关定义

在《经济学大辞典》中，产业是指国民经济的各行各业。一般理解为产业是介于宏观经济和微观经济之间的中观经济；产业是由国民经济中具有同一性质的经济社会活动单元构成的组织结构体系。在《现代汉语词典》中，融合指"几种不同的事物合成一体"。产业融合的现象出现于 20 世纪 60 年代，是在以信息技术为核心的高新技术的快速发展推动下产生的经济现象。国内外学者从不同的角度和领域对其进行了界定（表 12-4），产业融合可以理解为由技术进步、放松管制和管理创新而导致的不同产业边界的模糊或消失，各产业之间相互交叉、相互渗透，联系更紧密，最终形成新的产业的动态发展过程。

表 12-4　关于"产业融合"的不同定义

学者	年份	定义
植草益	1988	原本属于不同产业或市场的产品，因技术创新而具有了相互替代关系，从而使两个产业或市场中的企业转为竞争关系的一种现象
Yoffie	1997	采用数字技术后对原本各自独立的产品进行整合
Raghuram	2000	从根本上是指运用数字技术将传统的和新的通信服务在许多不同的网络中共同传送的现象
厉无畏	2002	不同产业或同一产业内的不同行业之间相互渗透、交叉，逐渐融为一体，最后形成新产业的动态发展过程
胡金星	2007	在开放产业系统中，新奇的出现与扩散引起不同产业构成要素间相互竞争、协作与共同演进而形成一个新兴产业的过程
刘祥恒	2016	以前各自独立、性质不同的产业或同一产业内的不同行业突破彼此的边界，相互渗透，逐渐融合成具有多个产业特性的新业态或新产品的过程

资料来源：刘祥恒.旅游产业融合机制与融合度研究 [M].合肥：中国科学技术大学出版社，2019.

　　关于产业融合的概念众多，大多数侧重产业系统、旅游企业、产业结构和产业关联等方面（表 12-5）。综合来看，旅游产业融合的核心概念是旅游服务这一无形要素跨越旅游产业与其他产业的边界，从而改变其他产业链并形成新产业的过程；其外延概念是指其他产业的无形要素跨越旅游产业与其他产业的边界，从而改变旅游产业并形成新业态的过程。

表 12-5　旅游产业融合的不同定义及其内容

定义视角	内容
产业系统观	在开放的旅游产业系统中，产业系统的各组成要素通过扩散变革引起不同产业要素之间相互竞争、相互协作与共同演进，进而形成一个新兴产业的过程
旅游企业观	为了实现更优发展，旅游产业内外各旅游企业通过发挥相关的新技术和新创意的作用，在旅游产业内外不断寻求相互融合的契机，从资本市场、旅游人才、旅游资源、业务市场等方面进行动态的融合发展，以实现旅游企业自身综合价值最大化，从而实现旅游产业结构的升级和转型
	旅游企业在遗传机制及其作用下，所继承的原有惯例已不能带来满意的利润，从而重新寻求和创造新的惯例，将有针对性地与目标产业融合作为旅游产品创新的主要路径，通过市场选择机制的作用，引起同行的模仿和追随，最终扩散至整个旅游产业的过程
产业结构观	在整个大旅游产业结构中，在企业对规模经济的追求、产业管理规制放松、旅游需求升级、技术创新等因素的作用下，固有的旅游产业结构发生变化，旅游业与相关产业发生跨界融合的现象
产业关联观	旅游产业与其他产业或者旅游产业内部不同行业之间相互渗透、相互交叉，最终形成新产业或产业链的动态发展过程
	旅游业和其他产业之间在共生发展中相互渗透与融合，最终形成一种得到市场认可的新型业态和新型产品，从而能够迅速成长为一种新的行业

（二）旅游产业融合的路径

因不同产业的不同功能作用、技术优势、特色及其与旅游业关联方式的差异，融入旅游产业的途径也各不相同。旅游产业融合有资源融合、技术融合、市场融合和功能融合四条路径（图 12-3）。

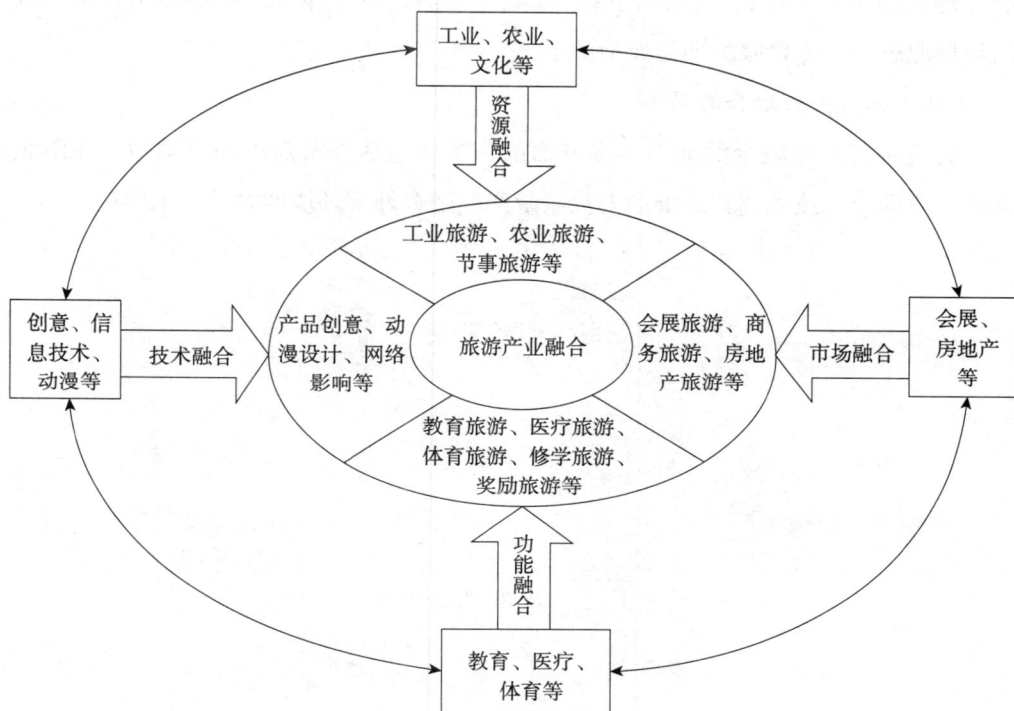

图 12-3　旅游产业融合的路径

1. 资源融合路径

其他产业以旅游资源的形式融入旅游产业，即其他产业的生产经营活动及其产品通过精心策划组织和创新性开发利用，形成新型的旅游产品，从而丰富旅游产品类型，满足多样化的旅游需求。

2. 技术融合路径

在技术创新或管理创新的推动下，通过技术的渗透融合，将原属于不同产业的价值链活动环节，全部或部分无摩擦地渗透到另一产业中，相互交融，形成新型的产业。

3. 市场融合路径

市场成为相关产业融入旅游产业的有效路径。各相关产业的企业为保持、提升自身核心竞争力，瞄准旅游市场寻求发展契机。

4. 功能融合路径

旅游产业以功能为共融路径进行融合。比如：体育的主要社会功能是使人们强身健体、放松身心等，而旅游也具有帮助人们强身健体、消除疲劳，获得生理和心理上的满足与放松，使人们善度余暇等功能特点。体育与旅游相结合所形成的新型业态——体育旅游即为典型例子。

（三）旅游产业融合的动力

促进旅游产业融合的动力是多方面的，主要包括旅游需求的拉动力、旅游企业内在驱动力、技术创新的推动力及旅游产业融合外部环境四种（图 12-4）。

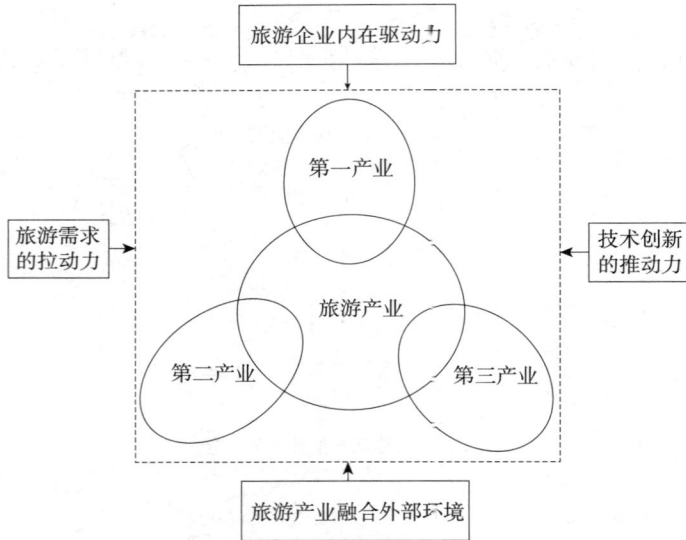

图 12-4　旅游产业融合的动力机制模型

1. 旅游需求的拉动力

旅游是以需求为导向的产业，其产业链围绕旅游需求构成。旅游需求变化调整时，旅游产业链也会随之发生变化调整，这种对旅游需求的拉动力会促进旅游产业与其他产业融合发展，不断扩大旅游产业的外延，从而开发出新的旅游产品以满足旅游者的多样化需求。

2. 旅游企业内在驱动力

随着旅游市场的不断成熟，竞争愈加激烈，为了实现利润最大化和长期保持竞争优势，旅游企业必须不断创新旅游产品和服务来更好地满足旅游者的旅游需求，必须通过跨产业的重组与融合来为旅游者提供各种具有复合价值的产品。

3. 技术创新的推动力

技术创新通过在旅游资源整合、项目开发、市场开拓、企业管理、营销模式、咨询服务等领域的应用，逐步引起旅游发展战略、经营理念和产业格局的变革，带来产业体制创新、经营管理创新和产品市场创新，最终改变旅游产业的发展方式。因此，技术创新使旅游产业的科技含量不断提高，为旅游产业的发展注入新的活力、增添新的内容，加快旅游产业融合和结构优化的步伐，是旅游产业融合的直接推动力。

4. 旅游产业融合外部环境

诸如经济、政治、文化等外部因素是旅游产业融合的支撑力。近年来，国家出台一系列政策促进旅游产业融合发展，明确提出"大力推进旅游与文化、体育、农业、工业、林业、商业、水利等相关产业和行业的融合发展"，同时积极推广"旅游 +"模式，促进了旅游产业转型升级和拓展了旅游产业发展空间。

（四）旅游产业融合的过程

在旅游产业发展的不同阶段，旅游产业融合发展的水平是有差异的，主要表现在以下几个方面。

1. 萌芽期

旅游产业的创新能力非常有限，旅游产业与相关产业的交叉、渗透很少，对传统旅游资源的依赖较大，融合发展水平很低，融合型旅游产品的技术含量较低，旅游产业边界比较明显。

2. 成长期

旅游产业创新能力提高，旅游产业与相关产业交叉、渗透增多，跨产业融合发展现象明显，旅游产业边界逐渐模糊，融合型旅游产品的技术含量增多，旅游产业融合程度逐步提升。

3. 成熟期

旅游产业与相关产业的交叉、渗透频繁，跨产业融合发展已成为创新常态，旅游产业边界非常模糊，旅游产业进入深层发展阶段。

（五）旅游产业融合的模式

旅游产业融合的模式主要包括纵向融合和横向融合两种。

1. 纵向融合

不同产业间渗透、延伸，以实现融合。如工业与旅游产业融合发展出工业旅游，农业与旅游产业融合发展出农业旅游。

2. 横向融合

横向融合是指产业内部各要素的重组融合，它发生于具有密切联系的同一产业内部不同行业之间。如第三产业服务业内部的动漫产业与旅游产业的融合发展，会展产业与旅游产业的融合发展。

三、旅游目的地空间不断全域化

（一）全域旅游的相关定义

全域旅游的定义主要有以下四种观点。

1. 需求观

全域旅游指各行业积极融入其中，各部门齐抓共管，全域居民共同参与，充分利用旅游目的地全部的吸引物要素，为前来旅游的旅游者提供全过程、全时空的体验产品，从而全面地满足旅游者的全方位体验需求。其核心是全行业、全要素的整合，全过程、全时空的旅游产品供给以及全方位的旅游者体验。

2. 系统观

全域旅游指全部区域一体化发展旅游，是旅游产业的全景化、全覆盖，是资源优化、空间有序、产品丰富、产业发达的科学的系统旅游，主要包括游客子系统、旅游企业子系统、旅游目的地管理子系统和旅游吸引物子系统。

3. 理念和模式观

全域旅游指在一定区域内，以旅游产业为优势产业，通过对区域内经济社会资源尤其是旅游资源、相关产业、生态环境、公共服务、机制体制、政策法规、文明素质等进行全方位、系统化的优化提升，实现区域资源有机整合、产业融合发展、社会共建共享，以旅游产业带动和促进经济社会协调发展的一种新的区域协调发展理念与模式。

4. 场域观

全域旅游的空间域指改变以景区为主要架构的旅游经济空间系统，构建起以景区、度假区、休闲区、旅游购物区、旅游露营地、旅游功能小镇、旅游风景道等不同旅游功能区为框架的旅游目的地空间系统，推动我国旅游空间域从以景区为中心向以旅游目的地为核心转型；产业域指改变以单一旅游形态为主导的产业结构，构建起以旅游为平台的复合型产业结构，推动我国旅游产业域由"小旅游"向"大旅游"转型；要素域指改变以旅游资源单一要素为核心的旅游开发模式，构建起旅游与资本、旅游与技术、旅游与居民生活、旅游与城镇化发展、旅游与城市功能完善的旅游开发模式，推动我国旅游要素域由旅游资源开发向旅游环境建设转型；管理域指改变以部门为核心的行业管理体系，构建起以旅游领域为核心的社会管理体系，推动我国旅游的行业管理向社会管理转变。

全域旅游的核心内涵强调的是"全"与"域"。大多数学者强调全域旅游的特征是全要素、全行业、全过程、全时空、全方位、全社会、全部门、全旅游者，要求旅游景观全域优化、旅游服务全域配套、旅游治理全域覆盖、旅游产业全域联动、旅游成果全民共享。部分学者认为全域旅游的核心不在"全"而在"域"，也可以称为"域的旅游完备"，主要指空间域、产业域、要素域和管理域的完备，标志着从过去以景区为中心、以单一旅游形态为主、以旅游资源单一要素为核心、以部门管理为主导的开发管理理念的转变，转向强调以空间全景化为理念的全新发展模式。在现实意义方面，全域旅游是旅游业贯彻落实新发展理念的重要体现，是促进旅游业转型升级和可持续发展的必然选择，是推进我国新型城镇化和新农村建设的有效载体，有助于全面提升我国旅游业的国际竞争力。在战略意义方面，全域旅游是大旅游时代产业创新发展的战略路径，是新常态下国民经济振兴的战略杠杆，是践行"创新、协调、绿色、开放、共享"五大新发展理念的战略抓手。

（二）全域旅游的空间建设

全域旅游将区域整体作为旅游目的地发展的新理念和新模式，标志着现代旅游发展重心从单一景区景点建设转变为综合性目的地统筹。全域旅游空间由旅游区、旅游廊、旅游场域组成。

1. 旅游区

旅游区是指旅游吸引物、旅游要素、旅游者活动和消费相对集中的地域空间，是全域旅游的核心载体、旅游目的地吸引力所在、旅游活动的主要承载区以及区域有限发展的空间。全域旅游中的旅游区具有核心吸引明确、边界相对模糊、空间形态多样、服务设施相对集聚、功能更加多元等明显特征，主要呈现出城市休闲区、旅游城镇、旅游度假区、大旅游景区、旅游乡村五种形态。旅游区的建设方法总体遵循"限定潜力区域、落实空间载体、提升核心吸引、配置旅游要素、完善服务设施"五大要点，以促进旅游区竞争力从弱到强发展。

2. 旅游廊

旅游廊是指适宜以旅游区为端点、以旅游交通为联系纽带、以旅游服务和观光休闲要素为节点，经协同作用形成的线性旅游空间，是全域旅游的连接纽带。在全域旅游中，旅游廊具有服务完备、旅游吸引力强以及旅游资源叠加丰富的特点。同时，旅游廊承担连接不同旅游的交通、提供便利的旅游服务以及优化配置线性区域内的生产要素等工作。按交通方式，旅游廊可分为旅游公路、轨道交通、水上交通、休闲绿道等不同类型。打造旅游廊具体要紧抓布局谋划、功能完善、效用放大三大要点。

3. 旅游场域

旅游场域是指不直接承载一般旅游活动，仅向旅游区和旅游廊提供生态背景、文化底蕴、产业分工协作等支撑功能的区域，是全域旅游的环境背景，通常表现为自然保护区、遗址遗迹区、历史和事件发生地、农业区、工业区、居民区等。旅游场域可分为城市型旅游场域、城郊型旅游场域、乡村型旅游场域等类型。良好的场域是旅游目的地吸引力构成要素之一，不仅可以为旅游活动提供各类支持，也会影响旅游目的地整体形象和旅游者体验质量。旅游场域的独特性体现在它是全域旅游的必要组成部分，也是全域旅游与传统旅游的最大差异所在。旅游场域的提升需通过环境空间提升、人文氛围营造、产业供给优化、潜力旅游区孵化四个要点来进行。

（三）全域旅游的发展模式

根据内在动力机制的不同，全域旅游的发展模式可以划分为以下六种。

1. 核心景区型全域旅游区

将核心景区作为发展的动力源和吸引核，主要通过做大核心景区，以市场消费为核心完善服务配套体系，带动周边景区、乡村、城镇等发展，最终形成大规模综合性目的地型旅游景区，逐步优化形成全域旅游区。

2. 综合发展型全域旅游区

典型的全域旅游目的地，存在多个核心景区、多个吸引核，经综合开发，多个核心景区形成旅游发展廊，最终成为综合性的全域旅游目的地。此类全域旅游目的地以旅游业为主导产业、主打品牌和主攻方向，整合资源构建国际旅游胜地。

3. 特色村镇美丽乡村型全域旅游区

主要以全域一体的大地风景或整体城镇风貌作为核心吸引源，拥有特色文化、特色风貌与特色景观等资源，是"望得见山、看得见水、记得住乡愁"的全域旅游发展形态。

4. 城市依托型全域旅游区

此类型全域旅游目的地的城市自身品牌特色吸引力很强，城市集旅游休闲区、商业区、社区、文化区、产业集聚区、生态优化区等多功能于一体，使居民、旅游者共享，全域城市形成综合吸引力。

5. 交通依托型全域旅游区

主要将交通线路或自然山脉、河流等自然地貌整合串联起景区景点，形成廊道型的全域旅游区。

6. 特色产业依托型全域旅游区

依托特色产业、拓展特色产业链、构建全产业链联动的全域旅游新模式。主要以特色产业的集聚和创意体验，构建新型的全域旅游区。

第二节　旅游目的地发展面临的挑战

一、人口结构变化带来的挑战

（一）老龄化

中国已进入"老龄化"社会，将会迎来"超老龄化"社会。人口老龄化是指人口生育率降低和人均寿命延长导致年轻人口数量减少、年长人口数量增加。年龄超过 65 岁的人口占总人口比率超过 7% 的社会被称为老龄化社会；比率超过 21% 的社会被称为超老龄化社会。联合国人口预测数据显示，到 2050 年，中国将继日本、德国之后成为第三大老龄化国家，将有 36.5% 的中国人在 60 岁以上。而我国人力资源和社会保障部预测，到 2030 年、2050 年，我国老人数量将达到 3.1 亿人、4.5 亿人，约占总人口的 21.76%、30.76%。超老龄化社会的到来，不仅会影响旅游需求的结构，也会影响旅游服务人员的供给，将给我国旅游目的地发展与管理带来巨大的挑战。

（二）少子化

少子化是指生育水平下降引起少儿人口逐渐减少的现象。狭义的人口少子化指少儿人口比重下降。当少儿人口占总人口比率低于 20% 时，标志着社会进入少子化状态。根据人口统计学标准，一个社会 0~14 岁人口占总人口比率 18%~20% 为"初始少子化"，比率 15%~18% 为"严重少子化"，比率 15% 以内为"超少子化"。数据显示，2010 年中国 0~14 岁人口总量为 2.2 亿人，占总人口的 16.6%，2018 年 0~14 岁人口为 2.4 亿人，占总人口的 16.9%，表明我国社会已经处于严重少子化状态。同时，我国生育水平持续下降。2020—2050 年我国少儿人口规模将分别表现出小幅上升、快速下降、缓慢下降三个阶段，而人口少子化状态可划分为严重少子化强化（2020—2030 年）、超少子化（2031—2040 年）、超少子化弱化（2041—2050年）三个阶段。未来我国仍可能长期面临少子化的人口年龄结构环境。

人口少子化加速了人口年龄结构老化进程，既会给未来我国旅游目的地养老产品和服务发展带来机遇，也会给旅游目的地社会经济的可持续发展带来很大的不确定性。例如，未来旅游目的地劳动力人口的更替、大规模旅游项目投资建设与市场规模缩小之间产生的不平衡、人工技能技术的创新与投入成本加剧等问题。

（三）需求的代际转型

代际差异指不同代的人之间思想和行为方式上的差异与冲突。我国已迈入大众旅游时代，随着物质层面条件的不断改善以及精神层面需求的不断增加，我国旅游出游群体愈加多元化。当前，我国出游主体由 60 后和 70 后离退休老年群体、80 后中年群体、90 后和 00 后"新世代"群体组成，呈现出年轻化和老龄化两极分化的发展趋势。

一方面，出游群体年龄日渐年轻化；另一方面，老年人已经成为中国旅游市场重要的"一极"。面对出游群体的代际变化及其需求的大变革，旅游目的地必须重视全新崛起的消费阶层和消费需求。如何迎合年轻一代多元化、个性化、品质化的消费需求以及年老人群对健康、休闲、便利的需求，是旅游目的地未来急需解决的问题。

二、技术环境带来的新挑战

（一）信息化

信息化是以信息技术为主导，以信息资源为核心，以信息网络为基础，以信息产业为支撑，以信息人才为依托，以法规、政策、标准为保障的综合体系。旅游信息化主要是将信息技术应用于旅游产业，进行跨界融合，推进旅游生产方式、管理模式、营销模式和消费模式的转变，全面提升旅游产业的质量、效益和核心竞争力，更好地满足旅游者个性化服务需求。旅游产业是典型的信息密集型产业，其增长对信息和信息技术的依赖性很强。从宏观层面看，信息化是推动旅游产业转型升级的重要手段和动力，有助于转变旅游产业发展模式，促进旅游产业融合。从微观层面看，信息化有助于提升旅游目的地营销能力，提高旅游企业交易效率，促进旅游者消费行为升级。近年来，我国旅游信息化建设取得长足进步，已经步入智能化发展阶段。

信息化必然会推动旅游目的地的转型发展，给旅游目的地带来新机遇的同时，也会给旅游目的地带来新挑战。这些挑战包括电子支付、可穿戴体验等旅游目的地产品、运营管理和监测等。

（二）智能化

智能化是通过人类智能的手段，针对某一对象进行系统化处理的过程。这一过程伴随着一系列的信息传递、数据存储、语言表达、行为发生以及感觉认知和逻辑思维，由智能设备、智能技术、智能大脑三大要素有机整合构成。智能化是广义人类信息化的最高形态及发展目标，主要涉及对包括知识在内的资源的有效配置和合理运用、获取知识并运用知识求解问题的能力、协调各个发展要素之间的关系、生成最优的信息和资源使用结构、大幅度提高运营效能、创造信息的核心竞争力——智慧。旅游智能化是智能化系统应用于旅游产业而产生的作用和效果，是旅游信息化发展的最高阶段，主要解决资源有效配置和运用的问题，为旅游业发展提供全面解决方案，创造核心竞争力。智能化将对旅游目的地服务供给、产品更新、监督管理等产生巨大影响，给旅游目的地管理带来挑战。

三、国际环境变化带来的挑战

（一）民族主义抬头

民族主义既是一种政治思维，也是一种政治运动。首先，民族主义是一种源于族际沟通过程中的受激反应，并在很大程度上是利己性的民族掌握中心意识、排他性民族至上精神和因沟通障碍引发的对他民族的不信任和畏惧心态，从而体现为一种政治行为，它的社会心理层面多表现为过度的民族尊严感和民族至上观念；在行动层面上则呈现为极端自我保护意识的攻击性防御行为。民族主义的具体表现形式有领土民族主义、宗教民族主义、族群民族主义、经济民族主义、资源民族主义等。近年来，多个国家与地区的民族主义思潮和运动尤其突出，主要表现：在国内动员中下层民众反精英、反权威、反建制派，同时反外来文化、反移民；在国际上则举起维护民族利益和国家利益的大旗，反自由贸易、反资本输出、反区域一体化，要求国家采取一系列措施去全球化，如采取贸易保护主义、限制对外直接投资、拒绝接受难民、排斥外来移民以及退出区域一体化机制等。

当前，我国正处在由中等收入国家迈向高收入国家的关键阶段，经济社会发展面临前所未有的深刻转型，收入差距拉大、供给结构性失衡等新的深层次矛盾问题日益凸显。在民族主义抬头的形势下，我国的出境游、入境游以及中外旅游投资、经营、服务等都会受到一定的阻碍。

（二）贸易保护主义抬头

贸易保护主义指通过关税和各种非关税壁垒限制进口，以保护国内产业免受国外商品竞争的国际贸易理论与政策。2008 年全球金融危机后，贸易保护主义压力就不断加大。贸易保护主义已经突破了多边贸易体系的限制，在美欧等多国广泛存在，并且与民粹主义、"逆全球化"现象交织，成为需要持续警惕的重大社会思潮。经济危机、片面追求国家利益、维护经济霸权是贸易保护主义抬头的重要原因。中国作为全球旅游目的地之一，国际竞争优势不明显，存在消费链、服务链和产业链不完善、国际旅游吸引力不强、资源配置率低、旅游品牌缺乏、旅游供需结构矛盾突出、公共设施不完善等问题。在全球贸易保护主义抬头的大环境下，我国国际一流旅游目的地的建设、对外旅游投资以及旅游产品的输出将会受阻。

第三节　旅游目的地管理的未来

旅游目的地管理的未来一定建立在不断创新的基础上，变革现有管理理念的落后、技术的不足以及范围的狭窄等，以持续的人文关怀为核心，构建更加具有竞争力的目的地管理新体系。

杨军在分析旅游管理从行业管理到目的地管理的转变中，提出了目的地管理的五个着力点，对我们思考未来的目的地管理很有启发。

一、旅游目的地的大规划时代

规划（计划）是管理的首要职能。旅游目的地规划就是要建设一个相对完整、相互联动的旅游接待服务体系。旅游者对旅游目的地的需求已不仅是旅游景区或饭店等提供服务，而是涉及旅游活动全要素的方方面面，对各类要素进行统筹规划和优化整合，用大规划来协同各相关领域的行动，有助于协同合作、配比优化的旅游服务大系统的实现。

二、旅游目的地的大法规时代

控制是管理的职能之一。控制的手段有强制性，也有非强制性。法规就是一种强制性管理手段。《中华人民共和国旅游法》（以下简称《旅游法》）的出台就是旅游目的地向大法规时代迈进的表现。当然仅有一部《旅游法》还不够，应该形成法规系列，在目的地的各个领域管理中，运用综合性法规和制度来实施综合性管理，使目的地管理在法制的框架下有序进行。

三、旅游目的地的大管理时代

旅游目的地供给体系涉及上百个部门和行业，也渗透在商业领域和公共服务领域，因而目的地管理必须在管理职权上建立更具综合协调管理职能的目的地旅游管理机构，增强目的地综合协调能力。大管理时代更重要的是管理主体的全员化，即人人是管理者，人人也是被管理者。不仅要建立他人管理体系，还要建立自我管理体系，才能让目的地真正成为传播人类文明的载体，使人们愿意在目的地进行各种文化交流活动，实现旅游者的自我升华和目的地的可持续发展。

四、旅游目的地的大形象时代

旅游目的地吸引力是一个综合吸引力，除旅游产品吸引力外，还包括目的地文化吸引力、环境吸引力、设施吸引力、自然条件吸引力等许多方面。因此，要着力打造一个清晰、完整的旅游目的地整体形象。大形象的树立需要大规划、大管理等的配合，需要调动社会各界力量共同努力，任何细小的缺陷都可能抹杀目的地的大形象。因此，大形象需要更宽广的胸怀、更高远的视野、更全面的社会参与。网络时代还需要注意网络平台在传播目的地形象方面的正反作用，进行有效的形象管理与矫正，进而实现目的地预期形象提升和竞争力增强的目标。

五、旅游目的地的大合作时代

旅游目的地的概念已超越了单一的行政区划概念，旅游者脚步所到之处都需要有效地管理改进环境质量。因此，旅游目的地的管理必然要跨越行政地域的限制，加强与相关区域或部门的合作与沟通，在合作中丰富旅游目的地内涵，强化旅游目的地整体吸引力，必然成为今后旅游目的地管理的方向之一。

本章小结

我国旅游目的地发展面临"旅游目的地新业态快速成长""旅游目的地产业不断融合""旅游目的地空间不断全域化"三大趋势。旅游新业态的发展面临创新、革新、更新、融合四大新趋势，并受到市场规模、旅游需求、专业化分工、技术进步、政府政策五种力量驱动。旅游产业融合的路径主要包括资源融合、技术融合、市场融合和功能融合。

我国旅游目的地发展将面临三大挑战：①我国人口年龄结构少子化和老龄化带来的旅游代际需求转型。②信息化和智能化技术进步带来的旅游产业融合与创新。③国际上民族主义与贸易保护主义抬头带来的全球旅游竞争力提升。

即测即练

拓展阅读

思考题

1. 新时代，我国旅游目的地发展面临的社会情境变化主要体现在哪些方面？
2. 试述业态、旅游业态、旅游新业态及其发展模式。
3. 试述旅游产业融合的路径及特征。
4. 分析人口结构、技术环境、国际环境等方面的变化对旅游目的地的影响。
5. 旅游目的地发展如何应对新技术的挑战？

参考文献

[1]   保继刚，楚义芳．旅游地理学（修订版）[M]．北京：高等教育出版社，1999．

[2]   卞显红．旅游目的地形象、质量、满意度及其购后行为相互关系研究 [J]．华东
经济管理，2005（1）：84–88．

[3]   陈传康，王新军．神仙世界与泰山文化旅游城的形象策划（CI）[J]．旅游学刊，
1996（1）：48–52．

[4]   程金龙．旅游目的地管理 [M]．北京：中国旅游出版社，2019．

[5]   崔凤军．论旅游环境承载力：持续发展旅游的判据之一 [J]．经济地理，1995
（1）：105–109．

[6]   崔凤军．区域旅游开发中的环境分析方法与案例研究 [D]．北京：北京大学，
1999．

[7]   崔凤军．风景旅游区的保护与管理 [M]．北京：中国旅游出版社，2001．

[8]   崔凤军．中国传统旅游目的地创新与发展 [M]．北京：中国旅游出版社，2002．

[9]   杜炜．关于旅游对环境影响问题的思考 [J]．旅游学刊，1994（3）：49–52，63．

[10] 冯俊，张运来．服务管理学 [M]．北京：科学出版社，2010．

[11] 冯学钢，沈虹，胡小纯．中国旅游目的地竞争力评价及实证研究 [J]．华东师范
大学学报，2009（5）：104．

[12] 付玲莉，贾勇．延安红色旅游开发策略探讨 [J]．中国证券期货，2011（12）：
183．

[13] 付泳，刘春健，张慧雯，等．基于利益相关者理论的旅游地利益相关者协调机
制研究 [J]．当代经济，2019（9）：152–154．

[14] 高鸿业．西方经济学微观部分：名师导读版 [M]．5 版．北京：中国人民大学

出版社，2012.

[15] 高静，肖江南，章勇刚．国外旅游目的地营销研究综述 [J].旅游学刊，2006（7）：91-96.

[16] 高静，章勇刚．旅游目的地营销主体研究：多元化视角 [J]. 北京第二外国语学院学报，2007（3）：13-17.

[17] 高峻，刘世栋．可持续旅游与环境管理 [J].生态经济，2007（10）：114-117.

[18] 郭晋杰．海岛生态旅游目的地管理模式研究：基于特呈岛案例 [J].技术经济与管理研究，2012（5）：125-128.

[19] 郭舒，曹宁．旅游目的地竞争力问题的一种解释 [J]. 南开管理评论，2004，7（2）：95-99.

[20] 郭旸，沈涵．基于生态内生化的旅游新业态的体系构建与规制研究 [J].生态经济，2011（4）：120-122，129.

[21] 韩勇，丛庆．旅游市场营销学 [M].北京：北京大学出版社，2006.

[22] 胡召芹．浅析我国旅游目的地利益相关者关系 [J].池州师专学报，2006（5）：113-116.

[23] 黄安民．旅游目的地管理 [M].2版．武汉：华中科技大学出版社，2021.

[24] 黄震方，李想．旅游目的地形象的认知与推广模式 [J].旅游学刊，2002（3）：65-70.

[25] 金卫东．城市旅游形象浅析 [J].城市规划汇刊，1995（1）：60-63，66.

[26] 赖继年．红色旅游经典景区发展路径：以网络关注度时空演变为视角 [J].社会科学家，2022（8）：44-51.

[27] 李洪波．旅游景区管理 [M].北京：中国科学技术出版社，2009.

[28] 李蕾蕾．旅游地形象策划：理论与实务 [M].广州：广东旅游出版社，1999.

[29] 李丽娜，颜荣成．大型节事活动后续旅游发展研究：以青岛世园会为例 [J].旅游研究，2015，7（3）：69-74.

[30] 李群绩，刘俊雅，全华．国有景区免费开放的综合效益研究：基于利益相关者视角的分析 [J].价格理论与实践，2021（3）：146-149，168.

[31] 李天元．旅游学概论 [M].天津：南开大学出版社，2000.

[32] 李雪松，张鹏杨．旅游目的地管理 [M].北京：高等教育出版社，2021.

[33] 李应军，唐慧，杨结 . 旅游服务质量管理 [M]. 武汉：华中科技大学出版社，2019.

[34] 李瑛 . 旅游目的地游客满意度及影响因子分析：以西安地区国内市场为例 [J]. 旅游学刊，2008，23（4）：43–48.

[35] 梁明珠，王婧雯 . 城市节事居民感知测量：以大同市为例 [J]. 城市问题，2017（8）：42–51.

[36] 林南枝 . 旅游市场学 [M]. 天津：南开大学出版社，2000.

[37] 林越英 . 旅游环境保护概论 [M]. 北京：旅游教育出版社，2001.

[38] 凌常荣，刘庆 . 旅游目的地开发与管理 [M]. 北京：经济管理出版社，2013.

[39] 刘海洋，明镜 . 东北地区红色旅游开发策略思考 [J]. 科学决策，2009（3）：68–74.

[40] 刘雪梅，保继刚 . 从利益相关者角度剖析国内外生态旅游实践的变形 [J]. 生态学杂志，2005（3）：348–353.

[41] 刘芷杕 . 基于利益相关者视角的丹寨蜡染体验式旅游开发策略 [J]. 旅游与摄影，2022（16）：65–67.

[42] 卢晓 . 节事活动策划与管理 [M].4 版 . 上海：上海人民出版社，2016.

[43] 陆林 . 试论旅游形象的理念识别 [J]. 旅游科学，2001（2）：1–4.

[44] 梅楠，杨鹏鹏 . 旅游目的地联合营销网络的构建 [J]. 人文地理，2010（5）：147–152.

[45] 牛媛 . 浅议特色旅游对提升景区旅游吸引力的作用 [J]. 旅游纵览（行业版），2012（4）：119–120.

[46] 戚能杰 . 旅游区域竞争力研究 [J]. 中小企业科技，2004（4）：4–5.

[47] 邵革军 . 旅游目的地的竞争力评价及其应用研究 [D]. 成都：西南交通大学，2015.

[48] 宋章海 . 从旅游者角度对旅游目的地形象的探讨 [J]. 旅游学刊，2000（1）：63–67.

[49] 谭红日，刘沛林，李伯华 . 基于网络文本分析的大连市旅游目的地形象感知 [J]. 经济地理，2021（3）：231–239.

[50] 万红 . 原始交换与市场起源问题研究述略 [J]. 世界民族，2003（3）：36–43.

[51] 汪燕，李东和 . 旅游新业态的类型及其形成机制研究 [J]. 科技和产业，2011，11（6）：9-12，65.

[52] 王湘 . 论旅游地的旅游环境质量评价 [J]. 北京联合大学学报，2001，15（2）：35-38.

[53] 王昕，张海龙 . 旅游目的地管理 [M]. 北京：中国旅游出版社，2019.

[54] 王钊，黄文杰 . 长征红色旅游景区的演化及其形成机制研究 [J]. 经济地理，2021，41（11）：209-217.

[55] 吴必虎 . 区域旅游规划原理 [M]. 北京：中国旅游出版社，2001.

[56] 吴廷殿 . 旅游开发与规划 [M]. 北京：北京师范大学出版社，2010.

[57] 夏林根 . 出境旅游目的地管理 [M]. 北京：旅游教育出版社，2016.

[58] 夏赞才 . 利益相关者理论及旅行社利益相关者基本图谱 [J]. 湖南师范大学社会科学学报，2003（3）：72-77.

[59] 熊元斌，蒋昕 . 区域旅游公共营销的生成与模式构建 [J]. 北京第二外国语学院学报，2010（11）：3-6.

[60] 徐虹，路科 . 旅游目的地管理 [M]. 天津：南开大学出版社，2015.

[61] 颜文洪，张朝枝 . 旅游环境学 [M]. 北京：科学出版社，2005.

[62] 杨玲玲，魏小安 . 旅游新业态的"新"意探析 [J]. 资源与产业，2009（6）：135-138.

[63] 杨美霞 . 旅游环境管理 [M]. 长沙：湖南大学出版社，2007.

[64] 杨瑞 . 节事活动管理实务 [M]. 北京：机械工业出版社，2013.

[65] 杨叶红，吕君丽 . 大型节事活动对城市旅游空间结构的影响 [J]. 经济论坛，2018（12）：64-67.

[66] 姚志龙，鹿晓龙 . 智慧旅游：旅游信息大趋势 [M]. 武汉：武汉大学出版社，2013.

[67] 尹贻梅，刘志高，陆玉麒 . 旅游目的地发展新思维：来自演化经济学的启示 [J]. 地理与地理信息科学，2006，22（1）：84-88.

[68] 张朝枝，陈钢华 . 旅游目的地管理 [D]. 重庆：重庆大学出版社，2021.

[69] 张光生 . 旅游环境学 [M]. 北京：中国科学技术出版社，2009.

[70] 张红，席岳婷 . 旅游业管理 [M]. 北京：科学出版社，2006.

[71] 张辉，岳燕祥 . 全域旅游的理性思考 [J]. 旅游学刊，2016，31（9）：13-14.

[72] 张文建，王晖．旅游服务的无形性与有形展示 [J]．桂林旅游高等专科学校学报，1999（S2）：196-201．

[73] 章尚正，莫里森，严澄．中美旅游目的地营销比较 [J]．旅游科学，2005（6）：27-33．

[74] 章小平，吴必虎．智慧景区管理与九寨沟案例研究 [M]．北京：清华大学出版社，2013．

[75] 赵磊，庄志民．旅游目的地竞争力模型比较研究 [J]．旅游学刊，2008（10）：47-53．

[76] 周玲．旅游规划与管理中利益相关者研究进展 [J]．旅游学刊，2004（6）：53-59．

[77] 周尚意，吴莉萍，张瑞红．浅析节事活动与地方文化空间生产的关系：以北京前门 - 大栅栏地区节事活动为例 [J]．地理研究，2015，34（10）：1994-2002．

[78] 周玮．基于城市记忆的地方重大节事活动感知维度研究：以南京秦淮灯会为例 [J]．现代城市研究，2017（3）：112-116．

[79] 朱可丹，甘永萍，王文震，等．旅游目的地空间结构演变探讨 [J]．绥化学院学报，2011，31（3）：80-82．

[80] 邹统钎，王欣．旅游目的地管理 [M]．2 版．北京：高等教育出版社，2019．

[81] BRYSON J M, CROSBY B C. Leadership for the common good: tackling public problems in a shared-power world[M]. San Francisco: Jossey-Bass, 1992: 55.

[82] BUHALIS D. Marketing the competitive destination of the future[J]. Tourism management, 2001, 21（1）: 97-116.

[83] CARROLL A B, BUCHHOLTZ A K. Business & society: ethics and stakeholder management[M]. Cincinnati, Ohio: Dave Shaut, 2001: 29.

[84] CLAVER-CORTÉS E, MOLINA-AZORı́N J F, PEREIRA-MOLINER J. Competitiveness in mass tourism[J]. Annals of tourism research, 2007, 34（3）: 727-745.

[85] COHEN E. Who is a tourist? A conceptual clarification[J]. Sociological review, 1974（6）: 408-424.

[86] CROMPTON J L. An assessment of the image of Mexico as a vacation destination and

the influence of geographical location upon the image[J]. Journal of travel research, 1979, 17（4）: 18–23.

[87] DADGOSTAR B, ISOTALO R M. Factors affecting time spent by near–home tourists in city destinations [J]. Journal of travel research, 1992, 31（2）: 34–39.

[88] DANAHER P J, HADDRELL V. A comparison of question scales used for measuring customer satisfaction[J]. International journal of service industry management, 1996, 7（4）: 4–26.

[89] DONALDSON J, PRESTON L E. The stakeholder theory of the corporation: concepts, evidence and implication[J]. Academy of management review, 1995, 20（1）: 65–91 .

[90] DWYER L, FORSYTH T H P, RAO P. The price competitiveness of travel and tourism: a comparison of 19 destinations[J]. Tourism management, 2000, 21（1）: 9–22.

[91] DWYER L, KIM C. Destination competitiveness: determinants and indicators[J]. Current issues in tourism, 2003, 6（5）: 369–414.

[92] EMBACHER J, BUTTLE F. A repertory grid analysis of Austria's image as a summer vacation destination[J]. Journal of travel research, 1989, 28（3）: 3–23.

[93] FAKEYE P C, CROMPTON J L. Image differences between prospective, first–time, and repeat visitors to the lower Rio Grande valley[J]. Journal of travel research, 1991, 30（10）: 10–16.

[94] GARTNER W C. Temporal influences on image change[J]. Annals of tourism research, 1986, 13（4）: 635–644.

[95] GARTNER W C. Image formation process[J]. Communication and channel systems in tourism marketing, 1993, 2（2/3）: 191–215.

[96] GOELDNER C R, RITCHIE J R. Tourism: principles, practices, philosophies[M]. Hoboken, NJ: John Wiley & Sons, 2003.

[97] GOOROOCHURN N, SUGIYARTO G. Competitiveness indicators in the travel and tourism industry[J]. Tourism economics, 2005, 11（1）: 25–43.

[98] HASSAN S. Determinants of market competitiveness in an environmentally

sustainable[J]. Journal of travel research，2000，38（3）：239–245.

[99]　HUNT J D. Image：a factor in tourism[M]. Cambridge：Prentice Hall，1971.

[100]JANG S，WU C M E. Seniors' travel motivation and the influential factors：an examination of Taiwanese seniors[J]. Tourism management，2006，27（2）：306–316.

[101]KOTLER P，BOWEN J T，MARKENS J C，et al. Marketing for hospitality and tourism [M]. London：Pearson Education，2017.

[102]KOZAK M，RIMMINGTON M. Benchmarking：destination attractiveness and small hospitality business performance[J]. International journal of contemporary hospitality management，1998，10（5）：74–78.

教师服务

感谢您选用清华大学出版社的教材！为了更好地服务教学，我们为授课教师提供本书的教学辅助资源，以及本学科重点教材信息。请您扫码获取。

≫ 教辅获取

本书教辅资源，授课教师扫码获取

≫ 样书赠送

财政与金融类重点教材，教师扫码获取样书

清华大学出版社

E-mail: tupfuwu@163.com
电话：010-83470332 / 83470142
地址：北京市海淀区双清路学研大厦 B 座 509

网址：https://www.tup.com.cn/
传真：8610-83470107
邮编：100084